隧道养护管理手册

李　亮　吴建清　徐加宾　编著

山东大学出版社
SHANDONG UNIVERSITY PRESS
·济南·

图书在版编目(CIP)数据

隧道养护管理手册/李亮，吴建清，徐加宾编著.
济南：山东大学出版社，2024.5. —ISBN 978-7-5607-8254-6

Ⅰ. U457-62

中国国家版本馆 CIP 数据核字第 2024W02Y66 号

责任编辑　蒋新政
封面设计　王秋忆

隧道养护管理手册

SUIDAO YANGHU GUANLI SHOUCE

出版发行　山东大学出版社
社　　址　山东省济南市山大南路 20 号
邮政编码　250100
发行热线　(0531)88363008
经　　销　新华书店
印　　刷　济南乾丰云印刷科技有限公司
规　　格　787 毫米×1092 毫米　1/16
　　　　　16.75 印张　401 千字
版　　次　2024 年 5 月第 1 版
印　　次　2024 年 5 月第 1 次印刷
定　　价　76.00 元

前　言

随着高速公路的大规模建设及公路隧道设计、施工技术水平的提高，高速公路隧道数量越来越多，隧道长度也越来越长。经过几十年的努力，我国公路隧道建设的标准化、规范化工作日趋完善，基本上形成了能够满足高速公路发展的标准化体系。但对于隧道养护，无论从国家层面还是地方层面，高速公路隧道的运营养护内容、方法和技术等方面尚欠缺系统化和标准化的规程。

本书贯彻“预防为主，防治结合”的隧道养护方针，融入“安全第一、综合治理、精准长效”理念，围绕着隧道的日常巡查、清洁维护、检查评定、保养维修等工作，结合隧道管养实际情况，参考《公路隧道养护技术规范》(JTG H12—2015)、《公路隧道施工技术规范》(JTG/T 3660—2020)、《公路养护安全作业规程》(JTG H30—2015)等规范、规程要求，详细介绍了高速公路隧道养护的基本流程和方法，致力于编制一本内容完善、针对性强、学用一体的隧道养护专用技术指导书。

本书给出了山东高速集团有限公司高速公路隧道养护的基本思路、依据规范和养护内容。在今后的隧道养护管理过程中，仍需对本书进行不断修订、补充，最终形成一本对区域高速公路隧道养护有指导意义的参考书。本书可为高速公路隧道安全运营提供可靠的技术支撑。

本书由李亮、吴建清、徐加宾编著，此外山东大学的王琦、赵涛对本书进行了统稿及资料查找工作，在此，对所有提供帮助的人员表示深深的感谢。限于作者水平，书中难免存在不足之处，恳请读者不吝指正，以便将来进一步修改和完善本书。

作　者

2024 年 4 月

目　录

第一篇　隧道相关概念介绍

第二篇　土建结构养护管理

第三篇 隧道机电设施及其他工程设施养护管理

第四篇　安全管理

第一篇 隧道相关概念介绍

本书开篇首先解释了隧道是什么，引出隧道的概念和作用，介绍了隧道的分类，并从主体和附属两个部分介绍了隧道的主体结构，还介绍了隧道的纵横断面等相关知识。然后介绍了隧道养护管理的内容，以及隧道配套设施、路段特性及安全管理特点。养护管理是安全管理的基础，本篇先介绍了隧道养护管理现状，再从纵向和横向两个方面介绍了隧道养护管理构成。最后是隧道养护管理规范化建设部分，本书提出了一种隧道规范化建设的框架。

第1章　隧道的基本概念与构造

1.1　隧道的概念及作用

隧道通常指用作地下通道的工程建筑物，一般可分为两大类：一类是修建在岩层中的，称为岩石隧道；一类是修建在土层中的，称为软土隧道。岩石隧道修建在山体中的较多，故又称为山岭隧道；软土隧道常常修建在水底和用于城市立交中，故又称为水底隧道和城市道路隧道。埋深较浅的隧道一般采用明挖法施工，埋深较深的隧道则多采用暗挖法施工。按照隧道用途，可分为交通隧道、水工隧道、市政隧道、矿山隧道；按照隧道长度，可分为特长隧道(长度大于 3000 m)、长隧道(长度大于 1000 m 但不大于 3000 m)、中隧道(长度大于 500 m 但不大于 1000 m)、短隧道(长度不大于 500 m)。交通隧道通常可划分为公路(道路)隧道、水底隧道、城市道路隧道、地下铁道、铁路隧道和航运隧道等。本书主要讨论高速公路隧道。

隧道在山岭地区可用来克服地形或高程障碍，也可用来改善线形、提高车速、缩短里程、节约燃料、减少通行时间、减少对植被的破坏、保护生态环境，还可用来克服落石、坍方、雪崩等危害；在城市可减少用地、构成立体交叉、解决交叉路口的拥挤阻塞问题和疏导交通；在江河、海峡、港湾地区，可不影响水路通航。隧道能使路线平顺、行车安全，能节省费用并提高车内人员的舒适性，战时能增加隐蔽性和提高防护能力。

1.2　公路隧道主体结构构造

隧道是地下工程建筑物，为保持坑道岩体的稳定，保障交通安全，需要修建主体建筑物和附属建筑物。主体建筑物是为了保持岩体的稳定和行车安全而修建的永久建筑物，通常指洞身衬砌和洞门构造物。附属建筑物是主体建筑物以外的其他建筑物，是为了营运管理、维修养护、给水排水、供电、通风、照明、通信、安全等而修建的建筑物。

洞身衬砌是为了控制和防止围岩的变形或坍塌、确保围岩的稳定，或为了处理涌水和漏水，或为了保证隧道的内空整齐或美观等，将隧道周边围岩覆盖起来的结构物，其主要作用是承受围岩压力、结构自重和其他荷载，防止围岩塌落、风化，防水、防潮等，是隧道的主要构造物或者是隧道主体。洞身衬砌的平、纵、横断面的形状由公路隧道的几何设计确定，衬砌断面的形状和厚度由衬砌计算结果确定。隧道衬砌在结构计算理论和施工方法两方面与地面结构物有很多不同之处，最主要的是埋置在地层中的衬砌结构所承受的荷载比地面结构复杂。所以在设计衬砌时，除计算复杂多变的围岩压力外，还要考虑围岩的自承能力以及衬砌与围岩之间的相互作用。当前隧道多采用新奥法（新奥地利隧道施工方法的简称）设计施工方案，采用钢筋混凝土材料，结构形式主要有直墙式衬砌、曲墙式衬砌、锚喷衬砌、复合式衬砌、圆形断面衬砌（盾构隧道、沉管隧道）、矩形断面衬砌，其中复合式衬砌居多。复合式衬砌的介绍如下：以喷射混凝土、锚杆或构件中的一种或几种的组合作为初期支护，对围岩进行加固，维护围岩稳定，防止有害松动，待初期支护的变形基本稳定后，施作现浇混凝土二次衬砌，二者合称为复合式衬砌。

洞门是在隧道的洞口部位，为挡土、坡面防护等设置的隧道结构物，其主要作用是防止洞口塌方落石、保持仰坡和边坡的稳定。从岩（土）体稳定性方面来看，山岭隧道洞门附近的岩（土）体通常比较破碎松软，易于失稳。为了维护岩（土）体的稳定和使车辆不受崩塌、落石等威胁，确保行车安全，应根据实际情况，选择恰当的洞门形式和防排水设施，修筑洞门、洞外排水天沟并对边仰坡采取适宜的护坡措施。洞门是各类隧道的“咽喉”，也是外露部分，在保障安全的同时，还应适当进行洞门的美化和环境的美化。山岭隧道惯用的洞门形式主要有端墙式、翼墙式、环框式、削竹式和遮光棚式。洞门还可以拦截、汇集、排除地表水，使水沿排水渠道排离洞门，防止地表水沿洞门漫流。所以洞门上方的女儿墙应有一定的高度，并有排水沟渠。当岩（土）体有滚落碎石的可能时，一般应接长明洞，减少对边仰坡的扰动，使洞门墙离开仰坡底部一段距离，确保落石不会滚落到车行道上。有时还会在入口一侧设置遮光棚等减光构造物，有时要求对洞外环境做某些减光处理。

另外，隧道洞口遵循“早进洞，晚出洞”的原则，最大限度避免在洞口形成高边坡和高仰坡。洞外不受空间环境的影响，为了创造良好的通行环境，洞门通常要进行建筑艺术设计，融入环境保护、保畅理念等文化内涵。但设置有遮光棚等减光构造物的洞门，就不需要再做洞门建筑艺术设计，而是用明洞和减光构造将衬砌接长，在减光构造物的端部构成新的入口。出口洞门的朝向如果有眩光问题，可以在洞门外侧设置遮光板，此类洞门也无须做建筑艺术设计。随着生态环保理念的不断深入，公路隧道洞口采用生态化防护理念，科学合理地种植生态苗木，一般遵循“远乔、中灌、近花草”的设计思路，种植存活率高、环境适应能力强的当地树种。所以，隧道洞外的绿化及附属设施也是隧道建筑物的重要组成部分。

1.3 公路隧道纵断面构造

隧道的平面线形设计与明线道路一样，须按照《公路路线设计规范》（JTG D20—2017）的规定进行设计，但考虑到隧道的特点，平面线形可以采用直线或曲线。使用曲线隧道时要注意，小半径曲线会产生视距问题，路面超高会导致断面加宽，相应地增加施工难度、工程成本，同时也会影响后期管理养护成本。另外，曲线隧道即使不加宽，也会使测量放样、衬砌施工、内装饰施工等工作变得复杂，还会在一定程度上增加通风阻抗，易形成涡流(内侧)、摩阻紊流(外侧)。

在纵向上，从施工中和竣工后的排水需要方面考虑，在隧道内不应采用平坡。隧道纵坡一般分为"单坡"和"双坡"，单坡是指洞内只有一种坡度；双坡是指洞内有两种坡度，山岭隧道一般中间高、两端洞口低，呈"人"字形，所以有时双坡又称为"人字坡"。只有在跨越江河海湾的水下隧道中才会采用倒坡，即中间低、两端洞口高的形式。采用人字坡时要特别注意坡度不要太大，竖曲线对通风的影响远比平曲线大，因为汽车排放的尾气温度较高，它会自然地积聚在上方，形成"热气团塞"。所谓热气团塞，是指大量温度较高的空气聚集在竖曲线的高点，形成不易自然流动的热气团。这样的隧道脏污程度高，空间空气质量差，需要在日常养护管理中加强注意。

不论是曲线隧道还是人字坡隧道，都会产生视距问题。为了保证车辆进洞时的设计时速达到要求且有足够的视距，同时保证行驶安全，需要在隧道两端增加一定距离的隧道引线，分别为进口引线和出口引线。

进口引线的功能有两个：一是保证驾驶员的视觉和心理反应功能正常，二是保证进洞车速不低于设计车速。视觉和心理反应功能是指在进口段，驾驶员需要在足够远的距离上识别隧道洞口，即驾驶员能够自然地集中注意力来观察洞口及其附近的情况。保证驾驶员的安全视距，使驾驶员有足够的时间判读交通信号、标志和标线，对障碍物可以及时察觉并能有足够的时间采取适当措施，这样才能保证行车安全。必须保证进洞车速达到设计车速，这样才能使隧道通风良好。明线段的车速一般是指平均车速，是宏观的，而不是指具体的某一点或某一路段的车速；隧道内的车速则是具体的，它是通风计算的主要依据。不同的路线等级有不同的设计车速，也就产生了不同的排污量。所以，引线的作用(主要是纵坡)是使汽车能以设计车速匀速驶入隧道，避免在进洞后加速而产生过多污染物。进洞前的引线段纵坡与隧道纵坡在必要的距离之内应保持一致。如果进洞前引线段为陡坡，车速会降低，往往在进洞时还达不到设计车速要求，进洞之后还在继续加速，使排污量增加，导致通风设备的负荷加大或通风量不足。这里必须指出一个容易产生误解的问题：有些设计人员以为只要满足规范的要求，不论在什么坡度上、不论是什么车型，汽车都能达到规范上要求的行驶速度。实际上，小轿车对坡度的适应性最好，其在规范规定的隧道纵坡范围内受坡度的影响很小；轻型车辆次之；大型车辆对坡度的适应性最差，受坡度的影响最大。

出口引线的功能主要是使驾驶员视力得到恢复。尽管在隧道照明设计中，必须对出口段照明做特殊加强设计，但洞内仍比洞外暗得多。驾驶员以设计车速驶出洞外时，仍然会有眩光的感觉，从而产生视觉适应问题，影响行车安全。在有正确照明设计的情况下，驾驶员的视力需要 3～5 s 的时间才能恢复正常。为了确保行车安全，在出口段，车辆按设计车速在 3～5 s 走过的距离，就是出口引线的长度，其线形应该保持与洞内一致。出口引线不能有急转弯，不能有大下坡，急转弯和大下坡的组合是最劣设计。对于对向交通的单洞隧道，因为两端都是进口引线，已经有足够的长度。对于单向交通的双洞隧道，如果是整体式路基，也不需要进行特殊设计；如果是分离式路基，就要注意引线的长度及顺直度。

由上可知，隧道及其前后引线组成的路段应该做到线形平顺、行驶安全舒适，并与环境景观协调一致。为了便于管理，突出隧道养护管理的特殊性，在纵断面上还有一个特殊的隧道管理区概念，即隧道养护管理所涉及的范围，也就是说隧道养护管理不应该以洞门、洞口为界限，还包括一定范围的道路。

洞口两端分别需要将 300～1000 m 的路段划入隧道管理区，在隧道管理区端点应设置红绿信号灯，两端形成两道“闸门”，正常情况下是准入的，事故情况下是关闭的，有时是准出不准入的。一旦发生事故（交通事故或火灾），尚未进入隧道管理区的车辆不被允许进入隧道管理区，既不增加事故区的车辆疏导量，也不干扰疏导工作。在特长隧道和长隧道中，隧道管理区是一个独立的运作单位，以便于集中精力管理隧道的正常营运。一个适当的管理机构是保证隧道管理区独立运作的基础，设计者应根据实际工作量确定其人员编制。

1.4 公路隧道横断面构造

公路隧道横断面主要包括围岩（锚固部分）、衬砌、净空三部分。

1.4.1 隧道围岩

隧道围岩是指在岩石地下工程中，由于受开挖影响而发生应力状态改变的周围岩体。为了保证山体开挖施工坑道维持所需要的净空和安全，坑道开挖后一般是需要进行支护的，以防止坑道围岩产生移动或下落。支护的形式需要根据围岩压力进行设计，主要有锚杆支护、喷射混凝土支护、锚杆喷射混凝土支护、钢筋网喷射混凝土支护、预应力锚杆支护及其组合形式。隧道围岩布局图如图 1.1 所示。

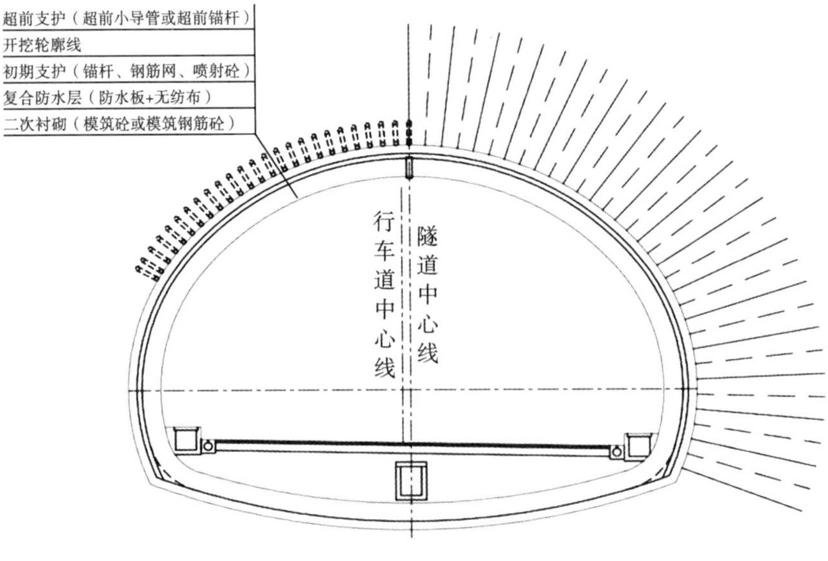

图 1.1　隧道围岩布局图

1.4.2　隧道衬砌

衬砌是隧道的主体结构部分，衬砌结构类型和尺寸应根据使用要求、围岩级别、工程地质和水文地质条件、隧道埋置深度、结构受力特点，并结合工程施工条件、环境条件，通过工程类比和结构计算综合分析确定。衬砌断面界线和结构如下。

1.4.2.1　衬砌内轮廓线

衬砌内轮廓线是衬砌的完成线，内轮廓线之内的空间即为隧道的净空断面。衬砌内轮廓线应使所围成的断面面积最小，适合围岩压力，达到既经济又适用的目的。

1.4.2.2　衬砌外轮廓线

为保持净空断面的形状，衬砌必须具有足够的厚度（或称最小衬砌厚度），达到足够厚度的衬砌外缘线即为外轮廓线。为保证衬砌的厚度，侵犯外轮廓线的山体必须全部除掉，所以该线又称为最小开挖线。

1.4.2.3　实际开挖线

实际开挖线是指开挖后形成的实际轮廓线的平均线。实际开挖线不可避免地会形成不规则形状。为保证衬砌外轮廓线能满足需要，开挖时（尤其用钻爆法）的实际开挖量往往偏大。由于实际开挖线比衬砌外轮廓线所包含的范围大，所以又称为超挖线，超挖部分的大小叫作超挖量，超挖量的大小在《公路隧道施工技术规范》（JTG/T 3660—2020）中有明确规定。在不同部位超挖量有不同的限制值，施工时要以规范为依据进行操作。由于实际地质并非均质体，所以开挖时不可能得到一条理想的开挖线，不可避免地会有凹凸，即不可避免地会有超挖和欠挖。在相对均质的地层中，如果控制得比较好，开挖面就比较光滑，这种技术被称为光面爆破。规范上对凹凸量也有具体限制，限制线虽是一条虚拟的平均线，但是却很重要，因为它是设计师进行工程量计算（习惯上简称计量）的依据。限制线的大小直接影响工程的成本，所以必须以规范的形式加以规定。

1.4.2.4　顶拱（顶部）

在山岭隧道中，隧道顶部一般都设计成拱形，故也可称为顶拱。从力学角度分析，曲线形的顶拱远比平顶在受力上更为合理。如果边墙是直墙，墙顶就是拱脚（拱脚又叫起拱点），其连接处可以是相切的，也可以形成拐点；如果边墙是曲墙，顶拱与边墙的连接处都是相切的，所谓起拱点只不过是一个虚拟的点。一般认为起拱点在隧道建筑限界的竖直段的顶部。采用直墙式衬砌时的 4 m 高度就是墙高（墙顶就是起拱点）；采用曲墙式衬砌时 4 m 高处就被认为是起拱点，而在力学上并没有实际意义。沿隧道纵向，起拱点的连线就叫起拱线。只有在特殊情况下，例如采用明挖法或沉埋法施工的水底隧道等，才采用平顶。在采用横向或半横向通风的隧道中，往往采用吊顶的方式隔出通风道，此时也会有平顶出现，但它不属于隧道主体结构，仅为构造上的需要。

1.4.2.5　边墙

边墙是土木结构物的竖直部分，是用来支撑拱部结构和阻挡侧向围岩压力的部分，可以是直墙也可以是曲墙。现在的公路隧道跨度都比较大，由于受力原因，设计者更愿意采用曲墙。一般把路面以下的墙体叫作墙基，当地基承载力较低时需要加大墙基的宽度，这个工序称为基底加宽。曲墙不仅在受力上表现更好，而且在使用曲墙时，由于可利用侧向的弯曲空间，因此洞内空间也更大。

1.4.2.6 仰拱与路面

当地基软弱，只靠加宽墙基无法满足地基承载力时，一般设置素混凝土仰拱来解决问题，必要时采用钢筋混凝土仰拱，仰拱半径通常不超过顶拱半径的 2 倍。

行车道路面的设计标高根据路线设计确定，隧道净空断面宽度一般由隧道路面中点（有的以隧道中心线或路缘线）起算。由于在隧道内翻修路面困难，所以宁可在设计时适当提高路面厚度和混凝土标号延长路面使用寿命，也不愿增加翻修次数。仰拱与路面面层之间通常用贫混凝土回填，不过这部分空间也是可以利用的空间，像共用沟、排水沟、通风道、疏散通道、电缆沟等均可设置在这部分空间中。检查井自然是不可缺少的，但经常可以看到路面上的检查井盖高出或凹进路面的情况，这其实是设计者的责任——不是没有提出要求就是图纸上有矛盾，这是设计上经常出现的问题。正确的做法是按路面平整度要求设计和施工。

拱、边墙与仰拱（如果有）共同形成隧道的主体结构，为了使衬砌断面形状、受力合理和便于使用，目前设计公路隧道时经常采用的是“割圆形”结构，也有采用“三心圆形”或“多心圆形”的，几乎不再使用直墙形边墙了。

1.4.2.7 内部装饰

在城市隧道或交通繁忙的高等级公路隧道中，可以按《公路隧道设计规范　第一册　土建工程》(JTG 3370.1—2018)设计内部装饰，隧道内部装饰注重的是功能。为了确保行车安全，在公路隧道中必须采取措施使墙面亮度在长期的营运中保持在必要的水平以上，墙面可用适当的材料进行装饰。装饰可以改善隧道内的环境，主要是提高能见度（如为了增加反光效果而在边墙部分贴瓷砖等），其次可以吸收噪声（如为了消减噪声而在内表面张挂消音板等），而不单是为了增加美观效果。

提高墙面反射率可以增加照明效果，因此装饰材料的表面应当是光洁的，颜色应当是明亮的。人眼对波长 555 nm 的黄绿光是最为敏感的，所以装饰材料应当是饱和度略低的黄绿色或接近浅黄绿色的其他颜色。要让作为背景的墙面能衬托出障碍物的轮廓，就需要使墙面具有良好的反射率，为了减少眩光，这种反射最好是漫反射。

涂层或者喷层主要是为了提高顶拱的耐火性能和改善顶拱的反光效果，因此通常使用防火涂料或者带有颜色的涂料。边墙也有使用涂料的，但清洗时比较困难。

值得特别指出的问题是，在进行隧道内部装饰时，不可在墙面上绘制各种图案，或出现反差很大的条纹，因为它会影响驾驶员对目的物的识别。此外，在水平方向可以设置反差不大的条纹，它不会有负面效果，隧道内部装饰设计得好还能使驾驶员在驾驶时有平稳感。隧道内不可设置竖向条纹，它会产生不良效果，使驾驶员有忙乱的感觉，如果条宽较大还有可能产生频闪效应。

1.4.3 隧道净空

隧道净空是指隧道内轮廓线所包围的空间，包括公路隧道建筑限界、通风及其他功能所需的断面积。断面形状和大小应根据结构设计情况确定,力求得到最经济值。净空所包括的其他断面中,有通风机或通风管道、照明灯具及其他设备、监控设备和运行管理设备、电缆沟或电缆桥架、防灾设备等断面,以及富余量和施工允许误差等。隧道主洞内轮廓与建筑限界图如图 1.2 所示。

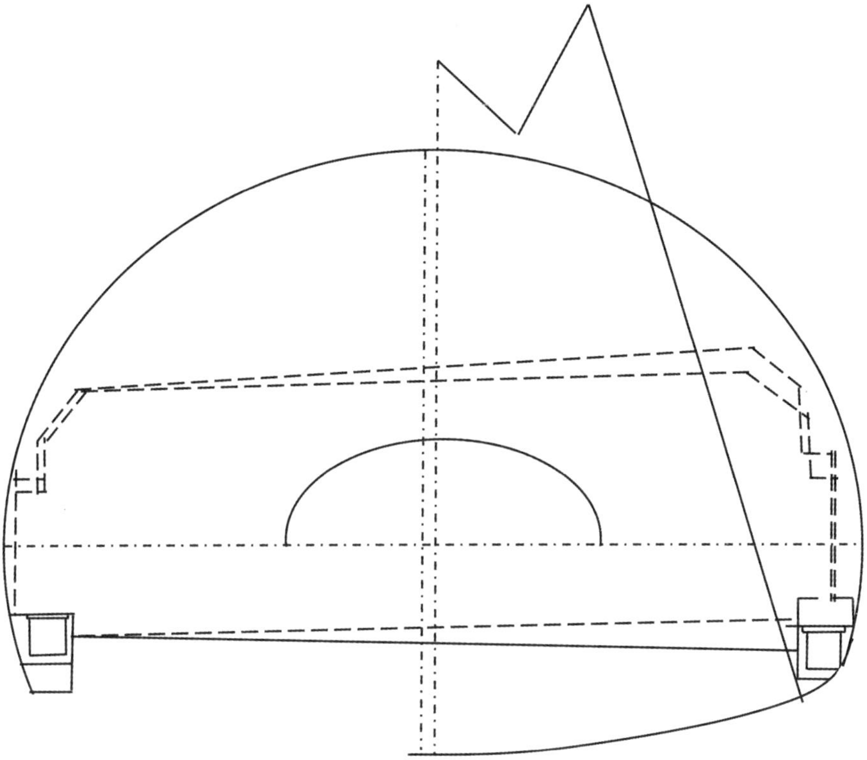

(a) 隧道主洞内轮廓图

(b) 隧道建筑限界图

图 1.2　隧道主洞内轮廓与建筑限界图

隧道建筑限界是指为了保证隧道中的行车安全,在一定的宽度、高度空间范围内任何部件不得侵入的空间限界。在《公路隧道设计规范　第一册　土建工程》(JTG 3370.1—2018)中,对隧道的建筑限界有明确的规定。设计上为可靠起见,在限界外面还留有富余量，以防超高、超宽车辆或颠簸、摆动的车辆碰撞到洞内设施，造成设备或车辆的意外损伤，引起不良后果。公路隧道的横向建筑限界包括行车道、侧向宽度（含路缘带、余宽）以及人行道、检修道等，顶角宽度的规定是保证正常行驶的车辆顶角不会跑到限界外面去；竖向建筑限界包括高 4 m 的起拱线（直墙或曲墙与拱顶的分界线）、人行道或检修道高度等。隧道建筑限界的概念是限制侵入，并不是指定范围。设计时可以根据实际需要对空间进行加宽或加高，但这种加宽或加高是用增加造价换取的，所以设计时平衡好它们的关系才是设计水平的体现。一般情况下，在限界外预留0.1 m的预留量，保证施工时的“误差后果”不会侵入隧道建筑限界。

公路隧道内的车道宽度应与进出引线段车道宽度一致，以避免出现“瓶颈”现象。当隧道净宽与引线路幅宽度不一致时，从洞外到洞内需要有一个适当长度的过渡段，过渡段的任务是把路肩的宽度调整到与洞内检修道宽度一致。

公路隧道墙壁往往给驾驶员以危险感，唯恐与之冲撞，行驶车辆多向内侧偏离，无形中减少了车道的有效宽度，从而导致隧道中交通容量的降低，这种现象称之为“墙效应”。因此，在公路隧道中，应在车道两侧留有足够的侧向宽度，以消除或减少墙效应的不良影响。

在《公路隧道设计规范　第一册　土建工程》（JTG 3370.1—2018）中，对救援设施的土建部分也有说明。这些设施主要包括横通道、车道加宽带（紧急停车带）等。既然是救援就涉及救援标准问题，隧道的重要性不同，对救援的要求也不同，主要体现在对救援时间的要求有差别。隧道的重要性主要是由车流量决定的，车流量越大要求完成救援的时间就越短，相应的一次需要救援的车辆数就越少。救援所需时间除与救援水平（指设施和人员）有关外，还与隧道的长短有关，隧道越长救援就越困难。所以从救援的角度出发，隧道不宜修建得过长。救援时间是要进行具体设计的，主要是确定适宜的救援水平和计算救援所需要的时间。

救援设施分为两部分：一部分是固定设施，即隧道的建筑结构所提供的固定结构空间，各部分的几何尺寸参见设计图的相关部分；另一部分是指管理设施（如交通信号及情报板等）、救援设施（如救援车、消防车、消火栓、通风设备、应急照明设备等）。

为了应对救援所带来的诸多问题，可以采用一个基本方法——对隧道进行分区。在上、下行分离的单向交通工况的隧道中，可以设置车行横通道来对车流进行分段。原则上车行横通道的净空应与单车道隧道断面（宽度为 4.5 m）一样，但其距离较短，一般取 5 m（高）×4 m（宽）。车行横通道的设置原则可参照以下规定：间距可取 750～1000 m，1000～1500 m 的隧道中间宜设 1 处，中、短隧道可不设。

人行横通道设置在分离式单向交通的双管隧道中，当一个隧道内发生事故时，汽车无法立即疏散，事故区内车辆中的乘客和驾驶员均可通过人行横通道疏散。人行横通道限界为宽 2.0 m、高 2.5 m，间距可取 250～500 m。无论是车行横通道还是人行横通道，通道内必须有足够的照明器材、报警设备和指示性标志。

维修、巡逻与管理往往是在不进行交通管制的条件下进行的，根据实际需要可在隧道单侧或两侧设置人行横通道。人行横通道的宽度为 0.75 m（仅供检修）或 1.0 m（供行人)；如果隧道所在地区行人密度大，隧道长度也大，而且交通量大，人行横通道宽度大于1.0 m时按0.5 m的倍数增加。为保证安全，应使人行横通道比车行横通道高出25 cm。为了解决安全问题，有些设计者采取对汽车速度严加管制的方法，有些设计者则采取把人行横通道抬高的办法。不过这里应该注意的是：若人行横通道抬高过多，一旦发生事故且车辆停得过于靠外时，外侧车门会打不开，如果需要疏散，可能会发生乘客无法下车的严重问题。另外台阶高于40 cm时需要设置护栏，否则行人有失足跌落的可能，但护栏只能使用链条等活动栏，不能做成固定的，否则车上的乘客无法踏上台阶。

长大隧道和高速公路隧道内的许多设施都是悬吊在路面上方的，像信号灯、标志牌、通风机、照明器材、防灾设备(如火灾传感器、烟雾透过率计)、闭路电视监视器等，也要占用空间。作为设计者，除了要考虑路面可能的加高量外，还要考虑各种设施的悬挂高度的富余量。

此外，在山岭隧道、城市隧道或水底隧道中，往往需要设置敷设电缆(如通风、照明、等强电电缆和各种弱电电缆)的电缆支架、电缆沟、给水管、排水沟等。供公用事业使用的电缆和其他管线等使用的管线沟，称为共用沟(或共用隧管)，它可以出售或出租给相关公司使用。但在共用沟中原则上应禁止超高压电缆、可燃气体管道、可燃液体管道等通过。确定共用沟尺寸时，应考虑检修时工作人员操作和通行方便的空间。

第2章　隧道的运营与管理

2.1　隧道运营管理配套设施

为了改善地下隧道的通风环境、视觉条件，提供必要的安全防护设施，需要在隧道内增加营运通风、营运照明和公路隧道交通工程设施。在设计过程中，《公路隧道设计规范　第一册　土建工程》(JTG 3370.1—2018)对隧道主体结构和交通工程与附属设施两部分进行了相关规定，隧道运营管理配套设施就属于交通工程与附属设施部分，主要包括交通安全设施、通风设施、照明设施、交通监控设施、紧急呼叫设施、火灾探测报警设施、消防设施与通道、供配电设施、中央控制管理系统、接地与防雷设施、线缆及相关设施。按照养护规范[《公路隧道养护技术规范》(JTG H12—2015)]划分，隧道运营管理配套设施主要是指机电设施部分，包括供配电设施、照明设施、通风设施、消防设施和监控与通信设施。在这里按隧道设计建设需求顺序做如下介绍。

公路隧道通行汽车所排出的尾气会造成空气污染，携带的尘土和卷起的尘埃会影响视线。而隧道是个闭塞空间，一般只有进出口与大气相通，污染物不能很快扩散，所以隧道内的空气污染既会对人体造成危害，又会影响行车安全。隧道通风方式有很多种，通风方式的选择主要考虑隧道长度和交通条件，同时还要考虑气象、地形及地质条件，在充分考虑各种因素后，选择既有效又经济的通风方式。通风方式按车道空间的空气流动方式分为自然通风和机械通风，其中机械通风又分为纵向式(射流风机)、半横向式、全横向式(风洞)、混合式。

公路隧道的照明是为了把必要的视觉信息传递给驾驶员，防止因视觉信息不足出现交通事故，提高驾驶的安全性和舒适性。隧道照明与道路照明的显著区别是昼间需要照明，而且照明问题比夜间更加复杂，既需要考虑路面应具有一定的亮度水平，还应进一步考虑设计车速、交通量、线形等影响因素，并从驾驶的安全性和舒适性等方面综合确定照明水平。要特别注意的是，在隧道入口段及洞内相邻区段需要考虑人的视觉适应过程，如“黑洞效应”“白洞效应”。人工照明可以提高背景的亮度，增加障碍物与背景的反差是减少交通事故常用的办法。人工照明的通常方式是增加辅助光源，安装高压钠灯(功耗高、技术陈旧，基本淘汰）、LED 灯、无极灯等。光源布列方式有中间布设、交错布设、对称布设等形式。

隧道交通工程设施是保持隧道安全畅通的安全防灾设施，既有普通公路通用的设施，也有隧道特殊环境需要的其他设施。首先是车辆运行必需的交通设施，即隧道区段的安全设施，主要包括标志、标线、视线诱导设施等。其次是监控运行状态的监控设施。监控设施主要用于收集和处理各类信息，并传送给隧道管理站计算机，同时接收隧道管理站计算机传来的有关信息或命令，按照预定的方案或控制指令，实现对隧道内交通流量、交通状态以及外场设备的有效控制。按照信息处理的角度不同，监控设施可分为监测设施、控制及诱导设施等。按照控制对象的不同，监控设施还可以分为交通监控设施、环境监测设施及通风照明控制设施等。监测设施主要包括车辆检测器、摄像机、视频监视设备、一氧化碳/能见度检测器、风速风向检测器、光强检测器、火灾报警器、火灾检测器等设备。监测设施主要用于监测隧道内交通信息和环境信息、监视隧道营运状况、控制通风照明系统。控制及诱导设施主要包括交通信号灯、车道控制标志、可变标志、有线广播以及交通区域控制器等设备。有线广播设施包括有线广播控制器、扬声器以及传输介质。在隧道内出现异常情况时，管理人员通过有线广播设施向隧道内人员发布信息，对车辆及人员进行疏导。再次是紧急状态下保障人员安全的消防设施，主要包括灭火器、消火栓、固定式水成膜泡沫灭火装置、隧道消防给水装置及管道等。最后是保障以上机电设施正常运行、提供能源服务的供配电设施，主要包括高压供电设备、低压配电设备、供电线路等。

2.2　隧道路段特性

虽然在隧道建设时期就充分考虑了隧道运营存在的问题隐患，也配置了基础设施，但隧道路段还是具有以下特性，需要在日常养护管理中充分认识。

(1)空间有限。隧道侧向宽度及高度均有限，驾驶员进入隧道后，因视距受限，心理上易产生不安与压迫感，从而降低操作的安全度。

(2)空气污染严重。对于管状构造物，各种通风方式只能控制受污染空气的浓度，受污染的空气无法全部清空。隧道内主要空气污染物种类包括悬浮颗粒物、一氧化碳、二氧化硫、碳氢化合物、氮氧化物以及铅。隧道中车辆排放物形成的高浓度黑烟会造成驾驶员视线障碍，影响行车安全。一氧化碳被吸入人体后易破坏血红蛋白的携氧能力，引起反应迟钝、紧张等症状。

(3)环境照度低。隧道内照度一般在 5～100 lx 范围内。白天驾驶员从明亮的环境接近、进入和通过隧道时，会产生种种特殊的视觉问题。由于隧道内外亮度差别极大，从隧道入口会看到黑洞(长隧道)及黑柜(短隧道)现象。进入隧道后，因急剧的亮度变化，人的视觉不能迅速适应而看不清隧道内的情况。隧道内由于汽车排出的废气无法迅速消散，形成烟雾，对汽车头灯和道路照明器发出的光产生吸收和散射，从而降低能见度。

在隧道出口，白天外部亮度高，看上去是个亮洞，夜间看上去又是个黑洞，因而驾驶员不能很快看清外部道路的线形及路上的障碍物。

(4)环境噪声大。隧道内噪声较洞外高出很多，尤其是在未装吸声板的隧道内更突出，甚至影响驾驶人员正常的思维判断和反应能力。

(5)施工条件特殊。隧道施工与地面建筑施工也不同，空间有限、工作面狭小、光线暗、劳动条件差，给各种工程施工增加了难度，也给道路交通带来了一定的影响。

2.3 隧道运营管理介绍

隧道运营管理是隧道修建完成后，在发挥隧道作用、实现隧道修建价值时需要持续关注的重要工作。隧道运营管理主要有两方面的含义：一是指日常运营管理，可理解为未发生事故时的运营管理；二是指应急状态下的运营管理，就是发生事故时的运营管理。

所谓日常运营管理，是指制定日常运营管理计划并使之制度化，以保证正常情况下的交通运营、设施运营，也就是隧道养护工作。借用公路养护概念，隧道养护指的是为保证隧道正常使用而进行的经常性保养、维修，预防和修复灾害性损坏，以及为提高隧道质量和服务水平而进行的加固、改善或增建。借用规范规定的概念，隧道养护是指为了保持隧道土建结构、机电设施及其他工程设施的正常使用而进行的日常巡查、清洁维护、检查评定、保养维修等工作。隧道养护是本书的重点内容，在此不再赘述。

下面重点介绍应急状态下的运营管理。安全畅通是隧道发挥作用的根本保证，应急状态下的运营管理也是隧道投入使用后各级管养单位关注的重点，也可以说日常运营管理也是为应急状态下的运营管理服务的，所以下面就应急状态下的主要事故进行分析介绍。

隧道是一个狭窄的交通孔道，在营运过程中，除了车辆故障等意外事件，不安全因素主要指火灾和交通事故以及由此产生的再生性灾害。例如，先行车辆发生火灾后，后续车辆来不及绕行、避让及减速而产生冲撞；先行车辆发生事故，可能形成更多后续车辆接连冲撞甚至引起火灾等。隧道内一旦发生火灾，后续车辆想脱离现场是非常困难的。1949 年，横穿美国纽约市哈德逊河底的霍兰隧道发生火灾，造成 9 辆大卡车被烧毁，这引起了世界各国对隧道安全的巨大关注。

为了保证隧道行车的安全，最大程度地避免灾害的发生，就需要在隧道内设置必要的安全防灾设施。为使采取的各项安全防灾措施更具有针对性，更有效地提高隧道的安全性，需了解以下知识。

第一，要了解隧道火灾的特性。引起隧道火灾的原因是多种多样的，但概括起来主要集中在以下几个方面。

(1)车辆电气线路短路、汽化器失灵、载货汽车启动系统故障等引发隧道火灾。

(2)车辆碰撞事故引发隧道火灾。

(3)隧道内通行车辆所载货物可能有易燃易爆物品，遇明火(或热源)发生燃烧或自燃。

(4)隧道电气线路或电气设备短路起火。

隧道火灾不同于一般的火灾事故，具有以下特征。

(1)浓烟高温、火灾蔓延速度快。隧道发生火灾时，发烟量主要与可燃物化学、物理特性，燃烧状态和供气程度有关。由于隧道内部空间较小，基本处于密闭状态，火灾发生时，隧道中空气不足，多产生不完全燃烧，发烟量一般较大，而且产生的热烟难以扩散，导致隧道火灾初期升温迅速，并产生较强的热冲击。

(2)疏散困难。隧道发生火灾时，主要依靠照明和疏散指示标志来保证人员的安全疏散。然而，燃烧产生的大量烟气使能见度急剧下降，加之隧道横断面小、道路狭长，不仅人员难以疏散，而且由于阻塞车辆的影响，物资疏散也极其困难。

(3)扑救难度大，易造成重大损失。隧道内能见度低，救援面窄，火灾扑救路线单一且可能与人员车辆疏散路线、烟气流动方向发生冲突；加之火灾类型、发展蔓延规律不确定，消防水源有限，隧道内车辆堵塞状况不可预见；且火场温度过高时隧道拱顶混凝土有烧塌崩落的危险。这些都给灭火救援增加了巨大难度。

第二，要对事故有客观的认识。在交通运行中，有害的或危险的事件是客观存在的，并且发生的原因复杂，具有随机性和突发性，是难以预防的。隧道作为公路的瓶颈路段，一旦发生事故和火灾，救援、维修以及选择可替代道路都极为困难，其后果远较一般路段的同类事故严重。

因此，当隧道中发生事故时，应采取以下措施。

(1)利用隧道中设置的安全防灾设施，采取相应的应急救援措施，紧密结合“创新、担当、协同、高效”的原则进行应急处置，突出在应急救援措施上与时俱进，创新救援措施。

(2)相关责任人勇于担当，危急时刻果断决策。

(3)加强沟通联动，强化交警、路政、消防、医疗、环保、应急等部门的协调。

(4)高效处置，突出一个“快”字、一个“安”字，快速处置隐患，尽快恢复交通，保证人民群众生命财产安全。

这些措施对于减少事故所造成的人员伤亡与经济损失、预防连锁事故的发生都极为重要。

2.4　隧道运营管理现状

虽然修筑高等级公路隧道的一次性投资较大，养护费用也较高，但它从根本上提高了公路等级，是提高山区公路运输快捷性的重要措施之一，这一点已被许多省份的经验所证明。公路隧道除了产生缩短里程、提高车速、降低油耗、减少事故等直接效益外，还能带来若干间接的社会经济效益。

从近年来国内外隧道发生的火灾事故中可以得到启示:公路隧道交通确实存在潜在的危险性,只有加强软环境的建设,才能发挥硬环境的作用,才能有效地达到防灾和减灾的目的,因此非常有必要提高隧道运营管理技术,加强隧道运营管理工作。

近十年来,我国公路隧道在建设方面取得了长足的进步,但运营管理还是适应不了公路交通发展的要求,与国外先进水平相比,还存在着很大的差距,其中一个重要原因是对公路隧道运营设施的资金投入不足,重于建设,疏于运营管理。因此,在公路隧道建设完成并投入运营后,要加强运营管理工作,充分认识公路隧道运营管理的重要性。特别是在交通量较大的隧道段,要进行定期的养护与维修,提高应对突发性灾害的抢险能力;加大对公路隧道照明、通风、防灾和监控等设施的投入,同时完善管理机制,全面提高我国公路隧道运营管理水平。

随着现代化生产技术的发展及人们环保意识的提升等,隧道在公路中的应用越来越多,但是隧道作为特殊的交通环境也存在着比其他路段更多的安全隐患,一起比较小的隧道意外事件很可能在短时间内引发或演变为一场非常严重的灾害性事故。由于隧道的封闭性,紧急事件发生后现场人员逃生困难,必须依靠及时有效的外部救援。因此,除加强日常运营管理外,还需要制定紧急事故发生后所应采取的紧急措施和应急方法,即应急预案。通过事前计划及应急预案的制定,充分利用一切可能的条件,在事故发生后迅速控制事故发展态势并尽可能排除事故,保护现场人员和场外人员的安全,将事故对人员、财产和环境造成的损失降至最低。

当前我国正积极推进“交通强国”建设,要牢牢把握交通“先行官”定位,适度超前,进一步解放思想、开拓进取,推动交通发展由追求速度规模向更加注重质量效益转变,由各种交通方式相对独立发展向更加注重一体化融合发展转变,由依靠传统要素驱动向更加注重创新驱动转变,构建安全、便捷、高效、绿色、经济的现代化综合交通体系,打造一流设施、一流技术、一流管理、一流服务,建成人民满意、保障有力、世界前列的交通强国,为全面建成社会主义现代化强国、实现中华民族伟大复兴的中国梦提供坚强支撑。

2.5 隧道养护管理构成

隧道养护管理是隧道日常运营管理的重要组成部分,也是本书详细介绍的内容。从公路养护作业角度来看,隧道养护管理可以分成基础设施管理、技术管理和安全管理三部分,如图 2.1 所示。隧道养护单位的主要职责和最终目标是保障隧道安全畅通,因此要不断对隧道进行养护管理。为了做好养护管理工作,隧道养护单位要掌握建设情况,这也是道路交通全生命周期养护的一种体现。

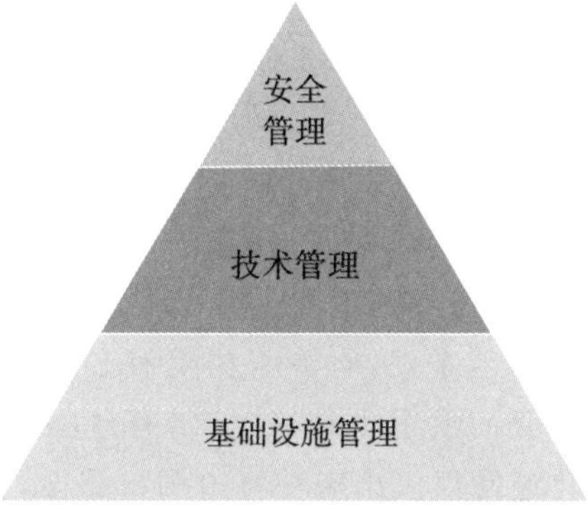

图 2.1　隧道养护管理的基本框架

一是基础设施管理，就是隧道建成、交工验收时隧道养护单位应对隧道的基本构成、布局、配置、设计理念、施工情况、重大事故及重大变更等内容进行理解与掌握。

二是技术管理，包括建立包含隧道交竣工资料、日常巡查及评定资料、保养维修资料等各类资料的养护技术档案，进行使隧道技术状况保持良好的各类养护管理工作。

三是安全管理，主要指进行养护作业和发生突发事件时的交通组织和安全防护等内容。

从另一个层面来看，隧道养护管理也可以分为内业管理和外业管理：外业管理就是隧道实际状态，也可以说当前状态，是养护管理项目实施的对象；内业管理则是历史状态和发展状态，反映的是一种过去和将来的管理过程，比如管理制度办法、工程建设方案和实施情况等。

在外业管理方面，以“精准养护”理念为指导，既要精准施策、精准实施、精准考核，又要设施完好、运行正常、安全畅通。在此，简单分享一下作者对外业管理的几点认识。

第一，外业管理是一个长期的动态过程，管养人员要有足够的韧劲和耐性。隧道自建成使用开始，设施设备始终处于一种逐渐衰老的过程中，提出预防性养护理念就是希望通过维修、维护、清洁、保养等措施最大限度地延长其使用寿命。在实际管养过程中还要找到投入与产出的平衡点。虽然有帮助科学决策的办法或工具，但在实施过程中还是需要各级管养人员实事求是地去深入研究，不能因为是新隧道就可以不管，也不能因为是老隧道就等待大中修工程，所以要保持一种韧劲和耐性。比如发现了严重危害安全的病害要第一时间采取应急处置措施，然后不遗余力地推动维修工作。再比如有些项目虽不影响安全，但反复维修累计投入大，就需要管养人员拿出一定的耐性，在环境、资金、人员或者工艺成熟的时候一并解决。除了维修项目还有保养项目，在当前环境下，只要有车辆通行就必然产生尾气、夹杂尘土等，如果不能持之以恒地保持隧道清洁状态，将造成严重影响，轻则环境变差，重则造成安全隐患，所以保养项目也需要管养人员有韧劲和耐性。

第二，外业管理是一个复杂的项目，管养人员要有充足的知识和技能。隧道外业管理有土建结构管理，也有机电工程管理，还有安全管理，有时候还需要几方面的配合，只求其一难免会顾此失彼。所以管养人员要仔细总结各方面的维修经验，扎实掌握隧道技术状况，包括维修状况和发展趋势，然后在土建结构、机电工程、安全管理的框架下综合施策。再者，隧道施工本身就存在视线不良、环境复杂等情况，如果没有全局的筹划，反复的施工不但影响车辆通行安全，还会带来不良的社会影响。这里所说的知识和技能包括土木工程专业知识、机电工程专业知识、道路交通知识、安全管理知识等，本书站在实用角度，对一些内容进行了介绍，在实际隧道养护管理过程中，也需要灵活应用。

第三，外业管理具有一定的艺术性，管养人员要有必要的灵感和悟性。随着生活品质的提高，人们对道路通行环境的要求也越来越高，有些必要的设施是可以进行艺术化处理的，比如绿化。隧道绿化通常仅仅出现在隧道洞口路段，就总体规划而言，为了保持水土，避免山体滑坡，洞口周边一般采用乔木，近洞口的多为灌木，在路肩两侧多为花草。日常养护管理过程中，在保证功能的前提下，可以选择合适的苗木进行组合，比如打造“四季常青，三季有花”的效果，再比如通过修剪、造型、整理等途径打造“畅、安、舒、美、优”的隧道洞口等。

在内业管理方面，一直以来以执行规范要求和上级制度办法为主。当前国家层面制定了隧道检测规程，提出了国家层面的内业资料体系，可以充分借鉴。在执行过程中，“内外业结合”是重要的工作思路，负责外业的管养人员如实记录实施状况，就可以自然地完成内业资料的信息采集工作，然后根据规范要求制定相应的表格，这就保证了数据的准确性和客观性，如果脱离外业去整理内业，往往会出现闭门造车的问题。

2.6 隧道养护管理规范化建设

随着公路网规模不断扩大和养护高峰期来临，2010 年起交通运输部开展了国家干线公路技术状况检测工作，检测工作内容包括干线公路路况检测、重点桥梁和隧道检测等。2017 年，检测工作组到城岭隧道进行了隧道检测，沂源桥梁隧道管理所有幸参加了迎检工作的全过程，并在检测完成后结合迎检成果又在资料规范性上做了细化和深化。下面就养护管理规范化建设进行说明。

国家重点桥梁/隧道检测评价程序主要有前期准备、现场检测、数据处理和工作验收四个阶段。前期准备阶段主要在省级层面；管养单位所做的工作主要在现场检测阶段进行，重点是技术状况抽查与复核和养护管理现状监督检查；在数据处理阶段，检测组会做一些后期整理工作；工作验收是在检测完成后，交通运输部路网监测与应急处置中心对检测结果进行的一次总体评估。国家重点桥梁/隧道检测评价流程如图 2.2 所示。

现场检测阶段的首次会议主要是检测双方就检测事宜进行交流，并确定检测方案，比如安全管理、组织协调、时间安排、联系方式等。反馈会主要是交流检测情况，检测组与管养单位就一些问题进行交流。

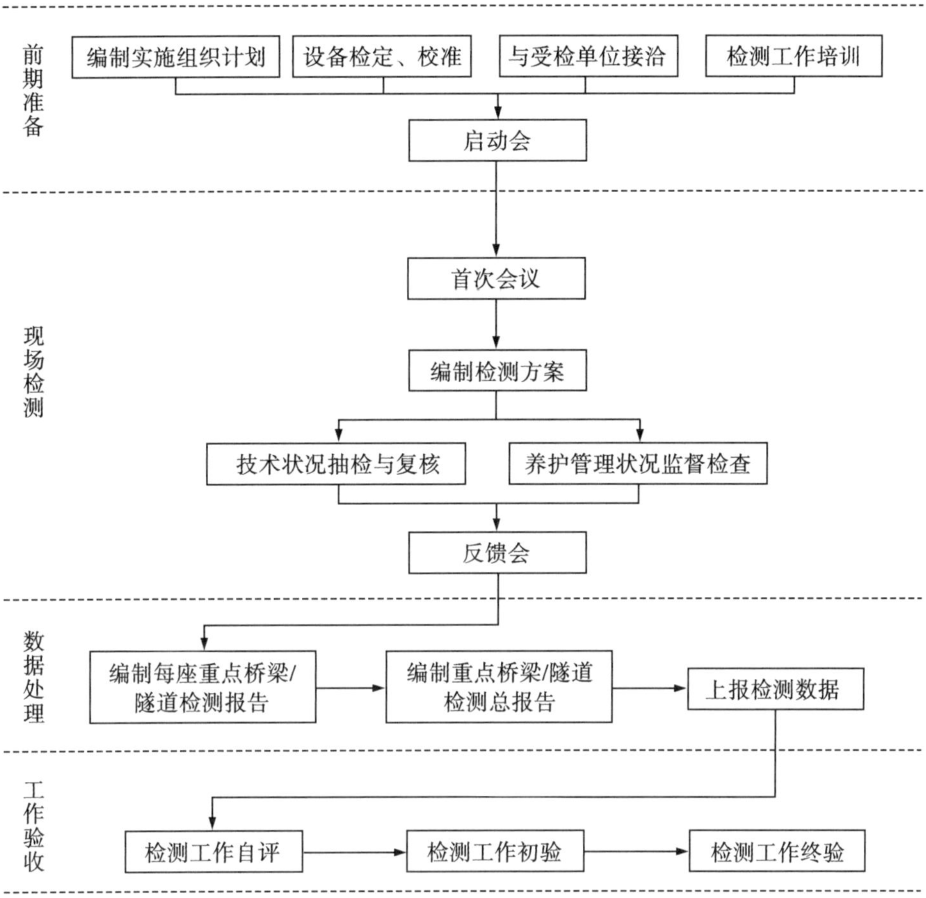

图 2.2　国家重点桥梁/隧道检测评价流程

2.6.1　技术状况抽检

技术状况检查以抽检为主，分为土建结构抽检、机电设施抽检和其他工程设施抽检。

2.6.1.1　土建结构抽检

土建结构抽检内容应包括常规项目和专项检测项目，具体检测内容见表 2.1。

表 2.1　重点隧道土建结构检测内容

分类	项目名称	检测内容
常规项目	洞口	山体滑坡、岩石崩塌的征兆及其发展趋势，边坡、碎落台、护坡道的缺口、冲沟、潜流涌水、沉陷、塌落等及其发展趋势
		护坡、挡土墙的裂缝、断缝、倾斜、鼓肚、滑动、下沉的位置、范围及其程度，有无表面风化、泄水孔堵塞、墙后积水、地基错台、空隙等现象

续表

分类	项目名称	检测内容
常规项目	洞门	墙身裂缝的位置、宽度、长度、范围或程度
		结构倾斜、沉陷、断裂范围、变位量、发展趋势
		洞门与洞身连接处环向裂缝开展情况、外倾趋势
		混凝土起层、剥落的范围和深度，钢筋有无外露、受到锈蚀
		墙背填料流失范围和程度
	衬砌	衬砌裂缝的位置、宽度、长度、范围或程度，墙身施工缝开裂宽度、错位量
		衬砌表层起层、剥落的范围和深度
		衬砌厚度、衬砌及仰拱后的空洞位置和大小
		衬砌渗漏水的位置、水量、浑浊、冻结状况
	路面	路面上塌（散）落物、油污、滞水、结冰或堆冰等状况，路面拱起、沉陷、错台、开裂、溜滑的范围和程度
	检修道	检修道毁坏、盖板缺损的位置和状况，栏杆变形、锈蚀、缺损等的位置和状况
	排水系统	结构缺损程度，中央窨井盖、边沟盖板等的完好程度，沟管开裂漏水状况，排水沟（管）、积水井等的淤积堵塞、沉沙、滞水、结冰等状况，排水沟出口通畅情况（不含覆盖型保温出水口）
	吊顶及各种预埋件	吊顶板变形、缺损的位置和程度，吊杆等预埋件是否完好、有无锈蚀、脱落等危及安全的现象及其程度，漏水（挂冰）范围及程度
	内装饰	表面脏污、缺损的范围和程度，装饰板变形、缺损的范围和程度等
	交通标志和标线	外观缺损、表面脏污状况，连接件牢固状况、光度是否满足要求等
专项检测项目	二次衬砌结构厚度及缺陷	每处隧道抽检总长度不小于 500 延米，每断面设 5 条测线（拱顶，左、右拱腰，左、右边墙）来检测二次衬砌结构厚度、配筋及缺陷情况
	隧道主洞内净空尺寸	每处中短隧道抽检不少于 5 个断面，长隧道、特长隧道不少于 10 个断面

常规项目要结合定检工作做好前期介入，全面掌握各种情况。当隧道长度不大于 3000 m 时全部检测；当隧道长度大于 3000 m 时，检测长度应不小于 3000 m。也就是说，只有特长隧道存在抽路段检测的情况，短、中、长隧道全面检测。

土建结构专项检测应选择隧道建设期出现过不良地质地段或营运中衬砌有典型病害或维修加固过的段落。这一部分要求管养人员熟练掌握建设图纸和控制资料，掌握特殊施工工艺，并在日常养护中有所体现，以确保其在检测过程中有较好的表现。

土建检测中有一项检测为地质雷达检测，洞身地质雷达抽检长度不应少于500 延米，地质雷达纵向测线宜不少于 5 条，提供衬砌背后空洞和欠厚段起止桩号，并应按 10 m 间距提供衬砌厚度值。5 条测线布设在拱顶，左、右拱腰，左、右拱脚。

总体来说，土建结构专项检测的目的是让受检单位了解隧道土建结构状况，以利于养护工作有目的地开展。这也算是定期检查的一项深入工作，检测结果可放在检测工作报告中。

2.6.1.2　机电设施抽检

机电设施抽检内容应包括供配电设施、照明设施、通风设施、消防设施、监控与通信设施这五大系统。由于检测过程不能大面积影响道路通行，所以很多检测项目仅通过人的感觉去评判，比如对于供配电设施（变压器、高压线路等设备），应观察相关设备的外观是否完好，听是否有异常响动，闻是否有异味等。还有一些检测项目注重实操，因此需要试用设施是否能正常使用，比如打开风机来检测风速、噪声等，还有就是检测远程控制系统是否能够远程操控，比如紧急电话、广播、车道指示器等。最重要的是数据采集类设施的检测，这类设施的检测标准明确、检测手段简单，可反映的问题也更为直观，比如接地电阻、三项电压电流平衡等。进行该类设施检测前一定要做好防范，幸而在这方面采取措施难度不大，加强平时要求即可。最后一个检查手段就是系统联动，即通过点火实验检测消防系统能否正常运行。

进行机电设施抽检时，应根据设施运营维护状况确定检测项目。当隧道长度不大于 3000 m 时，各类设施抽样频率为 20%，且总抽样数不少于 3 个，当设施项目总数少于 3 个时，应全部检测；当隧道长度大于 3000 m 时，应选取其中 3000 m 路段后，再按上述原则抽样检测。

下面就一些隧道机电设施主要检测内容做介绍，具体如表 2.2 所示。

表 2.2　重点隧道机电设施检测内容

分部设施名称	分项设施名称	检测内容
供配电设施	高压设施	外观检查
		△高压设施能否正常供电
		高压断路器柜有无异常现象
		高压互感器与避雷器柜有无异常现象
		高压柜有无异常现象
		高压柜各仪表是否正常显示
		高压隔离开关和负荷开关各元器件是否正常工作
		电力变压器各元器件是否正常工作
		是否有防止小动物进入的措施

续表

分部设施名称	分项设施名称	检测内容
供配电设施	箱式变电站	外观检查
		△箱式变电站能否正常供电
		电缆进出线孔封堵是否密实
		箱体周围接地电阻是否符合要求
		各电器连接是否可靠,有无松动、发热
	电力电容器柜	外观检查
		△在负载感性变化时能否正常投入或退出
		有无烧损痕迹
		引线接头有无污染、松动
		仪表能否正常显示
	低压开关柜	外观检查
		△能否正常配电
		有无明显噪声
		绝缘是否良好
		引线接头有无污染、松动
		仪表能否正常显示
		输出电压是否正常
		照明供电回路三相电流不平衡检测
		监控供电回路三相电流不平衡检测
	配电箱、插座箱、控制箱	外观检查
		△有无异常现象
		绝缘是否良好
		接线是否松动
	电力线缆及支撑件	外观检查
		电缆线间、相间和对地绝缘是否正常
		接头处是否正常,有无烧焦痕迹
		支架与桥架安装是否稳固

续表

分部设施名称	分项设施名称	检测内容
供配电设施	综合微机保护装置	外观检查
		△系统监测与报警功能检查
		主站硬件设备运行状况是否正常
		子站硬件设备运行状况是否正常
		监测数据准确性、完整性
		数据备份与查阅功能是否正常
	不间断电源(UPS 电源)、消防应急电源(EPS 电源)	外观检查
		测量显示输入输出电压、电流功能是否正常
		接地是否良好
		△进行市电停电试验，检查能否正常供电且输出电压是否符合要求
		进行市电停电试验，检查供电维持时间是否符合要求
	自备发电设备	外观检查
		△启动、停止功能及输出电压是否正常
		连接是否可靠
		启动时间是否满足设计要求
		有无异响
	变配电室	高低压室功能是否独立
		高低压室地面是否铺静电地板或绝缘胶垫
		基础槽钢是否稳固、锈蚀
		通风散热是否良好
		通风散热口是否有防止小动物进入的措施
		电缆进出线孔封堵是否密实
		整体布局是否合理
	防雷接地设施	电源和信号输入端的浪涌保护器是否完好
		外部防雷装置安装是否牢固，连接导线是否绝缘良好
		有无腐蚀
		△接地电阻是否正常
		接地连接是否牢固

续表

分部设施名称	分项设施名称	检测内容
照明设施	隧道灯具	外观检查
		损坏灯具占灯具总数的比例
		灯具能否正常开关
		△各照明段亮度
		各回路控制的准确性检查
		照明控制方案与现场实际情况的适应性检查
	洞外路灯	外观检查
		基础设置是否稳定,基础有无开裂、损伤,基础锚具、螺栓有无生锈、松动
		△灯具能否正常开关
		灯具有无损坏,亮度目测是否正常
通风设施	射流风机	外观检查
		净高是否满足要求
		△风机能否正常开启和关闭
		控制位置、方向的准确性检查
		风机运转过程中有无异响
		风机运转时电流值是否在额定值内
		悬挂风机基础稳定性诊断或检查
	轴流风机	外观检查
		△风机能否正常开启和关闭
		运转状态有无异响和异常振动
		各计量仪器、仪表读数是否正常
消防设施	点型感烟、感温探测器	外观检查
		△各回路的报警随机抽检试验
	火灾自动探测报警系统	外观检查
		△各回路的报警随机抽检试验
		是否具有故障报警功能
	手动报警系统	外观检查及手动报警按钮位置检查
		△各回路的报警随机抽检试验
	消火栓及灭火器	外观检查

续表

分部设施名称	分项设施名称	检测内容
消防设施	消火栓及灭火器	△消火栓的水压测试及水柱试验
		泡沫消火栓的喷射试验
		寒冷地区消防管道的防冻措施检查
		灭火器的数量及其有效期检查
		设备箱体及标识检查
	水泵	外观检查
		△水泵功能检查
		泵体各部位连接螺栓紧固性检查
		运转时有无异响、异常振动、过热
	给水管与阀门	有无漏水，闸阀操作是否灵活
		管支架是否腐蚀、松动
		洞外及隧道内水管的防冻、防腐蚀措施是否失效
	消防水池	外观检查
		水池的清洁检查
		寒冷地区保温防冻检查
		液位计数据准确性与传输功能检查
	电光标志	外观检查
		△检查显示功能是否正常
		电光标志亮度检查
	横通道	外观检查
		△门开关功能与规范的符合性
		门远程及本地手动操作功能是否正常
		横通道内照明功能检查
		门密封性检查
		标识位置、外形、亮度检查
监控与通信设施	亮度检测器	外观检查
		△设备功能是否正常
		对比测试指示值是否正确
	能见度检测器	外观检查
		△设备功能是否正常
		对比测试指示值是否正确

续表

分部设施名称	分项设施名称	检测内容
监控与通信设施	一氧化碳(CO)检测器	外观检查
		△设备功能是否正常
		对比测试CO浓度指示值是否正确
	风速风向检测器	外观检查
		△设备功能是否正常
		对比测试风速指示值是否正确
	车辆检测器	△设备功能是否正常
		测试数据准确性检查
	闭路电视监控系统	外观检查
		△摄像机基本功能检查
		摄像机动作功能检查
		视频切换、控制是否正常
		与紧急电话等的联动试验
		与防灾控制的联动试验
		进行图像质量评价
		硬盘录像机录像功能检查
	视频事件检测器	△功能检查
	大屏幕系统	外观检查
		△大屏图像显示功能检查
		视频信号的调用、切换功能检查
		窗口缩放、移动,多视窗显示等功能检查
	地图板	外观检查
		显示各类环境监测仪器数据功能是否正常
		显示各类交通控制设施状态信息是否正常
		紧急电话摘、挂机信息显示是否正常
	紧急电话	外观检查
		△分机能否一键呼叫主机
		分机处话音是否清晰、音量适中,无噪声、断字等缺陷
		控制台有无自动录音功能
		中心是否可自动立即显示故障信息
		控制台是否可取消呼叫

续表

分部设施名称	分项设施名称	检测内容
监控与通信设施	紧急电话	主机是否能检测到线路连接、电池、传输故障等情况
	广播	行车接听试验(无线广播)
		△能否向隧道广播话音
		环境噪声不大于 90 dB 时,话音是否清晰,隧道中能否听清广播内容
		有无音区多路切换选择广播功能,能否进行单、多音区广播
		能否播放已事先录好的节目,能否由监控员实时广播
		能否对广播喇叭音量的大小进行调节
		能否对指定的节目源循环广播
		能否对广播内容进行实时录音
	本地控制器	外观检查
		△按照指令控制相应设施功能是否正常
		独立运行功能测试
		断电恢复功能检查
	交通控制和诱导设施(可变标志、车道指示器、交通信号灯)	外观检查
		查找不良像素管
		△按指令显示功能是否正常
		按指令显示的及时性检查
		亮度检查
		净高检查
		悬挂设施基础稳定性检查
	光缆、电缆	光缆、电缆线路巡视检查
		尾纤(缆)、终端盒、配线架外观检查
	监控室设备及系统	外观检查
		设备功能与工作状态检查
		数据保存、备份设备检查
		监控室温湿度检查
	软件应急方案	火灾、危化品车事故控制预案软件是否符合设计或管养单位备案的应急方案
		突发交通事故控制预案软件是否符合设计或管养单位备案的应急方案

注:带“△”号的检查内容为关键内容。

检测时应加强对土建和机电设施中出现过严重病害或维修加固过的段落、设备及系统的检查。

2.6.1.3 其他工程设施抽检

其他工程设施抽检与评价内容包括电缆沟、设备洞室、洞口联络通道、洞口限高门架、洞口绿化、消音设施、减光设施、污水处理设施、洞口雕塑和隧道铭牌、附属房屋，具体检测内容参考表2.3。

表2.3 重点隧道其他工程设施检测内容

项目名称	检测内容
电缆沟	是否完好，有无杂物、积尘积水
设备洞室	是否完好，有无渗漏水、杂物积尘，标志是否齐全、清晰
洞口联络通道	隔离设施是否完好，标志是否齐全、清晰，路面是否清洁、有无隆起积水
洞口限高门架	结构是否完好，标志是否齐全、清晰，门架有无变形，净空误差能否满足限高要求
洞口绿化	有无树木妨碍行车，有无树木枯死、草皮失养，整体绿化效果是否美观
消音设施	是否完好，是否具备消音功能
减光设施	结构是否完好，标志是否齐全、清晰，减光效果是否正常
污水处理设施	是否渗漏，有无杂物、泥沙沉积
洞口雕塑和隧道铭牌	表面是否脏污，是否存在毁损
附属房屋	承重构件有无变形、裂缝、松动，非承重墙体有无渗漏、破损，屋面排水是否通畅、有无渗漏，楼地面、门窗是否完好，顶棚有无变形，水卫、电照、暖气等设备是否完好、能否正常使用

2.6.2 技术状况复核

技术状况复核也分为隧道土建结构复核、机电设施复核、其他工程设施复核三个部分。隧道土建结构、机电设施及其他工程设施的技术状况评定标准应参考《公路隧道养护技术规范》(JTG H12—2015)。结合隧道现场检测结果，对隧道最近一次定期检查(修)技术状况评定等级进行评定复核。

对机电设施技术状况进行复核时，检测组应根据隧道机电设施配备情况，制定抽检方案，现场核对机电设施实际状况，然后与受检单位提供的最近一期技术状况评定资料、设备检查维修记录进行比较，按照式(2.1)计算机电设施技术状况复核评价值以及机电设施技术状况复核评价表(见表2.4)进行复核评价。

$$\text{机电设施技术状况复核评价值}=\frac{\text{比对项达到合格以上水平的项次}}{\text{总比对项次}} \tag{2.1}$$

表 2.4　机电设施技术状况复核评价表

评价结果	一致	基本一致	不一致
机电设施技术状况复核评价值	100%	<100%,≥90%	<90%

当出现以下情况时,受检隧道机电设施技术状况复核评价应按机电设施检测表[参见《公路隧道养护技术规范》(JTG H12—2015)]的规定进行。

(1)受检隧道未按照《公路隧道养护技术规范》(JTG H12—2015)规定开展隧道机电设施技术状况评定。

(2)受检单位不能提供完整的受检隧道机电设施日常巡查、经常检修、定期检修记录或报告或设备完好率统计数据。

(3)机电设施技术状况复核评价结果为不一致。

(4)机电设施检测指标评分权重表中带“△”号项检查结果[参见《公路隧道养护技术规范》(JTG H12—2015)]差于最近一次报告结果或最近记录。

2.6.3　养护管理状况监督检查

重点隧道养护管理状况监督检查分为能力、执行力和成效三个方面,监督检查时应根据不同的检测对象选取每类项目的检查内容,完成相应评价。重点隧道养护管理状况监督检查主要分省级交通运输主管部门检查和重点桥梁/隧道养护管理单位检查两部分内容,管养单位应在检测期间做好协调和配合工作。检测组采用资料查阅、座谈交流、检测组打分等方式开展工作。

重点隧道监督检查内容与标准有以下几个部分。

2.6.3.1　能力部分

(1)制度建设与落实:主要包括养护管理制度的建立,要收纳各级隧道养护管理制度、办法、规范等内容,还要针对隧道编制养护手册。要重点突出维修管理制度,这个制度要涵盖所有维修保养的内容,并应落实规范和上级的要求,是其他维修资料的总纲。

(2)资金保障制度:主要包括养护资金配置。与桥梁不同,当前隧道没有明确每公里养护投资的具体要求,但有相应的资金计划。资金计划应体现养护管理的计划性、资金投入的有效性、长效保持的制度性。从另一个角度来说,资金计划也体现了隧道运营管理的水平。资金保障制度还应包括应急与安全运行资金管理,这部分主要体现隧道应急管理的资金投入,根据当前养护管理实际情况可将这部分资金再分为两部分:一部分是安全管理投入情况,如应急演练、应急处置、安全培训的费用;另一部分是隧道机电设备运行投入的资金计划,如用电费用。合理的费用支出是隧道机电设施正常运行的必要条件。

(3)养护工程师制度与专业化管理:主要有专职养护工程师配置、养护队伍、养护设备 3 方面内容。首先要配备专职隧道养护工程师,目前隧道专门的养护工程师制度在国家层面还没有提出,一般参照桥梁工程师配置规格进行配置;对隧道而言,养护队伍应该包括土建养护队伍和机电养护队伍,应具备相应的人员配置,比如机电队伍的人员具有电工证、特种作业证等;与养护队伍对应的就是养护设备,在当前模式下,一般由养护队伍负责配置。

(4)省级交通运输主管部门的监测制度:这部分在养护单位的清单中没有明确,应对照相关文件制度执行。

2.6.3.2 执行力部分

(1)信息公开制度:主要是隧道安全运营宣传,当前的主要宣传方式是隧道信息牌、隧道“三个一”公示牌以及进入隧道的安全提醒标语,一般设在洞门,还有就是与高速交警、路政大队开展的主题宣传活动。

(2)隧道养护管理单位开展的检查与评定、功能维持或加固情况:这部分可以参照本书第二、三、四篇的内容详细了解,包括日常巡查、经常检查、定期检查、应急检查、专项检查、汛前检查、清洁维护、预防性养护、病害加固改造等内容。需要说明的是,预防性养护没有明确概念,一般认为在重大病害发现或发生前采取的维修补救措施都算预防性养护。

(3)技术档案管理:主要包括建设期间资料、交(竣)工验收资料、运营管理资料、隧道管理系统、防灾检测资料的管理。建设期间资料就是工程档案资料;运营管理资料为每年对隧道运行情况的总结,比如交通量变化、安全管理水平等内容,要有分析、总结与改进;隧道管理系统和防灾检测资料需要具体展示,如果不能展示,提供合同、协议、运行数据也可以。

(4)定期培训制度:主要是安全应急培训和养护技术培训,注意资料汇总即可。

(5)省级交通运输主管部门的年度报告制度:这部分在养护单位的清单中没有明确,应对照相关文件制度执行。

2.6.3.3 成效部分

(1)省级交通运输主管部门的挂牌督办制度和超载超限车辆治理:这部分在养护单位的清单中没有明确规定,但该项资料应在制度建设与落实中体现。

(2)隧道养护管理单位开展的附属设施管理和通行安全管理情况:附属设施管理有消防、监控、救援等安全附属设施设置,安全警示标志和交通标志、逃生通道的设置。这部分可以通过设计图纸和现场数据体现,建议建立单独台账,最好体现维修维护的历史数据,为科学决策提供历史支撑。通行安全管理包括安全预测和预警、应急管理、联动协调、风险防控内容。

(3)基础管理与养护技术创新:主要是养护科学决策和养护技术研究与应用。科学决策一般需要制定一个管理办法,应在具体实施过程中体现执行性和指导性。养护技术研究与应用是养护管理的亮点部分,也是对国家号召、积极探索创新的响应,所以这部分内容越多越好。

(4)隧道专项处治及其他:主要是交通运输部交办的工作,可以作为一个专题或专项,其他的就是对迎检过程的总体评判。

以上是作者在迎检过程中的经验总结,具体的清单标准在此也展现一下,因每年内容不同,不做具体资料的深入解读。2019年重点隧道养护管理单位养护管理状况监督检查评价标准如表2.5所示。

表 2.5　2019 年重点隧道养护管理单位养护管理状况监督检查评价标准

二级指标	三级指标	评分项目	评分标准	分值	土建	机电	均分
能力指标(27%)	制度建设与落实(15%)	1.1 养管工作制度建立	制定了针对隧道的养护管理工作制度或办法，明确了工作规范和流程，得 40 分；制定了隧道所在路段的养护管理工作制度或办法，并有相应的工作规范和流程，得 20 分；制定了隧道所在路段的养护管理工作制度或办法，得 10 分；未制定隧道养护管理工作制度或办法，得 0 分	40			
		1.2 隧道养护手册编制	编制了针对隧道结构与养管特点的养管手册、指南或细则，并予以实施，得 30 分；手册、指南或细则针对性不够，未充分考虑该隧道的结构与养管特点，得 20 分；养管手册、指南或细则针对性不够，且内容不完善的，得 10 分；未编制隧道养护手册，得 0 分	30			
		1.3 维修管理制度	建立了针对隧道的小修保养管理办法与大中修养护工程管理制度且健全、程序规范，得 30 分；制度基本完善，得 20 分；制度不完善，得 10 分；未建立制度，得 0 分	30			
	资金保障制度(45%)	2.1 养护资金配置	建立了完善的资金保障制度，监测隧道的资金投入，能够保障经常检查、小修保养、定期检查 3 项工作的有效开展，实施效果良好的，得 60 分；养护资金投入能够保障 3 项工作中的 2 项有效开展，得 40 分；养护资金投入仅能够保障 3 项工作中的 1 项有效开展，得 20 分；未建立完善的资金保障制度，资金投入不能保障任何 1 项工作的有效开展，得 0 分	60			
		2.2 应急与安全运行资金管理	设立了专项应急与安全运行资金，并进行有效管理和使用的，得 40 分；设立了专项资金，但管理和使用不当的，得 20 分；未设立专项应急与安全运行资金，得 0 分	40			

续表

二级指标	三级指标	评分项目	评分标准	分值	土建	机电	均分
能力指标(27%)	专业化管理(40%)	3.1 专职养护工程师配置	配备了专职隧道养护工程师,得30分;配备了兼职隧道养护工程师,得15分;未配备隧道养护工程师,得0分	30			
		3.2 养护队伍	组建了专业化的养护队伍或委托专业养护队伍实施养护工作,工作质量较高,得40分;工作质量一般,得20分;工作质量较差,得10分;未组建专门的养护队伍或委托专业养护队伍,得0分	40			
		3.3 养护设备	养护机械与设备配备齐全,满足养护作业需求,基本实现机械化且安全及质量控制保障有力,得30分;基本能够保障隧道的日常养护,得20分;不能够保障隧道的日常养护,得10分;未配备养护设备,得0分	30			
执行力指标(38%)	信息公开(10%)	4.1 隧道安全运营宣传	制定了隧道安全运营相关规定,实施了安全和应急避险救助常识宣传,满分100分。根据宣传工作开展情况酌情扣分	100			
	检查与评定(35%)	5.1 日常巡查	近3年内日常巡查频率符合规范要求,记录完整,得20分;记录不完整,得10分;未进行过日常巡查,得0分	20			
		5.2 经常检查(日常检查)	近3年内按规范要求开展经常检查,检查范围明确,检查技术先进合理,检查记录规范完整,得20分;近3年内按规范要求进行经常检查,检查记录不明确、不细致、不规范,得15分;近3年内进行了经常检查,但频率低于规范要求,得10分;近3年内未进行经常检查,得0分	20			
		5.3 定期检查与技术状况评定	按规范要求及时开展定期检查,检查范围明确,检查技术先进合理,检查记录规范完整,技术状况评定规范准确,且隧道管养机构对定期检查结果进行了复查并有记录,得20分;按规范要求及时开展定期检查,检查范围明确,检查技术先进合理,检查记录规范完整,技术状况评定规范准确,得15分;近3年内进行过定期检查,检查频率不满足规范要求,或检查内容深度不足,得10分;近3年内未进行定期检查,得0分	20			

续表

二级指标	三级指标	评分项目	评分标准	分值	土建	机电	均分
执行力指标(38%)	检查与评定(35%)	5.4 应急检查	按规范要求及时开展隧道应急检查,检查技术先进合理,重点突出,检查记录规范完整,得15分;检查内容、方法不够合理,得8分;未按规范要求进行应急检查(特别检查),得0分	15			
		5.5 专项检查	按规范要求及时开展隧道专项检查,检查技术先进合理,针对性强,检查记录规范完整,得15分;检查内容、方法基本合理,但针对性不强,得8分;未按规范要求进行专项检查,得0分	15			
		5.6 汛前检查	汛期前开展有针对性的检查,得10分;未开展,得0分	10			
	功能维持或加固(20%)	6.1 清洁(维护)	按规范要求频率开展清洁(维护)工作,且清洁(维护)工作满足隧道功能维持需求,得20分;未按规范要求频率开展清洁(维护)工作,或清洁(维护)工作不到位,得10分;未开展清洁(维护)工作,得0分	20			
		6.2 预防性养护	实施了一定的隧道预防性养护措施,得40分;未采取隧道预防性养护措施,得0分	40			
		6.3 病害处治或加固改造	及时对重要病害进行了处治或加固改造,处治效果较好,且相关资料齐全,得40分;处治效果一般,相关资料基本齐全,得20分;处治效果较差,得10分;未及时对重要病害进行处治或加固改造,得0分	40			
	技术档案管理(20%)	7.1 建设期间资料	隧道设计施工图、竣工图、施工监控资料,以及施工过程中的试验检测及科研资料等齐全,且管理规范,得20分;资料齐全但管理不规范,得10分;资料不齐全,且管理不规范,得0分	20			
		7.2 交(竣)工验收资料	隧道运营期间加固改造交(竣)工验收资料齐全,且隧道建设期交(竣)工验收资料管理规范,得20分;资料管理基本规范,得15分;隧道运营期间加固改造交(竣)工验收资料其中之一不齐全,或隧道建设期交(竣)工验收资料管理不规范,得10分;未见隧道建设期及运营期间加固改造交(竣)工验收资料,得0分	20			

续表

二级指标	三级指标	评分项目	评分标准	分值	土建	机电	均分
执行力指标（38%）	技术档案管理（20%）	7.3 运营管理资料	隧道交通量记录、事故记录等运营管理资料齐全，管理规范，资料签署齐全，且有分析、总结、改进等记录，得 20 分；无分析、总结、改进等记录，得 10 分；隧道交通量记录、事故记录等运营管理资料不完整，无资料签署或签署不全，得 5 分；未见隧道运营管理记录资料，得 0 分	20			
		7.4 隧道管理系统	建立了公路隧道信息化管理系统，系统功能完善、数据准确、更新及时，得 20 分；建立了隧道信息化管理系统，数据不准确或更新不及时，系统功能不完善，得 10 分；未建立公路隧道信息化管理系统，得 0 分	20			
		7.5 防灾及结构监测	水下隧道应加强防灾监测系统、结构健康监测系统及防护系统建设，建立系统并定期完成监测评估报告，不断完善评估制度，得 20 分	20			
	定期培训(15%)	8.1 安全培训	按年度组织隧道安全培训，年度培训内容全面，得 50 分；培训内容不够全面，得 25 分；年度未组织过隧道安全培训，得 0 分	50			
		8.2 技术培训	每年应组织各类（养护管理知识类）培训、交流或竞赛活动不少于一次，效果较好，得 50 分；组织培训、交流或竞赛活动，但效果一般，得 25 分；未组织，得 0 分	50			
成效指标(35%)	附属设施管理（20%）	9.1 消防、监控、救援等安全附属设施设置	设置了消防、监控、救援设施，设施齐全，且设置合理、有效，得 40 分；不够齐全，或不能保障使用，存在安全隐患，得 20 分；未按规范设置，得 0 分	40			
		9.2 安全警示标志和交通标志	安全警示标志和交通标志齐全，使用正常，得 30 分；部分使用不正常，得 15 分；未按规范设置，得 0 分	30			
		9.3 逃生通道的设置	按规范设置逃生通道（车通及人通），通道门规范且能正常使用（含灾害联动），得 30 分；通道门不规范或不能正常开启（含灾害联动），得 15 分；未按规范设置逃生通道（车通及人通），得 0 分	30			

续表

二级指标	三级指标	评分项目	评分标准	分值	土建	机电	均分
成效指标(35%)	通行安全管理(40%)	10.1 管线设施管理	隧道内不存在堆放物品、搭建设施以及铺设高压电线和输送易燃、易爆或有毒有害气体、液体的管道，得 10 分	10			
		10.2 安全监测和预警	隧道出现重要病害，及时进行了结构安全监测，数据真实准确、运行正常，得 10 分；监测效果一般，得 5 分；未进行监测，得 0 分	10			
		10.3 应急管理	隧道管养部门制定了专门针对隧道的应急预案，制定合理，或针对性地制定了各类型专项应急预案，内容全面，可操作性强，得 15 分；内容不够全面，可操作性一般，得 5 分；未制定应急预案，得 0 分	15			
			按照要求定期组织应急演练，总结应急经验并进行专项评估，及时更新应急预案，得 20 分；按照要求定期组织应急演练，但未总结应急经验、更新应急预案，得 10 分；未进行应急演练，得 0 分	20			
			应急设备齐全、维护到位，得 10 分；应急设备齐全性不足或维护不到位，得 5 分；无应急设备，得 0 分	10			
			应急救援队伍业务培训效果好，得 10 分；培训效果一般，得 5 分；未开展培训，得 0 分	10			
		10.4 联动协调	与地方公安交通管理、反恐、消防、交通运输、安监和卫生医疗等单位建立了联动协调机制，水下隧道还应与海事、航道等单位建立联动协调机制，并能有效实行，得 10 分；联动协调机制涉及单位不全面，或不能有效实行，得 5 分；完全未建立联动协调机制，得 0 分	10			
		10.5 风险防控	隧道管养单位应建立健全风险管理和隐患排查工作制度，编制风险辨识手册，建立风险动态监控机制，满分 15 分	15			

续表

二级指标	三级指标	评分项目	评分标准	分值	土建	机电	均分
成效指标(35%)	基础管理与养护技术创新(20%)	11.1 养护科学决策	建立了养护科学决策相关制度或规范，明确了数据采集、分析评定、计划编制的方法、程序和要求，年度养护工程计划和养护方案编制科学，依据充分，得 40 分；未明确数据采集、分析评定等方法，得 20 分；未建立相关的制度或规范，得 0 分	40			
		11.2 养护技术研究与应用	注重养护实用技术的研究并取得相应技术成果，大力推广养护新技术、新材料、新工艺、新设备，并取得明显成效，得 60 分；注重养护实用技术的研究并取得相应技术成果，得 30 分；未见技术研究和成果的转化，得 0 分	60			
	隧道专项处置及其他(20%)	12.1 完成交通运输部交办工作情况	完成了交通运输部交办的工作，工作质量高，得 80 分；实施效果一般，得 50 分；实施效果较差，得 30 分；未完成交通运输部交办的工作，得 0 分	80			
		12.2 其他	受检单位组织得当、纪律严明，配合工作积极认真，得 20 分；受检单位组织、纪律较强，配合工作较认真，得 10 分；受检单位无组织无纪律，配合不当，得 0 分	20			

2.7 隧道养护等级确定

根据《公路隧道养护技术规范》(JTG H12—2015)第 3 章第 3.1 条规定：根据公路等级、隧道长度和交通量大小，公路隧道养护可分为三个等级，分级标准宜按表 2.6 执行。

表 2.6 高速公路、一级公路隧道养护等级分级表

单车道年平均日交通量/[pcu/(d • ln)]	隧道长度(*L*)/m			
	L>3000	3000≥*L*>1000	1000≥*L*>500	*L*≤500
≥10001	一级	一级	一级	二级
5001～10000	一级	一级	二级	二级
≤5000	一级	二级	二级	三级

同等级公路的隧道，因交通量、技术状况和自然条件的不同，其养护需求和养护资源

并不一致。在实际工作中,需要细化同等级公路隧道的养护要求,来满足这种差异化的养护需求,这正是本书提出“养护分级”的初衷。通过对国内相关养护规范调研发现:现行城市道路、桥梁和隧道养护规范中均明确划分了养护等级。虽然在现行公路养护技术标准体系中没有“养护等级”的概念,但是分级养护思想已经体现在养护规范中,针对不同类别公路实行了差异化的养护频率和养护技术标准。

根据相关调研分析发现,决定公路养护等级的因素主要有公路等级、交通量、技术状况、气候条件等。公路隧道进行养护等级划分时考虑的主要因素是公路等级、交通量和隧道规模。在实际应用中,由于各地情况不同,可根据其他指标对养护等级进行适当调整。

所谓年平均日交通量(AADT),是指将一年内观测的交通量总和除以一年的总天数所得的平均值(单位:veh/d)。

在分析计算通行能力和服务水平时,需要将实际或预计的交通组成中各类车辆交通量与标准小客车进行换算(折算后的交通量单位:pcu/d)。根据交通运输部《关于调整公路交通情况调查车型分类及折算系数的通知》(厅规划字〔2010〕205 号),机动车型折算系数参考值见表 2.7。

表 2.7　机动车型折算系数参考值

车型	汽车							摩托车	拖拉机
一级分类	小型车		中型车		大型车	特大型车		—	—
二级分类	中小客车	小型货车	大客车	中型货车	大型货车	特大型货车	集装箱车	—	—
参考折算系数	1	1	1.5	1.5	3	4	4	1	4

当公路建成投入使用后,管养单位通过交通量调查测试设备获取的数据通常为混合交通量(veh/d),可通过表 2.7 进行换算,折合成标准小客车的年平均日交通量(pcu/d)。

本书列举了 2017—2020 年青兰高速沂源段高速公路的通行数据,如表 2.8 所示。

表 2.8　2017—2020 年青兰高速沂源段高速公路的通行数据

年份	路线编号	路线名称	观测里程/km	行驶量/(万车公里/日)	适应交通量/(veh/d)	交通拥挤度	地点车速/(km/h)	汽车年平均日交通量/(veh/d)								
								当量合计	自然合计	小型货车	中型货车	大型货车	特大货车	集装箱车	中小客车	大客车
2017	G22	青岛—兰州高速公路	58.117	137.0	80000	0.29	81.2	23550	15751	2522	902	819	1658	128	9017	705
2018	G22	青岛—兰州高速公路	58.117	149.0	80000	0.32	81.3	25673	15770	1738	570	768	2400	224	9649	421

续表

年份	路线编号	路线名称	观测里程/km	行驶量/(万车公里/日)	适应交通量/(veh/d)	交通拥挤度	地点车速/(km/h)	汽车年平均日交通量/(veh/d)								
								当量合计	自然合计	小型货车	中型货车	大型货车	特大货车	集装箱车	中小客车	大客车
2019	G22	青岛—兰州高速公路	58.117	186.0	80000	0.40	79.5	31949	20481	3402	967	1147	2523	262	11508	672
2020	G22	青岛—兰州高速公路	58.117	197.0	100000	0.34	79.2	33773	20663	3188	895	1211	3050	232	11298	789

2017—2020年青兰高速沂源段隧道单车道年平均日交通量[pcu/(d・ln)]的数据变化如图2.3所示,青兰高速沂源段隧道里程统计表如表2.9所示。

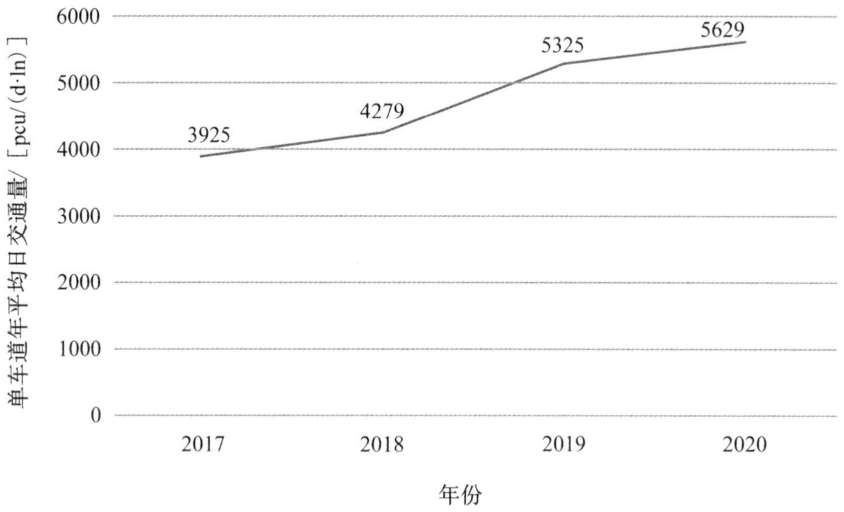

图2.3 青兰高速沂源段隧道单车道年平均日交通量

表2.9 青兰高速沂源段隧道里程统计表

序号	隧道名称		起点桩号	终点桩号	长度/m
1	黄家峪隧道	左洞	K214+587	K215+794	1207
		右洞	K214+642	K215+807	1165
2	亳山峪隧道	左洞	K221+597	K222+297	700
		右洞	K221+617	K222+332	715
3	沂源隧道	左洞	K251+974	K253+679	1705
		右洞	K251+994	K253+704	1710

根据高速公路单车道年平均日交通量数据统计及隧道里程统计，结合规范要求判定：随着交通量的日益增加，青兰高速沂源段黄家峪隧道、沂源隧道养护等级为高速公路一级，毫山峪隧道养护等级为高速公路二级，根据上级单位高标准养护要求及养护统一化、规范化要求，青兰高速沂源段隧道养护等级统一为高速公路一级。

第二篇 土建结构养护管理

隧道土建结构养护管理是日常养护工作的主体，本篇中，第3章介绍了与隧道土建结构设计、施工、养护管理有关的术语，以便于各部门相互交流。熟练掌握术语是干好养护工作的重要前提。第4章按照隧道养护技术规范要求，分一般规定、日常巡查、清洁、结构检查、技术状况评定、保养维修和病害处治6个小节，结合制度要求、规范要求、实践经验对土建结构日常养护做了具体分析，还汇总了一些常见的施工方案。第5章介绍了检测手段和相关技术，主要普及一些检测技术，有些技术管养单位可能在日常工作中用不到，但如果用得到，只有充分了解才能更好地发挥其作用。

第3章　术　语

(1)公路隧道:供汽车和行人通行的隧道,分为汽车专用隧道和人车共用隧道。

(2)山岭隧道:贯穿山岭或丘陵台地的隧道。

(3)水下隧道:贯穿江河或海峡的隧道。

(4)连拱隧道:并行双洞之间无中夹岩柱,两洞结构共用中隔墙的隧道。

(5)分离式隧道:并行双洞之间的距离较大,在隧道设计施工中不必考虑双洞相互影响的隧道。

(6)小净距隧道:并行双洞之间的距离较小,在隧道设计施工中必须考虑双洞相互影响的隧道。

(7)分岔隧道:并行双洞由分离式隧道或小净距隧道逐渐过渡到连拱或全幅路基隧道的隧道。

(8)沉管隧道:一种将隧道结构分段预制,然后沉埋至设计位置的隧道建设方法。

(9)深埋隧道:作用在支护结构之上的土压力与隧道埋置深度、地形条件及地表环境基本无关的隧道。

(10)隧道群:隧道与隧道洞门之间的距离较近,在勘察测量、平纵设计、通风设计及照明设计等方面必须考虑相互之间影响的多座隧道的总称。

(11)钻爆隧道:用人工或机械钻孔、装药,采用控制爆破方式开挖的隧道。

(12)盾构隧道:用全断面掘进机械开挖的隧道。开挖岩体的机械一般称为隧道掘进机(TBM),开挖土体的机械一般称为盾构。

(13)偏压隧道:支护结构两侧的岩土压力相差较大或不对称荷载作用的隧道。

(14)浅埋隧道:作用在支护结构之上的土压力受隧道埋置深度、地形条件及地表环境影响的隧道。

(15)隧道建筑限界:为保证隧道内车辆行驶、人员通行、检修和各种设备不受损害所要求的最小空间。

(16)隧道净空断面:路面之上隧道衬砌内轮廓线所包含的空间的横断面。

(17)净空断面(内轮廓):隧道衬砌内侧的断面面积、形状。

(18)公路隧道养护:为保持隧道土建结构、机电设施及其他工程设施的正常使用而进行的日常巡查、清洁维护、检查评定、保养维修等工作。

(19)养护等级:根据公路等级、交通量、隧道规模、技术状况、地质和气候条件等因素,对公路隧道划分不同等级,实施差异化的养护标准和养护频率等。

(20)土建结构:主要是指隧道的各类土木建筑工程结构物,包括洞口边仰坡、洞门、衬砌、路面、防排水设施、斜(竖)井、检修道及风道等结构物。

(21)隧道仰坡和边坡:仰坡是指从隧道顶(明暗交界里程)沿掘进方向按照一定坡度(一般为1∶0.5)开始直至地面线的坡面。边坡是指明洞段路面两侧做成的具有一定坡度的坡面。一般来讲,隧道洞口上方顺着隧道线路方向的坡称为仰坡,而在洞口两侧的坡称为边坡。

仰坡在开挖隧道并加以支护过程中的稳定程度,叫作隧道仰坡稳定性。隧道仰坡设计与施工的实质是对围岩稳定性控制的及时性与有效性的问题。公路隧道仰坡设计是为围岩稳定性服务的,目的是保证隧道开挖后仰坡能够稳定。

(22)洞门:在隧道的洞口部位,为挡土、坡面防护等而设置的隧道结构物。

(23)端墙式洞门:在洞口修筑垂直于隧道轴线的挡土墙以稳定洞门后土体的洞门。

(24)翼墙式洞门:在洞门端墙外沿路基两侧修建挡土墙,与端墙共同稳定洞口边坡及仰坡的洞门。

(25)明洞式洞门:不设置洞口挡土墙,将明洞结构适当外延的一种洞门结构形式,如削竹式洞门、倒削竹式洞门、喇叭式洞门等。

(26)明洞:在隧道口部或路堑地段,用明挖法修建隧道结构,然后进行覆盖的隧道。

(27)棚洞:在地形陡峻地段,为防御塌方、落石、积雪等而修建的棚式建筑物。

(28)衬砌:为控制和防止围岩的变形或坍落,确保围岩的稳定,或为处理涌水和漏水,或为隧道的内空整齐或美观等目的,将隧道的周边围岩被覆起来的结构体。

(29)整体式衬砌:隧道开挖后直接用模筑混凝土或砌体修建衬砌的隧道支护形式。

(30)喷锚支护:隧道开挖后用喷射混凝土、锚杆、钢筋网或钢拱架支护,不设二次衬砌的隧道支护形式。

(31)超前支护:在开挖面前方进行预支护后,再进行开挖而采用的支护类型。

(32)复合式衬砌:由喷锚初期支护和模筑混凝土二次支护构成的隧道支护形式。

(33)衬砌裂缝:隧道衬砌在外载荷的作用下,其表面或内部发生开裂的情况。

(34)衬砌变形:隧道衬砌在外载荷的作用下,其轮廓形状发生改变的情况。

(35)衬砌突发性坍塌:在外载荷的作用下,隧道衬砌由于集中力作用发生的突然性的局部大块塌落。

(36)软弱围岩:作用在支护结构之上的土压力较大,受地下水渗流及施工开挖方法影响,且岩体质量较差的围岩,一般指Ⅳ级及其以下的围岩。

(37)围岩分级:根据岩体完整程度和岩石强度等指标,按施工开挖后的稳定性对围岩进行的分级。

(38)围岩基本质量指标:以围岩的岩石坚硬程度及完整程度为基本参数确定的岩体质量指标。

(39)围岩修正质量指标:根据地下水、主要结构面及地应力等因素,对围岩基本质量指标进行修正后的岩体质量指标。

(40)围岩压力:隧道开挖后,因围岩变形或松散等原因产生的作用于支护或衬砌结构上的压力。

(41)松散压力:因围岩松动而作用在支护或衬砌结构上的压力。

(42)形变压力:因围岩收敛变形而作用在支护或衬砌结构上的压力。

(43)初始应力:天然状态下存在于岩体或土体介质内部的应力,可分为自重应力和构造应力。

(44)开挖效应:隧道开挖后沿隧道周边受到与初始应力大小相等、方向相反的不平衡力,在不平衡力作用下围岩所产生的附加应力场与位移场的现象。

(45)高地应力:当隧道通过区域中的地应力达到一定程度,硬岩地层可能引起隧道施工过程中的岩爆,软弱围岩可能引起隧道施工过程中的大变形。高地应力是与围岩的抗压强度相关的围岩力学状态。

(46)超前帷幕注浆:一种对隧道前方一定范围的土体进行全面加固,在开挖区域周边形成隔水帷幕,以防止地下水的渗流给隧道施工带来较大风险的辅助施工措施。

(47)偏压:作用于隧道的压力左右不对称,一侧压力特大的情况;作用于隧道结构上的不对称荷载。

(48)仰拱:为改善隧道上部支护结构受力条件而设置在隧道底部的反向拱形结构。

(49)承载拱:在喷锚支护作用下,隧道周边形成的具有一定稳定洞室作用效应的总称。

(50)承载能力:隧道支护结构抵抗洞室周边荷载的能力。

(51)竖井:为改善运营通风或施工条件,垂直连通地面与下部洞室的通道。

(52)斜井:为改善运营通风或施工条件,以一定倾角连通地面与下部洞室的通道。

(53)横通道:将隧道划分成几个工区进行施工时,为搬入材料和出渣等而设置的大体上接近水平的作业坑道。横通道有时也可用于营运通风。

(54)紧急停车带:隧道内供故障车辆检修或等待救援的停车区域。

(55)车行横洞:紧急情况下供救援车辆或人员出入的通道。

(56)人行横洞:紧急情况下供人员逃生或救援人员出入的通道。

(57)隧道防水:为保障隧道运营安全、设备正常使用、结构耐久性及美观而采取的防止地下水向洞内渗流的措施,一般可分为衬砌防水系统与路面防水系统。

(58)隧道排水:将隧道内或衬砌背后积水排出洞外的措施,一般可分为衬砌排水系统、路面排水系统及路基排水系统。

(59)通风构造物:为满足隧道通风需要而设置的地下或地面的构造物,如风机房、联络风道、通风井及通风塔等。

(60)施工辅助通道:为满足隧道施工需要而设置的通道,如施工斜井、施工竖井、施工横通道及平行导坑等。

(61)病害处治:通过采取围岩加固、结构补强、局部更换等措施对隧道土建结构的病害进行处理或加固,恢复使用功能,维持正常的技术功能状态,增强安全性和耐久性的活动。

(62)专项工程:对公路隧道机电设施进行小规模、集中性、系统性的维修升级,以恢复原有技术标准的工程。

(63)岩石质量指标:10 cm 以上的岩芯累计长度占钻孔总长的百分比。

(64)岩体分级:以土木工程为对象,将岩石集合体(岩体)分成稳定程度不同的若干级别。

(65)环境调查:因修建隧道而对路线周围的环境影响进行的调查。

(66)水文调查:针对对隧道工程及周边环境有影响的地表水和地下水所进行的调查。

(67)地质调查:为了解岩体或地层的分布、形成年代、风化程度或地质构造等而进行的调查。

(68)隧道涌水:伴随隧道开挖,从隧道围岩流入隧道内的地下水。

(69)荷载:作用于结构物而使结构产生应力的力量。

(70)新奥法:新奥法是应用岩体力学的理论,以维护和利用围岩的自承能力为基点,采用锚杆和喷射混凝土为主要支护手段,及时地进行支护,控制围岩的变形和松弛,使围岩成为支护体系的组成部分,并通过对围岩和支护的量测、监控来指导隧道和地下工程设计施工的方法和原则。

(71)井点降水:在需要降低地下水位的区域施作渗水井至预定的深度,通过抽水泵把井内水强制排出的方法。

(72)注浆:用机械设备将预定的液体材料强行压入地层内,用以加固地层或减少地下水渗流的不利影响。

(73)预设计:在现阶段隧道设计中,按照设计规范规定,依据施工之前的地质调查、钻探及物探等资料,采取工程类比方法,通过一定的力学分析而做出的施工图设计。

(74)动态设计:在隧道施工过程中,根据地质条件变化情况及时调整开挖方法或支护参数的一种处置方法。

(75)超前地质预报:在分析既有地质资料的基础上,采用地质调查、物探、钻探等多种探测手段,对开挖面前方的工程、水文地质条件及成灾可能性进行探测、分析与评价的活动。

(76)监控量测:为保障隧道施工安全与优化支护参数,在隧道内或地表,对地层及支护结构的变形与应力进行量测、分析与评价的活动。

(77)中导洞法:在连拱隧道或隧道的喇叭口地段,先开挖两洞之间的中墙部分,并完成中墙混凝土浇筑后,再进行左右两洞开挖的施工方法。

(78)湿喷:将水泥、集料和水在拌和机内拌和后,压送到喷嘴来喷出喷射混凝土的施工方法。

(79)预注浆:为了固结围岩或堵水,在地面或在掌子面或沿拱部开挖轮廓线进行的超前注浆。

(80)全封闭注浆:全封闭注浆是超前预注浆的一种。沿开挖轮廓线或掌子面,按一定的间距,钻直径为 70～180 mm 的孔,一般孔深为 30～50 m,向孔内压注某种液浆(水泥浆或水泥-水玻璃双液浆)，浆液的扩散将钻孔周围一定范围内岩缝中的水挤走，并和相邻钻孔的浆液一同与周围的岩体固结成一体，形成止水帷幕。

(81)模板台车：由门架结构、大块模板、调整机构(液压或螺杆)、行走机构等组成的隧道二次衬砌混凝土浇筑用的整体移动设备。

(82)隧道防水隔离层：在初期支护喷射混凝土与二次衬砌混凝土之间设置的起隔离作用，防止渗水、漏水的结构，一般由盲沟排水管、土工布、防水卷材组成。

(83)防水混凝土：通过调整配合比，掺加外加剂、掺合料，并采用相应的施工工艺而使其抗渗等级不小于 S8 的混凝土。

(84)百米平均漏风率：通风管路每 100 m 漏风量占各段始点风量百分比的平均值。

(85)周边位移：隧道周边两测点间相对位置的变化。

(86)拱顶下沉：隧道拱部测点的竖向位移量。

(87)地表下沉：隧道施工影响范围内地表测点的竖向位移量。

(88)围岩内部位移：隧道围岩内部测点相对位移量。

(89)底鼓：隧道底部向上的隆起。

(90)非接触量测：在不接触被测目标点的情况下，获取被测点空间位移的方法，也称为无尺量测。

(91)地质检测：根据已有地质资料及揭示地质状况，结合超前地质预报对隧道围岩进行地质评价的综合方法。

(92)高地温隧道：地温超过 30 ℃的隧道。

(93)寒区隧道：土层年冻结深度大于 80 cm 的地区为寒区，隧道工程穿越寒区的称为寒区隧道。

(94)橡胶止水带：隧道中管段与管段之间设置的接缝止水带。

(95)横向变形：隧道截面水平方向的变形。

(96)竖向变形：隧道截面垂直方向的变形。

(97)注浆嘴：为处理漏水进行注浆时预留的接口装置。

(98)复漏点：经处理止漏后，重复渗漏的部位。

(99)隧道病害：由外力、施工、材料劣化、火灾、洪水、地震等造成的影响隧道使用功能的隧道损伤及劣化状态，统称隧道病害。

(100)材料劣化：由施工因素、环境侵蚀、灾害和人为因素等造成的隧道衬砌质量逐渐降低的过程。

(101)渗漏水：围岩或土体的水体通过衬砌裂缝或间隙渗透到衬砌内表面发生的侵蚀、滴漏、涌流、喷射现象。

(102)冻害：渗漏水在低温状态下产生的影响隧道行车安全的衬砌掉块、开裂，拱部挂冰，侧墙冰柱，路面结冰等灾害。

第4章　土建结构日常养护

4.1　一般规定

土建结构日常养护的一般规定如下。

(1)土建结构的养护工作应包括日常巡查、清洁、结构检查、技术状况评定、保养维修和病害处治等内容。

(2)隧道养护产生的垃圾废渣和废水的处理应符合环保方面的有关规定。

土建结构日常养护的一般规定的补充说明如下。

(1)土建结构主要是指构成公路隧道的土建工程结构物,如洞门、衬砌、路面、防排水设施、斜(竖)井、检修道、风道等结构物,以及与隧道安全关系紧密的围岩、洞口边仰坡等。日常巡查工作不同于"结构检查"的经常检查,它主要是指在日常养护工作中,采取车行或步行的方式通过目视对影响隧道通行和结构安全的异常事件进行巡视检查,其深度和广度都弱于经常检查,但其频率远高于经常检查。

(2)日常巡查是对公路隧道正常使用和安全通行情况进行的日常巡视检查工作。

(3)清洁工作主要包括扫除隧道内垃圾、清除结构物脏污、清理(疏通)排水设施,以保持结构物外观的干净、整洁。

(4)结构检查与技术状况评定的工作内容主要包括发现构异常情况、系统掌握和评定结构技术状况、确定相应的养护对策或措施。结构技术状况评定工作是紧接结构检查进行的,是当前公路隧道养护中的一项重点和难点工作。

(5)保养维修的工作内容主要包括预防性地对结构物进行维护,修复结构物轻微破损,以保持结构物的完好状态。病害处治的工作内容包括修复破损结构,消除结构病害,恢复结构物至设计标准,以维持结构物正常的技术功能状态。

隧道土建结构的日常养护工作是一个日常巡查发现问题、清洁维护保障畅通、结构检查确认病害、维修保养恢复功能的工作,具有一个连贯的工作流程。所以在日常养护管理中一定要检查全面,用系统的眼光看待隧道养护工作。

4.2 日常巡查

日常巡查是对公路隧道正常使用和安全通行情况进行的日常巡视检查工作，是及时掌握和收集公路路况信息，维护公路路产路权，及时发现公路及其附属设施损坏情况，确保公路安全畅通的重要举措。为促进公路日常养护巡查的规范化、标准化，2008 年 12 月山东省交通厅公路局下发了《山东省国省干线公路日常巡查制度》(鲁路养〔2008〕69 号)，本章内容在技术规范框架下充分融合了文件要求。在《山东省高速公路日常养护管理办法》(鲁交公〔2009〕8 号)及各级养护管理办法中，都将日常巡查作为一项日常养护的重要内容进行了明确规定。

4.2.1 基本工作内容

日常巡查应对隧道洞口、衬砌、路面是否处在正常工作状态、是否妨碍交通安全等进行检查，包括下列内容。

(1)隧道洞口边仰坡是否存在边坡开裂滑动、落石等现象。

(2)隧道洞门结构是否存在大范围开裂、砌体断裂、脱落等现象。

(3)隧道衬砌是否存在大范围开裂、明显变形、衬砌掉块等现象。

(4)是否存在地下水大规模涌流、喷射现象，路面是否出现涌泥沙或大面积严重积水等威胁交通安全的现象。

(5)隧道路面是否存在散落物、严重隆起、错台、断裂等现象。

(6)隧道洞顶预埋件和悬挂件是否存在断裂、变形或脱落等现象。

相比于制度、办法文件约定的内容，规范约定的内容更为详细，评判标准单一，实施操作难度不大，相关病害名词的意思可根据字义推测而出，亦可采用“如有变化即为异常”的简单评判标准进行记录并及时向上级反映。需要说明的是，日常巡查的主要目的就是观察隧道是否处于正常状态。

4.2.2 工作频率

日常巡查频率宜不少于 1 次/d，雨季、冰冻季节和极端天气应增加日常巡查的频率，必要时应该进行夜间巡查，频率一般按照 1 周 1 次实施。为了减少管理成本，一般情况下巡查工作与其他管理工作一并开展，比如清理、维修等工作。当然，有些单位每天都进行徒步巡查，也有单位通过监控网络进行巡查，本书提倡每天进行 1 次车辆巡查，每周进行 1 次徒步巡查，以保证隧道处于正常状态。

4.2.3 巡查方式及要求

巡查方式及要求如下。

(1)日常巡查可采用人工与信息化手段相结合的方式。

(2)日常巡查中,发现路面有妨碍通行的障碍物或其他异常情况时,应视情况予以清除或报告,并做好记录。

(3)隧道的日常巡查可与路段日常巡查一起进行。

《山东省国省干线公路日常巡查制度》(鲁路养〔2008〕69 号)有如下规定:公路养护单位应加强对巡查人员的培训,使其掌握巡查的内容和方法,并配备必要的设备和车辆。巡查人员应具备较强的事业心和责任感,对侵占、损坏公路、公路用地及公路设施的人和事,能够坚持原则,大胆管理,及时上报。巡查人员要定人、定路段、定内容。巡查人员在进行巡查工作时,必须着安全标志服,携带米尺、巡查记录等。巡查过程中发现影响交通安全的隐患或公路设施破损等情况,应准确描述,认真填写,并严格落实巡查签名实名制,严禁伪造巡查记录。巡查结束后,巡查人员应及时整理巡查记录表,做好交接工作,对于发现影响交通安全的严重问题,应及时向上级汇报,并提供巡查记录表。严禁酒后巡查。对擅离职守、不负责任、记录不详或伪造记录者,按违反劳动纪律处分。

这里要解读一下制度,虽然山东省的巡查制度制定了很多年,但其要求仍没有过时。在实际执行过程中一定要注意巡查人员的安全防护,尤其是车辆驾驶过程中,不能因为关注一个问题,就随意变道、停车,造成交通隐患;需要重点巡查的项目一定要徒步巡查,即便本次巡查中不能立即查看,下次也要徒步重点巡查。巡查记录提倡当场记录这个基本要求,这是保证真实掌握现场情况的前提,当然,随着信息化的发展,现场影像资料也可成为重要的依据,可它并不能完全代替现场巡查记录。

4.2.4 巡查记录表

隧道日常巡查工作涉及土建结构、机电设施和其他工程设施,且规范对部分内容做了明确要求。为了提高效率,融合养护工作信息化建设,管养单位可制作线上记录表格。在本书中,作者提倡将巡查内容进行融合,制定了如表 4.1 所示的日常巡查记录表。关于巡查记录签名,推荐采用签名负责制,即谁签名谁负责,谁委托谁负责。这主要考虑到当前隧道管理单位专业巡查人员不足,一般是全员上岗,有些人不属于养护巡查大队,但可以执行巡查任务,这些员工按照“如有变化即为异常”简单评判标准进行巡查,一旦发现异常便电话通知负责人,负责人立即到现场巡查。

表 4.1　日常巡查记录表

隧道名称：__________　　　　路线名称：__________

隧道编码：__________　　　　路线编码：__________

养护机构：__________　　　　巡查日期：____年____月____日　　　　天气：__________

检查项目	名称	检查内容	判定结果	异常情况描述
土建结构	洞口边坡	是否存在边坡开裂滑动、落石等现象	情况正常□	
			一般异常□	
			严重异常□	
	洞门结构	是否存在大范围开裂，砌体断裂、脱落等现象	情况正常□	
			一般异常□	
			严重异常□	
	衬砌	是否存在大范围开裂、明显变形、衬砌掉块等现象	情况正常□	
			一般异常□	
			严重异常□	
	路面	是否存在散落物、严重隆起、错台、断裂等现象	情况正常□	
			一般异常□	
			严重异常□	
	预埋件等	是否存在断裂、变形或脱落等现象	情况正常□	
			一般异常□	
			严重异常□	
机电设施	供配电设施	变压器、高低压配电柜及变配电室内相关设施的外观及运行状态	运行正常□	
			运行异常□	
	照明设施	照明设施的外观及运行状态	运行正常□	
			运行异常□	
	通风设施	通风设施的外观及运行状态	运行正常□	
			运行异常□	
	消防设施	各类消防设施的外观，判断有无异常	运行正常□	
			运行异常□	
	监控与通信设施	巡检隧道内各种监控设施、信息采集和发布设施、监控室各类监视设施的外观和主要功能	运行正常□	
			运行异常□	

续表

<table>
<tr><th>检查项目</th><th>名称</th><th>检查内容</th><th>判定结果</th><th>异常情况描述</th></tr>
<tr><td rowspan="3">其他工程设施</td><td rowspan="3">—</td><td rowspan="3">其他工程设施有无明显结构变形破坏，电缆沟、设备洞室是否存在明显涌水，洞外联络通道路面有无落物，洞口绿化区有无树木倾倒在行车限界范围内，污水处理设施有无明显淤积</td><td>情况正常□</td><td rowspan="3"></td></tr>
<tr><td>一般异常□</td></tr>
<tr><td>严重异常□</td></tr>
<tr><td rowspan="2">巡视车、作业车使用情况</td><td>车号</td><td colspan="3"></td></tr>
<tr><td>台数</td><td colspan="3"></td></tr>
</table>

检查人：　　　　　　　　　　记录人：

4.3 清洁

清洁工作主要包括扫除隧道内垃圾、清除结构物脏污、清理(疏通)排水设施，以保持结构物外观的干净、整洁。一般来说，隧道交通量越大，污染越严重，结构物越易脏污，清洁周期越短；否则，反之。相比其他公路结构物，隧道呈长管状，烟尘不易散发，因此其清洁周期相对要短一些。结构物的清洁养护通常都选择在交通量较小的时候进行，如夜晚等，以尽量减少对交通的干扰，降低事故风险。

隧道清洁工作既是创造优美通行环境的保洁项目，也是保障隧道运行安全的必要措施。当前隧道清洁最大的问题主要存在于洞口振荡标线处，积尘多、杂物多，对隧道排水设施造成严重影响，如不定期清理将造成排水沟堵塞，致使雨水涌上路面，形成路面积水，造成安全隐患。另外积尘雨水形成污泥，随车带入隧道形成“泥雾”，造成洞内交通安全标志和照明设施脏污，影响其作用发挥，甚至对过往车辆正常通行也造成影响，所以要引起重视。

在制度层面，隧道清洁工作应该作为高速公路日常保洁的一项内容。《山东省高速公路日常养护管理办法》(鲁交公〔2009〕8 号)第六条明确“日常保洁是指高速公路的路基、路面、桥隧构造物、沿线设施及绿化带的经常性清扫、清晰、清理和清疏等作业”。各级日常养护管理办法或小修保养管理办法中都有类似说法。

4.3.1 基本要求及频率

隧道土建结构清洁应综合考虑隧道养护等级、交通组成、结构物脏污程度、清洁方式及效率和环境条件等因素来确定清洁方案和频率。按照养护等级，隧道土建结构清洁频率宜不低于表 4.2 中规定的频率。

表 4.2　高速公路、一级公路隧道清洁频率

清洁项目	养护等级		
	一级	二级	三级
路面	1 次/d	2 次/周	1 次/旬
内装饰、检修道、横通道、交通标志和标线	1 次/月	1 次/2 月	1 次/季度
排水设施	1 次/季度	1 次/半年	1 次/半年
顶板	1 次/半年	1 次/年	1 次/2 年
斜井	1 次/半年	1 次/年	1 次/2 年
侧墙、洞门	1 次/2 月	1 次/季度	1 次/半年

高速公路隧道养护等级在《公路隧道养护技术规范》(JTG H12—2015)中，主要参照隧道长度和单车道年平均日交通量进行界定，就高速公路而言，特长隧道(长度大于 3000 m)养护等级为一级。长隧道(长度大于 1000 m 且不大于 3000 m)在交通量大于 5000 pcu/(d • ln)时养护等级为一级，小于 5000 pcu/(d • ln)时养护等级为二级。中隧道(长度大于 500 m 且不大于 10000 m)在交通量大于 10000 pcu/(d • ln)时养护等级为一级，小于 10000 pcu/(d • ln)时养护等级为二级。短隧道(长度不大于 500 m)在交通量大于 5000 pcu/(d • ln)时养护等级为二级，不大于 5000 pcu/(d • ln)时养护等级为三级。

在实际操作过程中，隧道清洁工作和脏污程度与清扫频率最为相关，可有些项目势必对交通正常运行造成影响，为了保持较好的清洁效果，可根据实际交通量情况，融合机电、其他工程设施进行集中清理，如侧壁、检修道和排水设施集中清理的组合就效果很好。

4.3.1.1　隧道内路面清洁要求

隧道内路面清洁应满足下列要求。

(1)应保持干净、整洁，两侧边沟不应有残留垃圾等物品。

(2)高速公路宜以机械清扫为主，清扫时应防止产生扬尘。

(3)路面被油类物质或其他化学品污染时，应采取清除措施。

对于隧道内路面清洁的补充说明如下。

(1)为了保持路面干净整洁，提供安全舒适的通行环境，需要经常清洁路面。隧道内路面由于无雨水冲刷，较易脏污，而路面的整洁与隧道的服务质量密切相关，路面上的散落物对行车安全威胁极大，因此倾向于规定较短的清洁周期，可以采用清扫与清拣相结合的方式。

(2)路面脏污部位是指车道两侧、紧急停车带等。由于车道两侧容易积聚尘土，覆盖了分道交通标志和标线等，使其难以识别；而紧急停车带经常积聚尘土和散落物等，因此清扫时需特别留意。隧道内空间有限，要求迅速而有效地实施清扫作业，因此适宜用路面清扫车进行清洁。路面清扫车主要有刷式和真空式两种，刷式清扫车适用于沙土较多的路面，而真空式清扫车适用于要求高速作业的环境。在我国，人工扫路还很普遍，先以扫帚清扫路面，然后用车辆出渣的情况仍很常见。

(3)加强对路侧边沟的清洁，避免垃圾堵塞隧道排水系统，造成水在路面漫流，影响行车安全。对散落在路面的较大垃圾应及时清除。当交通量较大时，为确保安全，宜加强对隧道的安全巡查。

(4)油类物质等化学品清除难度大，需要采取有效措施进行清除。

当前隧道保洁工作主要采用“机械清扫＋人工清拣”的方式，如遇交通事故或大量汽车漏撒物时，则安排清理队伍进行清理。人工清拣方式安全风险较高，一般要求养护员不能在洞内横跨道路作业，应通过洞外边坡或视线较好的入口段跨越高速路，无形中增加了养护员的工作压力。因此，提倡采用技术手段提高工作效率，减少徒步距离或难度。

4.3.1.2 隧道顶板、内装饰、侧墙和洞门清洁要求

隧道顶板、内装饰、侧墙和洞门清洁应满足下列要求。

(1)应保持干净、整洁、无污垢、污染、油污和痕迹。

(2)顶板、内装饰和侧墙的清洁宜以机械作业为主，以人工作业为辅。

(3)采用湿法清洁时，应防止路面积水和结冰，并应注意保护隧道内机电设施的安全，防止水渗入设施内。清洁用的清洁剂，可根据实际效果选择确定，宜选用中性清洁剂。清洁剂应冲洗干净。

(4)采用干法清洁时，应避免损伤顶板、内装饰和侧墙，以及隧道内机电设施。清洁时应采取必要的降尘措施。对不能去除的尘垢，可用清洁剂进行局部特别处理。

(5)隧道内没有顶板和内装饰时，应根据需要对洞壁混凝土进行清洁。

(6)洞门的清洁应按照侧墙要求执行。

对隧道顶板、内装饰、侧墙和洞门清洁的补充说明如下。

(1)为了经常保持顶板和内装饰的外观整洁，维护舒适的通行环境，提高照明系统的功效，需要定期对顶板和内装饰进行清洁养护。

(2)清洁的方式有湿法和干法两种。湿法清洁目前应用较广，但是需要设置清洗水沉淀池，将废水处理后排放；干法清洁无须处理废水，但产生大量的尘埃，会恶化隧道环境，可能需要同时使用集尘装置或对通行车辆加以引导。表4.3简单列出了两种清洁方式的特点。

表4.3　湿法、干法清洁的特点

项目	湿法清洁	干法清洁
设备	需设置废水沉淀池	设备相对简单
作业规模	较大	较小
对内装饰板的影响	刷的压力小于干式	清扫压力较大，可能损伤内装饰板
对通行车辆的影响	污水散流，但可控制，对交通有一定影响	清扫时产生大量尘埃，影响交通
清洁效果	较好	较差，飞散的尘埃可能再附着

(3)在采用湿法清洁时,一些脏污仅用清水冲洗即可去除,而沉积的烟灰和油状的(可燃烧)残留物,尤其是来自柴油发动机的油烟,可能需要使用清洁剂和清洁器具才能洗掉。应采用中性清洁剂,减少对隧道内养护工作人员、结构和设施的危害。

(4)高压喷水枪也用于顶板和内装饰的清洁,以替代刷子。其方法是:先喷洒清洁剂,待其与污垢发生反应后,再将清水在 500～600 Pa 的压强下,由细小的喷嘴喷出,以其高压进行冲刷。

隧道洞门及侧壁的清洗工作方式选择主要是根据脏污情况和涂层特性。如当隧道采用喷涂工艺的防火涂层时,本身防水能力较弱,灰尘聚集后不论干法还是湿法都不能取得良好效果,甚至带来更大的伤害,所以清洗工作的开展频率较低。有些单位通过以涂刷新涂层代替清洗的方式,整体效果很好;还有单位变更了防火涂层设计,增设了防火板,虽然防火板改善了通行环境,但吸音效果变差,有些顾此失彼,应引起重视。

4.3.1.3　隧道排水设施的清理和疏通

隧道排水设施应按下列规定进行清理和疏通。

(1)应保持无淤积、排水通畅。

(2)在汛前、汛中和汛后以及极端降水天气后,应对排水设施进行检查和清理疏通。在冰冻季节,应增加排水沟的清理频率。

(3)对于纵坡较小的隧道或隧道的洞口区段,应增加清理和疏通的频率;对于窨井和沉砂池,应将其底部沉积物清除干净。

对隧道排水设施清理和疏通的补充说明如下。

(1)隧道排水设施需经常进行清理、疏通,以保持其良好的排水功能,确保水流畅通无阻,及时排泄隧道衬砌背后地下水、隧道内漏水、污水、汽车挟带水以及其他积水,防止积水影响行车、损害隧道结构或设施。

(2)在雨季和冰冻季节,隧道排水设施容易堵塞,从而对行车安全造成威胁,严重时会诱发衬砌结构的破坏,因此需要加强对其的检查和疏通工作。

当前隧道排水设施清理的频次基本是 1 季度 1 次,有时在汛期增加 1 次,其他时段,尤其是节假日车流量大的时段过后,会增加 1 次。隧道排水设施重点区域一般是洞口路段,此路段有振荡标线,车辆漏撒物多,容易堵塞排水沟,需要经常清理。

4.3.1.4　隧道的交通标志和标线清洁要求

隧道的交通标志和标线清洁应满足下列要求。

(1)应保持完整、清晰、醒目。

(2)当交通标志和标线表面有污秽,影响其辨认性能时,应及时进行清洗。清洗交通标志和标线时,应避免损伤其表面覆膜或涂层等。

4.3.1.5　隧道横通道清洁要求

隧道横通道应定期清除杂物和积水。

4.3.1.6　斜井、检修道及风道等辅助通道清洁要求

斜井、检修道及风道等辅助通道应定期清除可能损伤通风设施或影响通风效果的异物。

交通标志和标线清洁均纳入土建结构清洁范围,电光标志的清洁纳入机电设施清洁范围,其他标志的清洁纳入土建结构清洁范围。近年来,隧道线形诱导标和轮廓标等的使用越来越广泛,为保持其外观的清晰、醒目,确保交通信息传递清楚无误,提高隧道安全性和节能性,需要清洗隧道内外的交通标志和标线。

随着长大隧道的日益增多,为保证通道的正常使用,有必要对这些辅助通道做相应清洁规定。依据使用频繁程度和重要程度,对其清洁频率进行了规定。

交通标志和标线的清理工作和路面清洁一并进行,横通道的清洁工作在定期清拣的基础上还要求有杂物就清理,最大限度地保证安全畅通。这个部位也是日常巡查的重点,经常在里面发现养护员暂存的巨大杂物,一旦发现要立即清理。

4.3.2 清洁记录表

隧道土建结构清洁记录表是在规范要求内容和频率基础上设计的,要求根据事实情况由专人填写,并由记录人督促落实;实行现场填写后期誊抄的方式,因为清洁作业时环境恶劣,填写资料经常脏污,不便于存档管理。隧道清洁维护记录表如表 4.4 所示。

表 4.4 __年__月__日隧道清洁维护记录表

隧道	清洁项目		记录人
	土建结构	□路面□内装饰□检修道□横通道□交通标志和标线□侧墙□洞门	
	机电设施	□高压配电箱□变压器□低压配电柜□照明控制柜□风机控制柜□插座箱	
		□隧道灯具□洞外路灯	
		□射流风机	
		□消火栓□水泵接合器□灭火器□火灾报警设施□电光标志 □消防水泵□消防箱(含洞式消防门)	
		□亮度检测器□能见度检测器□CO 检测器□风速风向检测器 □紧急电话及广播□本地控制器□横通道门□交通诱导标志	
	其他设施	□电缆沟□设备洞室□洞外联络通道□洞口绿化	

4.4 结构检查

结构检查与技术状况评定的工作主要包括发现结构异常情况、系统掌握和评定结构技术状况、确定相应的养护对策或措施,是针对隧道运行状态的经常性、专业化技术检测管理手段,是隧道养护工程师开展技术管理工作的重要途径,是隧道养护管理人员科学决策养护生产任务和预防性养护措施的现实依据。所以,要立足现场实际、对照规范标准，站在隧道养护全生命周期的角度开展结构检查工作。《山东省公路长大桥隧安全运营管理办法》《齐鲁交通发展集团有限公司长大桥隧养护管理和安全运行管理办法》对这部分内容都有涉及，本节内容在技术规范框架下充分融合了文件要求。

4.4.1　检查分类及基本概念

土建结构的检查应包括经常检查、定期检查、应急检查和专项检查，并应满足下列要求。

(1)经常检查：应对土建结构的外观状况进行一般性定性检查。

(2)定期检查：应按规定频率对土建结构的技术状况进行全面检查。

(3)应急检查：应在隧道遭受自然灾害、发生交通事故或出现其他异常事件后对遭受影响的结构进行详细检查。

(4)专项检查：应根据经常检查、定期检查和应急检查结果，对需要进一步查明缺损或病害的详细情况的隧道，进行更深入的专门检查、分析等工作。

隧道结构检查分类的依据是结构检查的目的、内容、方法等因素。但有些内容需要特别解释一下。

外观状况是指通过目视观察结构表面情况。“经常检查”与养护工作中常说的“日常巡查”有相同点也有不同点。实际工作中的“日常巡查”是一种养护管理手段，是养护人员采用车行或步行的方式对全线进行的安全目视检查，对于隧道应重点检查洞口边仰坡是否存在失稳、衬砌破损、渗漏水、路面障碍物等可能妨碍交通安全和结构安全的异常情况。

自然灾害是指地震、山体滑坡或崩塌、泥石流、暴雨、山洪、暴风雪和雪崩等；交通事故是指擦挂、撞车(墙)、翻车、失火等；其他异常情况是指结构突发性的破坏、超限车辆通过等危及交通安全、结构设施安全的异常事件，如洞口落石、围岩坍塌、衬砌变形或塌落、路面沉陷、大量渗漏水、大量挂冰、严重冻害或者爆炸等。

通过其他途径是指通过具有类似情况的其他隧道而得知结构可能存在问题；破损或病害的详细情况是指其成因、范围、发展程度和状况，以及对结构物使用功能的影响等；更深入的专门检测是指专门的现场试验检测、验算及分析鉴定，以及相关资料的调查分析等。

从隧道结构检查专业化程度上来说，经常检查、定期检查、应急检查、专项检查是逐步深入的，一般经常检查由管养单位实施，定期检查委托有资质的检测机构实施，应急检查和专项检查由更高级别或更专业的检测部门、科研院所、设计部门等联合实施。

4.4.2　经常检查

在隧道日常养护管理过程中，经常检查是隧道养护工程师的重要工作内容。一方面，准确地掌握隧道结构的状况、车辆通行状况等，认真做好记录，建立一套完整的养护基础资料，及时了解隧道各结构的安全运营情况，及早发现可能发生的突发事件，为进一步的定期检查和特殊检查提供依据；另一方面对隧道洞口、洞门、衬砌以及路面的技术状况进行检查，确保结构能得到及时的养护保养或紧急处治，对需要检修的问题和一些重大问题做出报告。在诸如大风雨、暴雨和地震等特殊自然现象发生之后，对隧道的整体结构还要进行扩大的经常检查或者汛期检查。工作内容上，经常检查比日常巡查更深入、检查范围更广泛、工作要求也更严格，很多指标需要实地查看，现场测量。

4.4.2.1 经常检查频率

日常巡查通常重点检查隧道洞口边仰坡是否存在失稳、衬砌破损、渗漏水、路面障碍物等可能妨碍交通安全的异常情况。与日常巡查相比，经常检查更细致，频率低一些。

按照公路隧道养护等级，土建结构经常检查频率应不低于表 4.5 规定的频率，且在雨季、冰冻季节或极端天气情况下，或发现严重异常情况时，应提高经常检查频率。

表 4.5 公路隧道结构经常检查频率表

检查分类	养护等级		
	一级	二级	三级
经常检查	1 次/月	1 次/2 月	1 次/季度

当结构失稳风险较大、对行人和行车安全构成威胁时，应提高经常检查频率。恶劣气候条件也可能会加剧围岩和结构失稳风险，例如特大暴雨可能引发衬砌背后水压力剧增，从而导致衬砌开裂、坍塌；极端低温可能引发洞口积雪、结构表面挂冰、路面结冰和衬砌背后冻胀等现象。这些现象均会危及行车安全和结构安全，所以也需要提高经常检查频率。为贯彻落实“齐鲁养护、精准长效”品牌理念，切实掌握隧道技术状况，提高修复性和预防性养护效果，淄博分公司沂源桥梁隧道管理所坚持高标准、严要求的工作思路，经常检查按一级养护等级执行，此经验可以推广。

4.4.2.2 经常检查内容及要求

应通过经常检查，及时发现早期缺损、显著病害或其他异常情况，确定对策措施，并应符合下列规定。

(1)经常检查宜采用人工与信息化手段相结合的方式，配以简单的检查工具进行。应当场填写“公路隧道经常检查记录表”[详见《公路隧道养护技术规范》(JTG H12—2015)附录 A.0.1]，翔实记述检查项目的缺损类型，估计缺损范围和程度以及养护工作量，对异常情况做出缺损状况判定分类，并提出相应的养护措施。

(2)经常检查以定性判断为主，检查内容和判定标准宜按表 4.6 执行。经常检查破损状况判定分三种情况：情况正常、一般异常、严重异常。

表 4.6　经常检查内容和判定标准表

项目名称	检查内容	判定描述	
		一般异常	严重异常
洞口	边(仰)坡有无危石、积水、积雪,洞口有无挂冰,边沟有无淤塞,构造物有无开裂、倾斜、沉陷等	存在落石、积水、积雪隐患,洞口局部挂冰,构造物局部开裂、倾斜、沉陷,有妨碍交通的可能	坡顶落石、积水漫流或积雪崩塌,洞口挂冰掉落到路面上,构造物因开裂、倾斜或沉陷而致剥落或失稳,边沟淤塞,已妨碍交通
洞门	结构开裂、倾斜、沉陷、错台、起层、剥落,渗漏水(挂冰)	侧墙出现起层、剥落,存在渗漏水或结冰,尚未妨碍交通	拱部及其附近部位出现剥落,存在喷水或挂冰等,已妨碍交通
衬砌	结构裂缝、错台、起层、剥落	衬砌起层,且侧壁出现剥落状况,尚未妨碍交通,将来可能构成危险	衬砌起层,且拱部出现剥落状况,已妨碍交通
	(施工缝)渗漏水	存在渗漏水,尚未妨碍交通	大面积渗漏水,已妨碍交通
	挂冰、冰柱	存在结冰现象,尚未妨碍交通	拱部挂冰,形成冰柱,已妨碍交通
路面	落物、油污,滞水或结冰,路面拱起、坑槽、开裂、错台等	存在落物、滞水、结冰、裂缝等,尚未妨碍交通	拱部落物,存在大面积路面滞水、结冰或裂缝,已妨碍交通
检修道	结构破损,盖板缺损,栏杆变形、损坏	栏杆变形、损坏,盖板缺损,结构破损,尚未妨碍交通	栏杆局部毁坏或侵入建筑限界,道路结构破损,已妨碍交通
排水设施	破损、堵塞、积水、结冰	存在缺损、积水或结冰,尚未妨碍交通	沟管堵塞,积水漫流,结冰,设施缺损严重,已妨碍交通
吊顶及各种预埋件	变形、缺损、漏水(挂冰)	存在缺损、漏水,尚未妨碍交通	缺损严重,或从吊顶板漏水严重,已妨碍交通
内装饰	脏污、变形、破损	存在缺损,尚未妨碍交通	缺损严重,已妨碍交通
交通标志和标线	是否完好	存在脏污、部分缺失,可能会影响交通安全	基本缺失或严重缺失,影响行车安全

(3)当经常检查中发现隧道存在一般异常情况时,应进行监视、观测或做进一步检查;当经常检查中发现隧道存在严重异常情况时,应采取措施进行处治;当对其产生原因及详细情况不明时,尚应做定期检查或专项检查。

简单检查工具是指皮尺、钢卷尺、铁锤、手电筒和粉笔等常用的、易于携带的工具。破损状况三级判定分类是一种预先设定的对策,以便发现结构异常情况时能迅速做出反应。该项工作主要由负责隧道经常检查的人员执行,并进行破损状况判定。表 4.6 中的洞口包括洞口防护设施、地面排水设施和减光设施等,吊顶包括机电设施悬吊结构,内装饰包括装饰板、镶面(表面处理)等。

在实际工作中,经常检查评判标准可简化为“是否有异常,是否影响交通”,但不论哪一种异常都要引起高度重视,本着预防性养护理念,隧道养护管理应有一种“治未病”的心态,及时将病害记录在案,尽快组织维修,避免小病害变化为大病害。

4.4.2.3 经常检查工作流程

隧道经常检查组织实施需要有较为严格的工作流程,检查内容多、检查面广、需要徒步进行,每天 1 个检查组只能完成 1 个单洞的检查,如果隧道较长还需要分段进行,所以要提高效率,加快进度。隧道经常检查工作标准如表 4.7 所示,隧道经常检查流程如图 4.1 所示。

表 4.7 隧道经常检查工作标准

部门	节点	任务程序、重点及标准	时限	相关资料
沂源隧道管理所	1	程序:在养护工作会议安排基础上,结合周例会安排实施; 重点:参与经常性检查人员自行准备记录表格及工具		
	2	重点:养护巡查车辆进行检查,按需领用隧道检查装备		
	3	重点:隧道土建工程师、机电工程师根据隧道巡查情况布置重点检查内容		
	4	标准:根据隧道养护技术规范确定巡查类别		
	5	程序:现场填写隧道经常性检查记录表; 重点:上传养护管理系统		
	6	程序:对现场问题情况进行预判,不能消除的问题隐患向养护部请示或安排项目部处置		
	7	标准:回复隧道养护技术水平		
	8	程序:填写经常性检查记录表、报告,记录相关处置情况; 重点:工程师、记录人签字		
	9	程序:将经常性检查资料按月归档		

续表

部门	节点	任务程序、重点及标准	时限	相关资料
养护部	6	程序：向隧道工程师陈述现场情况，上传现场照片		
	7	程序：配合隧道工程师做好整改方案，并将方案归档		
	8	程序：配合隧道工程师做好问题处置现场管理工作		
项日部	6	程序：通知项目部进行应急处置，做好现场管理		

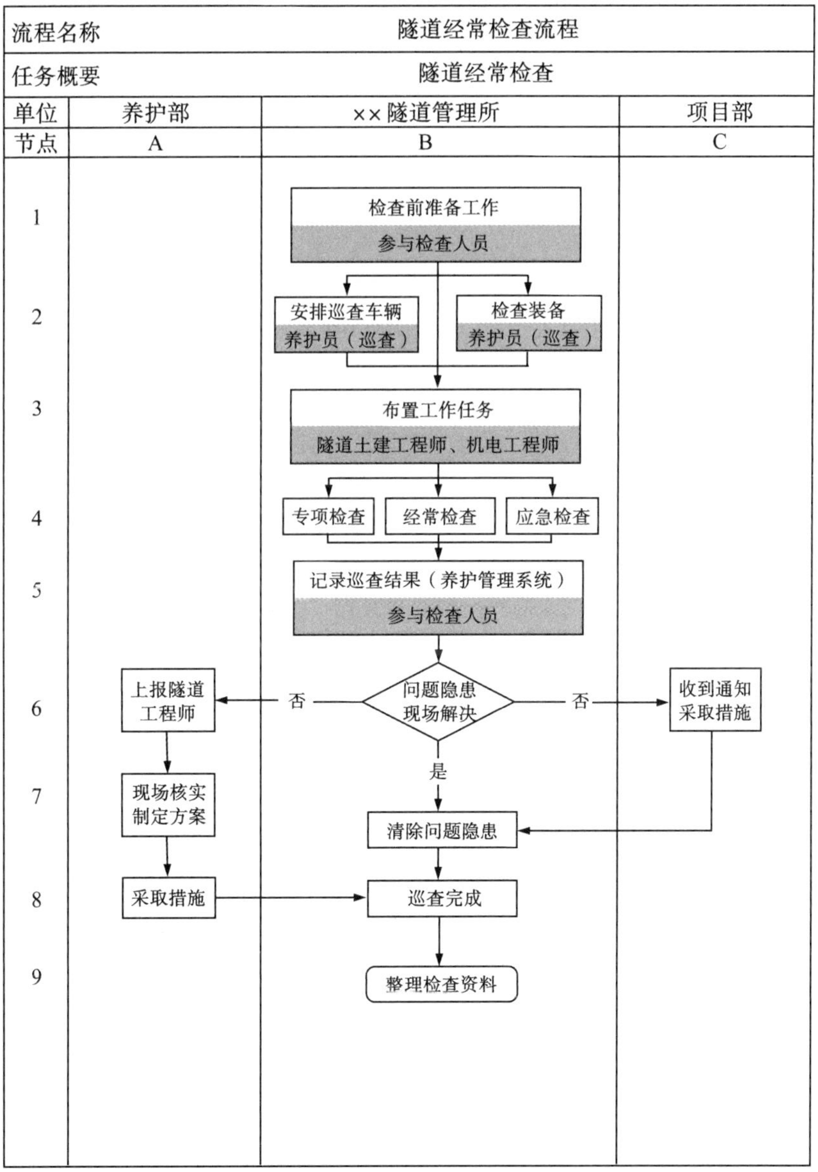

图 4.1　隧道经常检查流程图

4.4.2.4 经常检查记录表

隧道经常检查记录表的填写，要突出检查人和记录人，一般检查人为隧道养护工程师或具备相应能力和职级的管理人员，记录人为养护巡查队员。隧道经常检查记录表如表 4.8 所示。

表 4.8 隧道经常检查记录表

隧道名称：＿＿＿＿＿ 路线名称：＿＿＿＿＿

隧道编码：＿＿＿＿＿ 路线编码：＿＿＿＿＿

养护机构：＿＿＿＿＿ 检查日期：＿＿年＿＿月＿＿日 天气：＿＿＿＿＿

里程桩号/异常位置	结构名称	检查内容	异常描述（性质、范围、程度等）	判定			养护措施		
				情况正常	一般异常	严重异常	跟踪监测	维修处治	定期或专项检查
	洞口	①边（仰）坡有无危石、积水、积雪； ②洞口有无挂冰； ③边沟有无淤塞； ④构造物有无开裂、倾斜、沉陷等		□无异常情况	□存在落石、积水、积雪隐患 □洞口局部挂冰 □构造物局部开裂、倾斜、沉陷，有妨碍交通的可能	□坡顶落石、积水漫流或积雪崩塌 □洞口挂冰掉落到路面上 □构造物因开裂、倾斜或沉陷而致剥落或失稳 □边沟淤塞，已妨碍交通			
	洞门	①结构开裂、倾斜、沉陷、错台、起层、剥落； ②渗漏水（挂冰）		□无异常情况	□侧墙出现起层、剥落 □存在渗漏水或结冰，尚未妨碍交通	□拱部及其附近部位出现剥落 □存在喷水或挂冰等，已妨碍交通			

续表

里程桩号/异常位置	结构名称	检查内容	异常描述（性质、范围、程度等）	判定			养护措施		
				情况正常	一般异常	严重异常	跟踪监测	维修处治	定期或专项检查
	衬砌	①结构裂缝、错台、起层剥落		□无异常情况	□衬砌起层，且侧壁出现剥落状况，尚未妨碍交通，将来可能构成危险	□衬砌起层，且拱部出现剥落状况，已妨碍交通			
		①（施工缝）渗漏水		□无异常情况	□存在渗漏水，尚未妨碍交通	□大面积渗漏水，已妨碍交通			
		①挂冰、冰柱		□无异常情况	□存在结冰现象，尚未妨碍交通	□拱部挂冰，形成冰柱，已妨碍交通			
	路面	①落物、油污； ②滞水或结冰； ③路面拱起、坑槽、开裂、错台等		□无异常情况	□存在落物、滞水、结冰、裂缝等，尚未妨碍交通	□拱部落物，存在大面积路面滞水、结冰或裂缝，已妨碍交通			
	检修道	①结构破损； ②盖板缺损； ③栏杆变形、损坏		□无异常情况	□栏杆变形、损坏 □盖板缺损 □结构破损，尚未妨碍交通	□栏杆局部毁坏或侵入建筑限界 □道路结构破损，已妨碍交通			
	排水设施	①破损、堵塞、积水、结冰		□无异常情况	□存在破损、积水或结冰，尚未妨碍交通	□沟管堵塞，积水漫流，结冰，设施缺损严重，已妨碍交通			

续表

里程桩号/异常位置	结构名称	检查内容	异常描述（性质、范围、程度等）	判定			养护措施		
				情况正常	一般异常	严重异常	跟踪监测	维修处治	定期或专项检查
	吊顶及各种预埋件	①变形、缺损、漏水(挂冰)		□无异常情况	□存在缺损、漏水，尚未妨碍交通	□缺损严重，或从吊顶顶板漏水严重，已妨碍交通			
	内装饰	①脏污、变形、破损		□无异常情况	□存在破损，尚未妨碍交通	□缺损严重，已妨碍交通			
	交通标志和标线	①是否完好		□无异常情况	□存在脏污、部分缺失，可能会影响交通安全	□基本缺失或严重缺失，影响行车安全			

检查人：　　　　　　　　记录人：

4.4.2.5 记录要求

(1)现场原始记录应完整、清晰、明确、真实。

(2)现场的病害记录由记录人签字,并且由审核人确认,后续整理存档。

(3)完成1座隧道外业检测任务后,病害记录人将该隧道所有记录收集齐全,调整顺序,装订成册,同时整理成电子版归档备案。

4.4.2.6 拍照要求

(1)每个病害检测项目必须拍2张照片,1张近照,1张整体照片。

(2)隧道病害照片必须能清楚反映病害的情况,光线不良的地段或位置要采取补光措施。

(3)相机内的照片必须及时传入电脑或养护管理系统,且保证照片编号与外业记录严格一致。

4.4.3 定期检查

定期检查为评定隧道的使用功能、制定管理养护计划提供基本数据,对隧道主体结构及其附属构造物的技术状况进行全方面检查,它为隧道的养护管理搜集结构技术状况的动态数据。

定期检查由具有丰富实践经验的工程技术人员负责,目的是通过对结构物进行彻底的、视觉的和系统的检查,建立结构管理和养护档案,对结构的损坏做出评估,评定结构件和整体结构的技术状况,确定改进工作和特别检查之需求,并确定结构维修、加固或更换的优先排序。定期检查以近距离外观检测为主,辅以必要的测量仪器设备,必须接近和进入各部件,仔细检查其功能及材料的缺损情况。定期检查要比经常检查的内容更全面、更深入、更详细。定期检查结果主要从损坏状况、结构与构件的技术状况和改进工作这几个方面进行评定。可根据设施状况和结构类型等适当增加检查次数。

一般定期检查由专业机构组织实施,养护基层单位负责配合,但在配合检查过程中,隧道养护工程师也要充分发挥作用,第一,介绍隧道管养中的主要问题和异常现象,引起检测人员的注意,开展深入的检测;第二,详细掌握深层次的问题,有针对性地征求处置和预防意见建议;第三,为定期检查报告的复查工作做好准备。隧道定期检查报告的复查工作是隧道养护工作的重点,其过程、内容、要求与定期检查基本一致,需要有复查工作方案明确工作任务,开展现场复查来掌握实际问题,撰写复查报告来提出问题整改的措施。

4.4.3.1 定期检查频率

定期检查的周期应根据隧道技术状况确定,宜每年1次,最长不得超过3年1次。当经常检查中发现重要结构分项技术状况评定状况值为3或4时,应立即开展一次定期检查。定期检查宜安排在春季或秋季进行。新建隧道应在交付使用1年后进行首次定期检查。

应综合考虑国内公路隧道的技术水平、工程质量、隧道重要性以及技术状况等因素,确定定期检查的最大周期。重要结构分项是指隧道洞口、洞门、衬砌结构、路面和洞顶各种预埋件等。检查的时间一般选在春融期后或在汛期到来前后。前文要求新建隧道应在交付使用 1 年后进行首次定期检查，这样规定是为了尽可能早地发现结构破损情况，为日后的养护维修提供基本技术资料。

通常隧道检测分土建检测（含其他工程设施）和机电检测两部分进行，这里仅涉及土建部分。在定期检查组到来之前，应系统地总结一年来的经常检查资料，找出已发现的问题，包括已维修的部分，必要时还要请定检组人员进行深入的检查。

4.4.3.2 定期检查内容及要求

应通过定期检查，系统掌握结构技术状况和功能状况，开展土建结构技术状况评定，为制订养护工作计划提供依据，并应符合下列规定。

（1）定期检查需配备必要的检查工具或设备，进行目测或量测检查。检查时，应尽量靠近结构，依次检查各个结构部位，注意发现异常情况和原有异常情况的发展变化，对有异常情况的结构，应在其适当位置做出标记，此外，检查结果记录宜量化。

为达到技术状况评定的定性和定量要求，应提高定期检查的水平，必要的工具和设备主要指：

①尺寸测量——卷尺、游标卡尺、水准仪、激光断面仪等。

②裂缝检查——带刻度的放大镜、宽度测定尺、测针、标线、裂缝测宽测深仪等。

③衬砌结构检查——锤子、回弹仪、超声波仪、地质雷达等。

④漏水检查——pH 试纸、温度计等。

⑤路面检查——摩擦系数测定仪、平整度仪等。

⑥照明器具——卤素灯或目测灯、手电筒。

⑦记录工具——隧道展示图纸、记录本、照相机或摄像机。

⑧升降设备——可移动台架、升降台车。

此外，清扫用具、交通控制标志牌板等也是需要的。在条件允许时，使用车载式隧道快速扫描或摄像设备，能够提高检查精度和速度，也有利于检查结果的电子化存储和使用。

（2）定期检查内容应按照表 4.9 执行。

表 4.9 定期检查内容表

项目名称	检查内容
洞口	山体滑坡、岩石崩塌的征兆及其发展趋势，边坡、碎落台、护坡道的缺口、冲沟、潜流涌水、沉陷、塌落等及其发展趋势
	护坡、挡土墙的裂缝、断缝、倾斜、鼓肚、滑动、下沉的位置、范围及其程度，有无表面风化、泄水孔堵塞、墙后积水、地基错台、空隙等现象及其程度

续表

项目名称	检查内容
洞门	墙身裂缝的位置、宽度、长度、范围或程度
	结构倾斜、沉陷、断裂范围、变位量、发展趋势
	洞门与洞身连接处环向裂缝开展情况、外倾趋势
	混凝土起层、剥落的范围和深度，钢筋有无外露、受到锈蚀
	墙背填料流失范围和程度
衬砌	衬砌裂缝的位置、宽度、长度、范围或程度，墙身施工缝开裂宽度、错位量
	衬砌表层起层、剥落的范围和深度
	衬砌渗漏水的位置、水量、浑浊、冻结状况
路面	路面拱起、沉陷、错台、开裂、溜滑的范围和程度；路面积水、结冰等范围和程度
检修道	检修道毁坏、盖板缺损的位置和状况，栏杆变形、锈蚀、缺损等的位置和状况
排水系统	结构缺损程度，中央窨井盖、边沟盖板等的完好程度，沟管开裂漏水状况，排水沟(管)、积水井等淤积堵塞、沉沙、滞水、结冰等状况
吊顶及各种预埋件	吊顶板变形、缺损的位置和程度；吊杆等预埋件是否完好，有无锈蚀、脱落等危及安全的现象及其程度；漏水(挂冰)范围及程度
内装饰	表面脏污、缺损的范围和程度，装饰板变形、缺损的范围和程度等
交通标志和标线	外观缺损、表面脏污状况，连接件牢固状况、光度是否满足要求等

(3)检查结果应当场填入“定期检查记录表”[详见《公路隧道养护技术规范》(JTG H12—2015)附录 A.0.2]。将检查数据及病害绘入“隧道展示图”[详见《公路隧道养护技术规范》(JTG H12—2015)附录 A.0.3]，发现评定状况值为 2 以上的情况，应做影像记录，并详细、准确地记录缺损或病害状况，分析成因，对结构物的技术状况进行评定。

(4)当定期检查中出现状况值为 3 或 4 的项目，且其产生原因及详细情况不明时，应做专项检查。

(5)定期检查完成后，应编制土建结构定期检查报告，内容应包括：

①检查记录表、隧道展示图及相关调查资料等。

②对土建结构的技术状况评定。

③对土建结构的养护维修状况的评价及建议。

④需要实施专项检查的建议。

⑤需要采取处治措施的建议。

定期检查报告综合了各个结构物的检查结果，对土建结构的技术状况和使用功能进行评价，并根据检查中发现的问题对养护工作提出改进建议或措施；异常原因不明时，应提出专项检查的建议，内容包括专项的原因、项目、目的、要求等；对已确定的结构病害，应提出处治措施的建议，内容包括实施处置的原因、项目、处置措施、所需的工程费用以及实施时间等。

定期检查工作组一般 1 天只查 1 座隧道。主要工作内容有两个：一个是核对上一次定期检查的问题，观察病害是否发展、是否维修；另一个是利用手头的工具查找新的病害，这个检查比较详细，也比较专业。待现场检查完成后，进入资料整理阶段，这个阶段相对较长，全部完成后出具定期检查报告，格式和规范要求无异，大多数病害会留有图片。定期检查报告出具前，会有一个征求意见的过程，这个过程要核对好相关信息，各方及时提出不同意见，以便保证评价报告准确。

4.4.3.3 定期检查工作流程

定期检查主要要求如下。

(1)全面检查并详细记录隧道的病害、缺损的现状及发展变化情况。

(2)通过目视检查并借助必要的仪器设备或工具，定量化测量和描述病害及缺损的大小、范围等特征数据。

(3)依据病害及缺损严重程度，推断其对隧道使用功能和结构安全的影响。

(4)依据历年检查(或监测)结果及其发展变化情况，推断病害、缺损发展变化趋势及其可能造成的不利影响。

(5)评定隧道结构总体的技术状况等级。尤其要注重对隧道重要结构分项的技术状况评定，当这些重要结构分项的技术状况等级明显偏低时，依据重要结构分项的技术状况确定隧道总体技术状况。

(6)制定隧道维修、养护或进一步检测评定计划。

在定检过程中，养护基层单位的主要工作是协助配合，包括提供资料、协助进行交通管制、协助开展定期检查并指出一些不明显、不易发现的问题，也可参照检查方案中说明的流程步骤进行配合。原则上养护巡查队员或隧道养护工程师需全程陪同检查。

4.4.3.4 定期检查记录表格

定期(特别)检查记录表如表 4.10 所示。

表 4.10　定期(特别)检查记录表

隧道名称：__________　　路线名称：__________
隧道编码：__________　　路线编码：__________
养护机构：__________　　检查日期：____年____月____日　　天气：__________

里程桩号	结构名称	缺损位置	检查内容	状况描述(性质、范围、程度等)	标度(0～4)	影像或图片(编号/时间)
	洞口		①山体滑坡、岩石崩塌的征兆及其发展趋势； ②边坡、碎落台、护坡道的缺口、冲沟、潜流涌水、沉陷、塌落等及其发展趋势			
			护坡、挡土墙的裂缝、断缝、倾斜、鼓肚、滑动、下沉的位置、范围及其程度，有无表面风化、泄水孔堵塞、墙后积水、地基错台、空隙等现象及其程度			
	洞门		墙身裂缝的位置、宽度、长度、范围或程度			
			结构倾斜、沉陷、断裂范围、变位量、发展趋势			
			洞门与洞身连接处环向裂缝开展情况、外倾趋势			
			混凝土起层、剥落的范围和深度，钢筋有无外露、受到锈蚀			
			墙背填料流失范围和程度			
	衬砌		①衬砌裂缝的位置、宽度、长度、范围或程度； ②墙身施工缝开裂宽度、错位量			
			衬砌表层起层、剥落的范围和深度			
			衬砌渗漏水的位置、水量、浑浊、冻结状况			
	路面		①路面拱起、沉陷、错台、开裂、溜滑的范围和程度； ②路面积水、结冰等范围和程度			

续表

里程桩号	结构名称	缺损位置	检查内容	状况描述(性质、范围、程度等)	标度(0～4)	影像或图片(编号/时间)
	检修道		①检修道毁坏、盖板缺损的位置和状况; ②栏杆变形、锈蚀、缺损等的位置和状况			
	排水设施		①结构缺损程度,中央窨井盖、边沟盖板等的完好程度,沟管开裂漏水状况; ②排水沟(管)、积水井等淤积堵塞、沉沙、滞水、结冰等状况			
	吊顶及各种预埋件		①吊顶板变形、缺损的位置和程度; ②吊杆等预埋件是否完好,有无锈蚀、脱落等危及安全的现象及其程度; ③漏水(挂冰)范围及程度			
	内装饰		①表面脏污、缺损的范围和程度; ②装饰板变形、缺损的范围和程度等			
	交通标志和标线		外观缺损、表面脏污状况,连接件牢固状况、光度是否满足要求等			

检查人:　　　　　　　　　　记录人:

4.4.3.5　定期检查填写要求

(1)现场原始记录应完整、清晰、明确、真实。

(2)现场的病害记录由记录人签字,并由审核人确认。

(3)完成 1 座隧道外业检测任务后,病害记录人将该隧道所有记录收集齐全,调整顺序,装订成册,同时整理成电子版归档备案。

(4)定期检查结束后,检查结果应当填入“定期(特别)检查记录表”,将检查数据及病害绘入“隧道展示图”,发现评定状况值 2 以上的情况时,应做影响记录,并详细准确地记录缺损或病害状况,分析成因,对结构物的技术状况进行评定。

这部分内容在检查方案中有明确的要求,对管养单位来说,做好配合和监督就好。

4.4.3.6　定期检查拍照要求

(1)每座隧道必须拍摄隧道铭牌,拍 1 张隧道洞口正面照片、1 张衬砌整体照片、1 张包含隧道洞口及边仰坡整体的照片。

(2)每个病害检测项目必须拍 2 张照片(1 张近照,1 张整体照片),洞口、洞门检测项目如没有病害,拍 1 张整体照片。

(3)隧道病害照片必须能清楚反映病害的情况。

(4)相机内的照片必须及时传入笔记本电脑中,且保证照片编号与外业记录严格一致。

4.4.3.7　定期检查复查工作流程及要求

在拿到定期检查报告后,要根据定期检查报告反映的问题,制定定期检查复查方案,明确复查内容和要求,在复查过程中要注意复查以下问题。

(1)定期检查反映的问题是否属实。

(2)定期检查反映的数量是否正确,有无发展的情况。

(3)定期检查反映的问题是否需要立即整改,问题整改的方案信息(如措施、工程量、预计费用)是否明确。

(4)有无定期检查未发现的问题。

在复查工作完成后,要撰写定期检查复查报告或问题整改报告。一般这个报告是在问题整改完成后撰写,如有需要申请大中修的项目或需要进一步观察的情况,则直接写明需要采取的措施即可。

定期检查复查报告是规范化检查的重要内容,需要引起高度重视,尤其是一些涉及安全的内容,能立即整改的就立即整改,需要保留资料的环节要保留资料。

4.4.4　应急检查

应急检查是指当隧道结构受到灾害损伤后,为了查明破损状况、采取应急措施、组织恢复交通,对结构进行的详细检查和鉴定工作。极端事件后应立即进行一次检测,及时评定隧道结构的技术状况。极端事件主要包括地震、洪水、风灾、火灾、车辆撞击等。

应急检查工作开展前提特殊,但很有必要,检查标准和检查手段基本和定期检查一样。一般情况下,养护管理单位先按照定期检查要求了解基本情况,然后再邀请检测单位进行深入的检测,并出具检测报告。养护管理单位可根据检测结果采取下一步措施,如工程修复、专项检查等内容,一般不需要复核检测结果。

4.4.4.1 应急检查内容及要求

应通过应急检查,及时掌握结构受损情况,为采取对策措施提供依据,并应符合下列规定。

(1)应该根据受异常事件影响的结构,决定所要采取的检查方法、工具和设备。

(2)应急检查的内容和方法原则上应与定期检查相同,但应针对发生异常情况或者受异常事件影响的结构或结构部位做重点检查,以掌握其受损情况。

(3)检查的评定标准应与定期检查相同。当难以判明缺损的原因、程度等情况时,应做专项检查。

(4)检查结果的记录应与定期检查相同,检查完成后,应编制应急检查报告,总结检查内容和结果,评估异常事件的影响,确定合理的对策措施。

在实际工作过程中,当隧道发生事故后,管养单位会立即组织一次检查,这个检查也可以叫应急检查,通过这次检查确定是否发生病害、病害如何修复等问题,但一般不专门编制资料,只有在病害严重或病害面积、数量、范围大的时候才专门组织开展正式的应急检查。

4.4.4.2 应急检查工作流程

应急检查是在特定情况下对隧道技术状况进行鉴定,以查清隧道的病害成因、破坏程度等技术状况指标。

应急检查的方法与定期检查基本相同,携带必要的仪器和设备;检查的内容比定期检查有所侧重,主要针对异常事件的影响而展开;检查的目的是了解异常事件对结构的影响,掌握结构受损情况,确保人员、车辆、结构和设施的安全,是特别情况下的检查,需尽快实施。检查结果异常时,应进行专项检查。应急检查工作流程如图 4.2 所示。

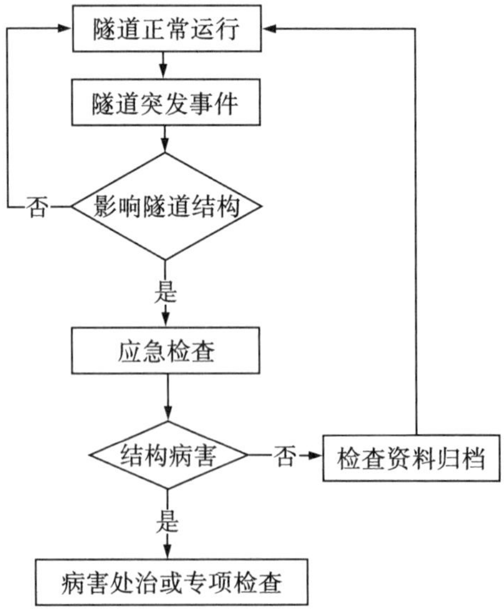

图 4.2 应急检查工作流程

4.4.5　专项检查

在专项检查中，基层养护管理单位主要是提供历史数据，配合开展工作。

应通过专项检查完整掌握缺损或病害的详细资料，为其是否实施处治以及采取何种处治措施等提供技术依据。检查的项目、内容及其要求，应根据经常检查、定期检查或应急检查的结果有针对性地确定，可按表4.11选择执行。

检查人员应对有关的技术资料、档案进行调查，并对隧道周围的地质及地表环境等展开实地调查。对严重不良地质地段、重大结构病害或隐患处，应开展运营期长期监测，对其结构变形、受力或地下水状态等进行长期监测。监测频率宜取经常检查的频率，当发现监测参数在快速发展变化时，监测频率应提高。

检查完成后，应编制专项检查报告，报告内容应包括：

(1)检查的主要经过，包括检查的组织实施、时间和主要工作过程等。

(2)所检查结构的技术状况，包括检查方法、试验与检测项目及内容、检测数据与结果分析以及缺损状态评价等。

(3)对缺损或病害的成因、范围、程度等情况的分析，及其维修处治对策、技术以及所需工程量和费用等建议。

专项检查的项目通常由经常检查、定期检查或应急检查报告提出，并由此确定专项检查的内容和要求等，一般可按表4.11的内容选择实施。

表4.11　专项检查项目表

检查项目		检查内容
结构变形检查	公路线形、高程检查	公路中线位置、路面高度、缘石高度以及纵坡度、横坡度等的测量
	隧道横断面检查	隧道横断面测量，周壁位移测量(与相邻或完好断面比较)
	净空变化检查	隧道内壁间距测量(自身变化比较)
裂缝检查	裂缝调查	裂缝的位置、宽度、长度、开展范围或程度等
	裂缝检测	裂缝的发展变化趋势及其速度，裂缝的方向及深度等
漏水检查	漏水调查	漏水的位置、水量、浑浊、冻结及原有防排水系统的状态等
	漏水检测	水温、pH检查、电导度检测、水质化学分析
	防排水系统	拥堵、破坏情况
材质检查	衬砌强度检查	强度简易测定，钻孔取芯，各种强度试验等
	衬砌表面病害	起层、剥落、蜂窝、麻面、空洞、露筋等
	混凝土碳化深度检测	采用酚酞液检测混凝土的碳化深度
	钢筋锈蚀检测	使用剔凿检测法、电化学测定法、综合分析判定法检查钢筋是否锈蚀

续表

检查项目		检查内容
衬砌及围岩状况检查	无损检测	无损检测衬砌厚度、空洞、裂缝和渗漏水等，以及钢筋、钢拱架、衬砌配筋位置及保护层厚度、围岩状况、仰拱充填层密实程度及其下岩溶发育情况
	钻孔检测	钻孔测定衬砌厚度等，内窥镜观测衬砌及围岩内部状况
荷载状况检查	衬砌应力及拱背压力检查	衬砌不同部位的应力及其变化、拱背压力的分布及其变化
	水压力检查	对于地下水丰富的隧道，检查衬砌背后水压力大小、分布及变化规律

资料调查和隧道周围的地质及地表环境调查是专项检查的重要内容，以充分掌握相关的技术信息，寻找土建结构发展变化的原因，探索其规律，确保专项检查结果的准确性。

4.4.5.1 资料调查

资料调查一般要收集以下资料：

(1)设计文件(包括隧道长度、洞口形式、断面形状、衬砌厚度、材料、埋置深度、支护、衬砌等)和地质调查报告。

(2)施工方法(包括主要开挖方法、特殊施工方法、围岩变化记录、各种试验报告、测量报告等)及相关施工记录。

(3)交竣工验收资料、施工过程中质量检测资料。

(4)检查记录(包括断面净空检查报告等)。

(5)衬砌修复加固记录、漏水处治施工记录、路面变形记录(含维修记录)、气温及降雨量记录、洞口明挖段遭受自然灾害记录等。

(6)裂缝、剥落、错位、漏水等破坏或病害的现场检查记录。

4.4.5.2 隧道地质及地表环境调查

地表环境调查：主要针对隧道附近山体可能出现坡面排水不畅、坑凼积水、山体裂缝、溶洞发展、山体失稳滑动等情况进行调查。出现这些情况的原因有隧道处在滑坡区内或其边缘，隧道处在断裂岩层或其附近，岩石节理发育、支离破碎，山体植被破坏、水土流失以及溶洞发展等。通过了解隧道外地表状况，可有助于分析隧道内发生的异常情况，检查时，可对隧道周围的地形、地貌、地表开裂、塌陷、林木状况等予以注意。

围岩异常调查：主要针对围岩内部变化进行检测，目的在于监视围岩变形，发现结构变化的原因，监视临近工程的影响或采取对策处治时围岩或衬砌的变化。通常在围岩内设置位移计或倾斜计，测定轴向变形或垂直轴向的变形。地表的变形则可通过地面位移计测量。

(1)围岩变形调查：将围岩变形计插入钻孔中，计量围岩任意点间的变化。围岩变形调查用于确认有无偏压、测量岩体松动范围、监视临近工程的影响等。

(2)围岩倾斜调查:将倾斜计插入钻孔中,测量围岩水平方向的变形。

(3)地表滑移调查:在地面位移异常的区域内外,分别设置移动桩和固定桩,在固定桩上安装地面位移计,以牵引钢线与移动桩相连,将地面的滑移通过钢线长度变化反映出来。

近年来,公路隧道病害日益凸显,特别是在一些严重不良地质地段、重大结构病害或隐患处,易发生结构失稳、突泥涌水等事故,造成极大的经济和生命损失,社会影响极大。因此,为加强对这些特殊部位的监控和管理,宜建立长期观测系统,对其变形、受力和地下水状态进行观测。

专项检查的报告形式不做具体规定,根据实际检查内容撰写,但应符合工程技术档案管理的有关要求。

4.5　技术状况评定

公路隧道属于地下工程,病害产生原因多样,存在病害时结构技术状况评定需要较为丰富的知识和经验。评定时应根据结构类型、病害形式、部位、状态以及发展趋势等因素进行综合分析,对比作出判断。

土建结构定期检查和应急检查采用了更为全面专业的检查设备,对隧道进行了更为细致全面的检查,对检查结果应进行技术状况评定,评定工作应作为定期检查的工作内容之一,可由定期检查负责人完成。

专项检查往往是在经常检查、定期检查和应急检查基础上,需要进一步查明破损或病害的详细情况和产生原因时而进行的更深入的专门检测,其目的是为制定病害处治方案提供基础资料,更多情况是针对破损或病害局部开展的检查。因此,专项检查不合适上述技术状况评定,但可以对所检局部的分项进行状况值评定。

虽然定期检查和应急检查由检测部门出具评定报告,但在实际管养过程中,土建结构和机电设施定期检查并不一起进行,为此,管养单位应综合土建和机电两部分进行一次综合评定工作,本书仅就土建结构的技术状况评定进行说明。

土建结构技术状况评定应根据定期检查资料,综合考虑洞门、结构、路面和附属设施等各方面的影响,确定隧道的技术状况等级。专项检查时,宜按照《公路隧道养护技术规范》(JTG H12—2015)对所检项目进行技术状况评定。

土建结构技术状况评定应分为 1 类、2 类、3 类、4 类和 5 类,评定类别描述及养护对策见表 4.12。评定应先逐洞、逐段对隧道土建结构各分项技术状况进行状况值评定,在此基础上确定各分项技术状况,再进行土建结构技术状况评定。

表 4.12　公路隧道总体技术状况评定类别及养护对策

技术状况评定类别	评定类别描述	养护对策
1 类	完好状态。无异常情况，或异常情况轻微，对交通安全无影响	正常养护
2 类	轻微破损。存在轻微破损，现阶段趋于稳定，对交通安全不会造成影响	应对结构破损部位进行检测或者检查，必要时进行保养维修
3 类	中等破损。存在破坏，发展缓慢，可能会影响行人、行车安全	应对结构破损部位进行重点监测，并对局部实施保养维修
4 类	严重破损。存在较严重破坏，发展较快，已影响行人、行车安全	应尽快实施结构病害处治措施
5 类	危险状态。存在严重破坏，发展迅速，已危及行人、行车安全	应及时关闭隧道，实施病害处治，特殊情况需进行局部重建或改建

隧道洞口、洞门、衬砌结构、衬砌渗漏水、路面、检修道、排水设施、吊顶、内装饰、交通标志标线等各分项技术状况评定标准详见 4.4 节。

土建结构技术状况评定方法应符合下列规定。

(1)土建结构技术状况评分应按下式计算。

$$JGCI = 100 \times \left[1 - \frac{1}{4}\sum_{i=1}^{n}\left(JGCI_i \times \frac{w_i}{\sum_{i=1}^{n} w_i}\right)\right]$$

式中，w_i——分项权重；

$JGCI_i$——分项状况值，值域 0～4。

(2)分项状况值应按下式计算。

$$JGCI_i = \max(JGCI_{ij})$$

式中，$JGCI_{ij}$——各分项检查段落状况值；

j——检查段落号，按实际分段数量取值。

(3)土建结构各分项权重宜按表 4.13 取值。

表 4.13　土建结构各分项权重

分项		分项权重	分项	分项权重
洞门		5	检修道	2
衬砌	结构破损	40	排水设施	6
	渗漏水		吊顶及预埋件	10
路面		15	内装饰	2
洞口		15	交通标志、标线	5

(4)土建结构技术状况评定分类界限值宜按照表 4.14 规定执行。

表 4.14　土建结构技术状况评定分类界限值

技术状况评分	土建结构技术状况评定分类				
	1 类	2 类	3 类	4 类	5 类
JGCI	≥85	≥70,<85	≥55,<70	≥40,<55	<40

(5)土建结构技术状况评定时,当洞口、洞门、衬砌、路面和吊顶及预埋件项目的评定状况值达到 3 或 4 时,对应土建结构技术状况应直接评为 4 类或 5 类。

在公路隧道技术状况评定中,有下列情况之一时,隧道土建技术状况评定应评为 5 类隧道:

①隧道洞口边仰坡不稳定,出现严重的边坡滑动、落石等现象。

②隧道洞门结构大范围开裂、砌体断裂、脱落现象严重,可能危及行车道内的通行安全。

③隧道拱部衬砌出现大范围开裂,结构性裂缝深度贯穿衬砌混凝土。

④隧道衬砌结构发生明显的永久变形,且有危及结构安全和行车安全的趋势。

⑤地下水大规模涌流、喷射,路面出现涌泥沙或大面积严重积水等威胁交通安全的现象。

⑥隧道路面发生严重隆起,路面板严重错台、断裂,严重影响行车安全。

⑦隧道洞顶各种预埋件和悬吊件严重锈蚀或断裂,各种桥架和挂件出现严重变形或脱落。

4.5.1　洞口技术状况评定

洞口检查采取目测方法,主要检查隧道进出口山体及岩体是否存在滑坡迹象,挡土墙、护坡等是否存在裂缝以及开裂程度,坡面树木或电线杆是否倾斜,排水设施是否完好。

应进行现场检查,照相存储,记录病害位置、范围及程度,并确定洞口病害相应的评定状况值,具体评定标准见表 4.15。

表 4.15　洞口技术状况评定表

状况值	技术状况描述
0	完好,无破损现象
1	山体及岩体、挡土墙、护坡等有轻微裂缝产生,排水设施存在轻微破坏
2	山体及围岩裂缝发育,存在滑坡、崩塌的初步迹象,坡面树木或电线杆轻微倾斜,挡土墙、护坡等产生开裂、变形,土石零星掉落,排水设施存在一定裂损、堵塞
3	山体及围岩严重开裂,坡面树木或电线杆明显倾斜,挡土墙、护坡等产生严重开裂、明显的永久变形,墙角或坡面有土石堆积,排水设施完全堵塞、破坏,排水功能缺失
4	山体及岩体有明显且严重的滑动、崩塌现象,挡土墙、护坡断裂、外倾失稳、部分倒塌,坡面树木或电线杆倾倒

4.5.2 洞门技术状况评定

洞门检查采取目测及测量方法，主要检查隧道进出口洞门墙身是否存在开裂、起层、剥落、露筋等病害，墙身是否倾斜、沉陷或错台，壁面是否渗水。

现场检查时，照相存储，记录病害位置、范围及程度，并确定洞门病害相应的评定状况值，具体评定标准见表 4.16。

表 4.16 洞门技术状况评定表

状况值	技术状况描述
0	完好，无破损现象
1	墙身存在轻微开裂、起层、剥落
2	墙身结构局部开裂，墙身轻微倾斜、沉陷或错台，壁面轻微渗水，尚未妨碍交通
3	墙身结构严重开裂、错台，墙边出现起层、剥落，混凝土块可能掉落或已有掉落，钢筋外露、受到锈蚀，墙身有明显倾斜、沉陷或错台趋势，壁面严重挂水，将会妨碍交通
4	洞门结构大范围开裂甚至彻底断裂，混凝土块可能掉落或已有掉落，墙身出现部分倾倒、垮塌，存在喷水或大面积挂冰等，已妨碍交通

4.5.3 衬砌技术状况评定

衬砌是公路隧道中关系到结构安全和行人、行车安全最为重要的土建结构，规范中提供了衬砌破损和渗漏水评定定性标准。

对于衬砌外观，主要通过目测、记录和照相相结合的方式进行检查。衬砌技术状况评定表如表 4.17 所示。

表 4.17 衬砌技术状况评定表

状况值	技术状况描述	
	外荷载作用所致	材料劣化所致
0	结构无裂损、变形和背后空洞	材料无劣化
1	出现变形、位移、沉降和裂缝，但无发展或已停止发展	存在材料劣化，钢筋表面局部腐蚀，衬砌无起层、剥落，对断面强度几乎无影响
2	出现变形、位移、沉降和裂缝，发展缓慢，边墙衬砌背后存在空隙，有扩大的可能	材料劣化明显，钢筋表面全部生锈、腐蚀，断面强度有所下降，结构物功能可能受到损害

续表

状况值	技术状况描述	
	外荷载作用所致	材料劣化所致
3	出现变形、位移、沉降，裂缝密集，出现剪切性裂缝，发展速度较快；边墙处衬砌压裂，导致起层、剥落，边墙混凝土有可能掉落；拱部背面存在大的空洞，上部落石可能掉落至拱背；衬砌结构侵入内轮廓界限	材料劣化严重，钢筋断面因腐蚀而明显减小，断面强度有相当程度的下降，结构物功能受到损害；边墙混凝土起层、剥落，混凝土块可能掉落或已有掉落
4	衬砌结构发生明显的永久变形，裂缝密集，出现剪切性裂缝，裂缝深度贯穿衬砌混凝土，并且发展快速；由于拱顶裂缝密集，衬砌开裂，导致起层、剥落，混凝土块可能掉落；衬砌拱部背面存在大的空洞，且衬砌有效厚度很薄，上部落石可能掉落至拱背；衬砌结构侵入建筑限界	材料劣化非常严重，断面强度明显下降，结构物功能损害明显；由于拱部材料劣化，导致混凝土起层、剥落，混凝土块可能掉落或已有掉落

4.5.3.1　外荷载作用所致衬砌变化

衬砌的变形、移动、沉降一般为逐渐变化，在地震、滑坡、暴雨后可能发生明显的变化。在北方寒冷地区，结构由于冻胀而变形，并随季节的循环而反复发生。

洞口附近的覆盖层厚度较薄，结构的变形、移动、沉降即使不大，也可能导致斜坡不稳、拱背产生空洞和漏水增加等，检查时需充分注意。当断面变形时，一般是路面、边沟等处首先发生变化，因此检查时需特别留意这些地方。国内外在技术状况评定时，外荷载作用所致变形也有定量评定标准。基于变形速度的评定标准如表 4.18 所示。

表 4.18　基于变形速度的评定标准

结构	变形速度 v/(mm/a)				评定状况值
	$v \geqslant 10$	$10 > v \geqslant 3$	$3 > v \geqslant 1$	$1 > v$	
衬砌	√				4
		√			3
			√		2
				√	1

对衬砌开裂等破损进行评定时，应考虑根据裂缝有无发展情况等因素。国内外对于衬砌开裂也有定量评定标准，详见表 4.19、表 4.20。表中的裂缝以水平方向的裂缝或剪断裂缝为主，对于横向裂缝，将评定状况值相应地降低 1 个等级即可。

此外，当裂缝众多时，宜将宽度最大的裂缝作为主要检查对象。

表 4.19 当裂缝存在发展时的评定标准

结构	裂缝宽度 b/mm		裂缝长度 l/m		评定状况值
	$b>3$	$b\leqslant 3$	$l>5$	$l\leqslant 5$	
衬砌	√		√		3/4
	√			√	2/3
		√	√		2
		√		√	2

表 4.20 当无法确定裂缝是否存在发展时的评定标准

结构	裂缝宽度 b/mm			裂缝长度 l/m			评定状况值
	$b>5$	$3<b\leqslant 5$	$b\leqslant 3$	$l>10$	$5<l\leqslant 10$	$l\leqslant 5$	
衬砌	√			√			3/4
	√				√		2/3
	√					√	2/3
		√		√			3
		√			√		2/3
		√				√	2
			√	√	√	√	1/2

对于衬砌起层、剥落等破损的评定，国内外也有定性评定标准。衬砌起层、剥落的评定标准如表 4.21 所示。

表 4.21 衬砌起层、剥落的评定标准

结构	部位	掉落可能性		判定
		有	无	
衬砌	拱部	√		4
			√	1
	侧墙	√		3
			√	1

对于混凝土衬砌的起层、剥落，如果可能掉落，则在拱部评定为 4，在侧墙评定为 3；对于防水砂浆等材料的掉落，由于剥落层较薄，可降低 1 个评定状况值。

关于突发性坍塌，根据国外资料显示，当拱背存在高 30 cm 以上的空洞且有效衬砌厚度小于 30 cm 时，空腔落石就可能砸坏衬砌结构，国内外均有过类似事例。因此，发现类似情况时，可按 3/4 状况值评定。尤其是曾经发生坍方的地方或节理发育、漏水严重的地段，应给予充分的注意。

4.5.3.2　衬砌材质劣化等破损的检查

对衬砌材质劣化等破损的检查，主要从结构物的功能和行车安全性的角度进行评定。因此，以衬砌混凝土的强度要求和有无混凝土剥落作为评定因素。对于钢筋混凝土结构物等，还应从钢材腐蚀的角度进行附加评定。对于衬砌混凝土的起层、剥落，从确保行车安全的角度来看，其评定标准与外荷载作用时的评定标准一致。材质劣化的速度，除火灾等异常情况外，与外荷载作用产生的变化相比，一般比较缓慢，通过采取适当的措施，有可能防止或抑制劣化的发展。国内外对此也有定性和定量评定标准，衬砌断面强度降低、起层和剥落的评定标准如表 4.22 所示，钢材腐蚀的评定标准如表 4.23 所示。

表 4.22　衬砌断面强度降低、起层和剥落的评定标准

结构	主要原因	起层和剥落的可能性		劣化程度 有效厚度/设计厚度			评定状况值
		有	无	<1/2	1/2～2/3	>2/3	
拱部	劣化、冻害、设计或施工不当等	√					4
			√				1
				√			3
					√		2
						√	1
侧墙		√					3
			√				1
				√			3
					√		2
						√	1

表 4.23　钢材腐蚀的评定标准

结构	主要原因	腐蚀程度	评定状况值
衬砌	盐害、渗漏水、酸(碱)化等	表面或小面积腐蚀	1
		浅孔蚀或钢筋全周生锈	2
		钢材断面减小程度明显，钢结构功能受损	3

衬砌断面强度的变化以有效衬砌厚度和设计衬砌厚度之比来表示。所谓有效厚度，是指混凝土强度不小于设计标准强度的衬砌的厚度，当不了解设计标准强度时，可取 15 MPa为标准。例如，设计衬砌厚度为 50 cm，实际衬砌厚度为 60 cm，其中低于设计标

准强度的部分厚度为 20 cm，有效厚度就为 40 cm，则衬砌劣化程度就是 40/50，尚有 2/3 以上部分是符合设计要求的。实际的衬砌有效厚度必须确保 30 cm，如小于 30 cm 即可考虑评定状况值为 2/3，再结合其他有关因素进行综合判定。

4.5.3.3 裂缝或施工缝漏水

对于裂缝或施工缝漏水，一般无须采取紧急措施的居多。当漏水与冻害或盐害以及其他病害结合时，可能会促使衬砌材质劣化、混凝土腐蚀等，对此需引起注意。国内外对此也有定性评定标准，渗漏水评定标准如表 4.24 所示，渗漏水技术状况评定表如表 4.25 所示。

漏水范围扩大和漏水量增加可能与拱背岩体松动和降水量增加有关。前者可能由于岩体松动，产生新的水流通路，使漏水范围扩大；后者可能由于降水量增加，渗入地下，致使地下水量增大。

表 4.24　渗漏水评定标准

结构	主要异况	漏水程度				是否影响行车		评定状况值
		喷射	涌流	滴漏	浸渗	是	否	
拱部	漏水	√				√		4
			√			√		3
				√		√		2
					√		√	1
	挂冰					√		3
							√	1
侧墙	漏水	√				√		3
			√			√		2
				√		√		2
					√		√	1
	冰柱					√		3
							√	1
路面	沙土流出					√		3/4
							√	1
路面	积水					√		3/4
							√	1
	结冰					√		3/4
							√	1

表 4.25　渗漏水技术状况评定表

状况值	技术状况描述
0	无渗漏水
1	衬砌表面存在浸渗，对行车无影响
2	衬砌拱部有滴漏，侧墙有小股涌流，路面有浸渗但不影响行车安全
3	拱部有涌流，侧墙有喷射水流，路面积水，沙土流出，拱部衬砌因渗水形成较大挂冰、胀裂，或涌水积冰至路面边缘，影响行车安全
4	拱部有喷射涌流，侧墙存在严重影响行车安全的涌水，地下水从检查井涌出，路面积水严重，伴有严重的沙土流出和衬砌挂冰，严重影响行车安全

4.5.4　路面技术状况评定

对于路面检查，主要采用目测、记录和照相相结合的方式。

主要检查路面是否存在浸湿、裂缝、落物、沉陷、隆起、坑洞、表面剥落、露骨、破损、积水、错台等病害。如存在，记录病害位置、范围及程度，并确定路面病害相应的评定状况值，具体评定标准见表 4.26。

表 4.26　路面技术状况评定表

状况值	技术状况描述
0	路面完好
1	路面有浸湿、轻微裂缝、落物等，引起使用者轻微不适
2	路面有局部的沉陷、隆起、坑洞、表面剥落、露骨、破损、裂缝、轻微积水，引起使用者明显的不适，可能会影响行车安全
3	路面出现较大面积的沉陷、隆起、坑洞、露骨、破损、裂缝、积水严重等，影响行车安全，抗滑系数过低引起车辆打滑
4	路面出现大面积的明显沉陷、隆起、坑洞，路面板严重错台、断裂、表面剥落、露骨、破损、裂缝，出现浸水、结冰或堆冰，严重影响交通安全，可能导致交通意外事故

4.5.5　检修道技术状况评定

对于检修道检查，主要采用目测、记录和照相相结合的方式。

主要检查检修道侧壁及盖板是否完好。如有破损或缺失，记录病害位置、范围及程度，并计算盖板及侧壁损坏长度百分比及缺失长度百分比，确认相应的评定状况值，具体评定标准见表 4.27。

表 4.27　路面技术状况评定表

状况值	技术状况描述	
	定性描述	定量描述
0	侧壁及检修道盖板完好	—
1	侧壁或检修道盖板少量缺角、缺损，尚未影响其使用功能	侧壁、检修道盖板损坏长度不大于 10%，缺失长度不大于 3%
2	部分侧壁和检修道盖板缺损、开裂，部分功能丧失，可能会影响行人和交通安全	检修道盖板、侧壁损坏长度大于 10% 且不大于 20%，缺失长度大于 3% 且不大于 10%
3	侧壁和检修道盖板缺损、开裂或缺失严重，原有功能丧失，影响行人和交通安全	检修道盖板、侧壁损坏长度大于 20%，缺失长度大于 10%

4.5.6　洞内排水技术状况评定

对于洞内排水检查，主要采用目测、记录和照相相结合的方式。

主要检查结构缺损程度，中央窨井盖、边沟盖板等的完好程度，沟管开裂漏水状况，排水沟(管)、积水井等淤积堵塞、沉沙、滞水、结冰等概况，具体评定标准见表 4.28。

表 4.28　洞内排水技术状况评定表

状况值	技术状况描述
0	设施完好，排水功能正常
1	结构有轻微破损，但排水功能正常
2	轻微淤积，结构有破损，暴雨季节出现溢水，可能影响交通安全
3	严重淤积，结构较严重破损，溢水造成路面局部积水，影响交通安全
4	完全阻塞，结构严重破损，溢水造成路面积水漫流，严重影响交通安全

4.5.7　吊顶及预埋件技术状况评定

对于吊顶及预埋件检查，主要采用目测、记录和照相相结合的方式。

主要检查结构缺损程度，吊杆等预埋件是否完好，有无锈蚀、脱落等危及安全的现象及其程度，漏水(挂冰)范围及程度，具体评定标准见表 4.29。

表 4.29　吊顶及预埋件技术状况评定表

状况值	技术状况描述
0	吊顶完好
1	存在轻微变形、破损、浸水，尚未妨碍交通
2	吊顶破损、开裂、滴水，吊杆等预埋件锈蚀，尚未影响交通安全

续表

状况值	技术状况描述
3	吊顶存在较严重的变形、破损，出现涌流、挂冰，吊杆等预埋件严重锈蚀，可能影响交通安全
4	吊顶存在严重破损、开裂甚至掉落，出现喷涌水、严重挂冰，各种预埋件和悬挂物严重锈蚀或断裂，各种桥架和挂件严重变形或脱落，严重影响行车安全

4.5.8　内装饰技术状况评定

对于内装饰检查，主要采用目测、记录和照相相结合的方式。

主要检查表面脏污、缺损的范围和程度，装饰板变形、缺损范围和程度等，具体评定标准见表 4.30。

表 4.30　内装饰技术状况评定表

状况值	技术状况描述	
	定性描述	定量描述
0	内装饰完好	—
1	个别内装饰板或瓷砖变形、破损，不影响交通	损坏率不大于 10%
2	部分内装饰或瓷砖变形、破损、脱落，对交通安全有影响	损坏率大于 10% 且不大于 20%
3	大面积内装饰或瓷砖变形、破损、脱落，严重影响交通安全	损坏率大于 20%

4.5.9　交通标志标线技术状况评定

对于交通标志标线检查，主要采用目测、记录和照相相结合的方式。

主要检查外观缺损、表面脏污状况，连接件牢固状况、光度是否满足要求等，具体评定标准见表 4.31。

表 4.31　交通标志标线技术状况评定表

状况值	技术状况描述	
	定性描述	定量描述
0	完好	—
1	存在脏污、不完整，尚未妨碍交通	损坏率不大于 10%
2	存在脏污、部分脱落、缺失，可能影响交通安全	损坏率大于 10%且不大于 20%
3	存在大量脏污、部分脱落、缺失，影响行车安全	损坏率大于 20%

4.6 保养维修和病害处治

隧道保养维修和病害处治要积极贯彻“精准养护”的发展理念，按照“精、细、严、实”的管理要求，运用科学有效的方法和程序对养护工作进行精准计划、精准实施、精准管理、精准考核，将“精准养护”贯穿于隧道养护维修管理的各个方面。一是根据日常巡查检查发现的问题，及时组织核实、制定详细工作方案，实施方案、工期计划列入月度小修保养计划，上报养护部统一批复。二是制定专项工作方案，选择具备条件的施工队伍，明确工作要求和关键节点，安排专人监督实施，留取影像资料，确保工程质量。三是工程完工后，核对工程量，对照前期计划，逐一落实工程量有出入的部分，并考核工程质量。四是重视信息化的支撑作用，形成数据采集、养护管理、科学决策、精准实施的完整闭合。

4.6.1 基本要求

(1)土建结构的保养维修应包括经常性或预防性的保养和轻微缺损部分的维修等内容，恢复和保持结构的正常使用状况。

(2)应对土建结构经常检查和定期检查发现的一般性异常和技术状况值为 2 以下的状况进行保养维修。

(3)应及时清除洞口边仰坡上的危石、浮土，保持洞口边沟和边仰坡上截(排)水沟的完好、畅通，修复存在轻微损坏的洞口挡土墙、洞门墙、护坡、排水设施和减光设施等结构物的开裂、变形，维护洞口花草树木。冬季应清除边仰坡上的积雪和挂冰。

(4)当明洞上边坡出现危石或有崩塌可能时，应及时清除，也可采取保护性开挖等措施。明洞顶的填土厚度和地标线应保持原设计状态。当遇边坡塌方形成局部堆积，或遇暴雨、洪水原填土大量流失时，应及时采取措施调整到原有状态，避免产生严重偏压导致明洞结构变形、损坏。明洞的防水层失效或损坏时，应及时修复。

(5)应及时清除半山洞内的雨雪、杂物以及洞顶坠落的石块，并保持边沟畅通。应及时修复、添补缺损的护栏、护墙。

(6)对无衬砌隧道出现的碎裂、松动岩石和危石，应按照“少清除，多稳固”的原则进行处理；对围岩的渗漏水，应开设泄水孔接引水管，将水导入边沟排出；冬季应及时清除洞顶挂冰。

(7)对有衬砌隧道出现的衬砌起层、剥离，应及时清除；应及时修补衬砌裂缝，并设立观测标记进行跟踪观测；当衬砌出现渗漏水时，应接引水管，将水导入边沟；冬季应及时清除洞顶挂冰等。

(8)应及时清除隧道内外路面上的塌(散)落物和堆积物。应及时修复、更换损坏的窨井盖或其他设施盖板。当路面出现渗漏水时，应及时处理，将水导入边沟排出，防止路面积水或结冰。

(9)横通道内严禁存放任何非救援用物品，应及时清除散落杂物，修复轻微破损结构;应定期保养横通道门,保证横通道清洁、畅通。

(10)应及时清除斜(竖)井内可能损伤通风设施或影响通风效果的异物;应保持井内排水设施完好、水沟(管)畅通;应对井内的检查通道或设施进行保养,防止其锈蚀或损坏。

(11)应清理送(排)风口的网罩,清除堵塞网眼的杂物;应定期保养风道板吊杆,防止其锈蚀或损坏;应及时修复风口或风道的破损,更换损坏的风道板。

(12)应保持隧道内外排水设施完好,发现破损或缺失应及时修复;排水管堵塞时,可用高压水或压缩空气疏通。应及时清理排水边沟、中心排水沟、沉沙池等排水设施中的堆积物,不定期检查排水沟盖板和沟墙,及时修复破损、翘曲的盖板。寒冷地区应及时清除排水沟内的结冰堵塞。排水的金属管道应定期做好防腐处理。

(13)吊顶和内装饰应保持完好和整洁美观,当有破损、缺失时,应及时修补恢复,不能修复的应及时更换。各种预埋件和桥架应保持完好、坚固、无锈蚀,当有缺损时,应及时更换或加固。

(14)应保持人行道或检修道平整、完好和畅通,人行道或检修道不得积水,当道板有破损、翘曲或损失时,应及时进行修复和补充;应定期保养人行道或检修道护栏,护栏应保持完好、清洁、坚固、无锈蚀,立柱正直无摇动现象,横杆连接牢固,当有缺损时,应及时恢复。

(15)寒冷地区隧道应进行下列保养维护:

①寒冷地区隧道的防冻保温设施应做好保养维护,当有损坏时,应及时维修,保证其正常使用功能。

②洞口设有防雪设施的隧道,应做好防雪设施的保养维护,并在大雪降临前完成设施的维修加固;冬季应及时清除洞口处积雪。

(16)隧道的交通标志应保持外观完整、信息清晰准确,保持位置、高度和角度适当,保证交通信息传递无误,并应符合下列规定:

①应及时修补变形、破损的标牌,修复弯曲、倾斜的支柱,紧固松动的连接构件。

②对锈蚀损坏、老化失效的标志,应及时更换,缺失的应及时补充。

③对损坏的限高及限速设施,应及时维修。

(17)隧道的交通标线应保持完整、清洁和醒目,对破损严重和脱落的标线应及时补划。

4.6.2　工作方案

本书搜集了与隧道维修有关的施工方案,为读者提供了参考。但在实际工作中,要本着实事求是的工作态度,因地制宜,提出更为详尽的施工方案,通过检查、评定、设计、施工和验收等环节,组织实施。

4.6.2.1 洞门养护

1.洞门裂缝修补

(1)养护工具:鼓风机、灌浆器。

(2)养护材料:裂缝修补用胶(注射剂)。裂缝修补用胶(注射剂)的安全性能指标表如表 4.32 所示。

表 4.32 裂缝修补用胶(注射剂)的安全性能指标表

性能项目		性能指标
胶体性能	抗拉强度/MPa	≥20
	弹性模量/MPa	≥1500
	抗压强度/MPa	≥50
	抗弯强度/MPa	≥30,且不得呈脆性破坏
钢-钢拉伸抗剪强度标准值/MPa		≥10
不挥发物含量(固定含量)/%		≥99
可灌注性		在产品说明书规定压力下,灌注宽度为 0.1 mm

(3)养护方法:

①表面封闭法:采用表面封闭法对衬砌裂缝进行封闭前,需将混凝土表面防火涂层除去,擦净表面浮尘,保持混凝土表面干燥。前期准备就绪后,沿裂缝位置用胶刷将裂缝封闭胶涂刮于裂缝表面,抹平压实。

②自动低压渗注法/压力灌注法:采用自动低压渗注法/压力灌注法对衬砌混凝土裂缝进行修补有以下步骤。

a.除去防火涂层:除去裂缝两侧各 5 cm 宽的防火涂层(网状裂缝除外),网状裂缝根据实际面积除去防火涂层。

b.基层处理:用鼓风机和水清除裂缝表面的灰尘。

c.确定注入口:注入口位置尽量设置在裂缝较宽、开口较通畅的部位,注胶时要按照从低到高的顺序灌注。

d.粘贴注浆咀和封闭裂缝:TQ 型注浆咀宜用粘咀用浆骑缝粘贴,注浆咀的间距与裂缝宽度有关。当裂缝数量较多时,具体做法如下。

首先,在预计要贴咀的裂缝位置贴上医用白胶布,再用窄毛刷将封缝用浆沿裂缝来回涂刷,使裂缝封闭。大约 10 min 后,揭去胶布条,露出小缝。然后,用粘咀用浆将注浆咀在预留的小缝处骑缝粘上,整个底座都要用粘咀用浆包严,固化后周边可能有裂口,必须反复用封缝用浆补上,以免注浆时漏浆。

e.试漏:试漏要逐条裂缝进行。对于每条连通的裂缝,先将注浆咀用铝铆钉堵上,留一个咀用补缝器压气,在封闭的裂缝上涂肥皂水进行试漏。

f.配制注浆液:注浆操作一般在粘咀的第二天进行,气温在 30 ℃以上时,半天时间就可进行注浆。注浆前先配注浆液,在塑料杯中分别倒入 TK 型注缝胶甲液和乙液,按质量比甲液∶乙液＝2∶1混合均匀备用。

g.注浆:用补缝器吸取注浆液,插入注浆咀,用手推动补缝器活塞,使浆液通过注浆咀压入裂缝,当相邻的咀中流出浆液时,就可以拔出补缝器,堵上铝铆钉,将补缝器移到相邻注浆咀重复注浆。垂直缝一般由下往上注浆,水平缝从一端向另一端逐个注浆。如果裂缝较细,可以使用补缝器上的弹力装置对注浆液自动加压,此时一个人可以同时操作若干个补缝器。

h.二次注浆:为了保证浆液充满,在注浆后约半小时,可以对每个注浆咀再次补浆。

i.检查:注缝胶的强度发展与环境温度有很大关系,一般情况(20～25 ℃)下1天后开始固化,1个月后达到要求强度。检查注缝质量可以用小型空心钻机跨缝钻取芯样,进行检查。

2.洞门墙身渗漏水修复

(1)养护工具:电动钻机、切割机、注浆器。

(2)养护材料:环氧砂浆、水泥、水溶性环氧树脂、快硬防水砂浆。

(3)养护方法:

①表面处理,应使工作面平顺、干燥、无油污。

②钻孔,注浆孔沿裂缝走向位置,间距一般为200～400 mm。

③顶入直径10 mm注浆管,长度20 cm,进管前用麻绳缠裹钢管外侧。

④用双快水泥或环氧砂浆封紧孔口、抹平,检查堵漏效果,要保证除灌浆管外其他部位不漏水。

⑤注入水泥-水玻璃双液浆或水溶性聚氨酯,注浆压力不得大于1 MPa。

⑥注浆结束后用木塞将注浆管尾部堵塞,1周后将注浆管外露部分割除,并用快硬防水砂浆抹平表面。

⑦表面涂2遍防水涂料。

⑧进行洞门墙饰面等后续工作。

(4)注意事项:

①钻孔前采用钢筋扫描仪进行钢筋扫描,防止钻到钢筋,避免在墙体或底板上钻一些不必要的孔洞。

②施工过程中应保证注入器始终处于压力状态。

③注胶完成后,间隔一定的时间,重新进行检查,发现渗漏点及时进行注胶堵漏。

3.洞门混凝土破损修复

(1)养护工具:铁锹、水泥抹子。

(2)养护材料:配合比合适的混凝土。

(3)养护方法:

①混凝土构造物破损构件修补前,应对该构件的可继续使用性能进行鉴定,并做记录。

②修补范围应凿成规则的多边形,不能残留已破损的混凝土,新旧混凝土接缝处应垂直开凿出新鲜的混凝土面。

③混凝土所用的水泥、砂、石、水、外掺剂及混合材料的质量和规格，必须符合有关技术规范的要求，按规定的配合比施工。

④水泥混凝土浇筑前，修补范围应充分湿润，并涂刷水泥砂浆。

⑤对破损、锈蚀的钢筋应认真进行处理。

⑥新浇的混凝土应密实，具有足够的强度，新旧混凝土应紧密连接，要及时养生，防止混凝土强度达标前受到扰动。

⑦模板须满足规范的要求。

⑧不得出现空洞和漏筋现象。

(4)注意事项：

①混凝土搅拌必须达到 3 个基本要求：计量准确、搅拌透彻、坍落度稳定。

②模板在安装前，应均匀涂刷脱模剂。模板支撑应牢固，接缝严密、尺寸准确。

4.6.2.2 洞口养护

1.边沟养护

(1)养护工具：铁锹、扫帚、手推车、水泥抹。

(2)养护材料：

①砂浆：

a.砂浆等级应符合图纸规定或工程师要求。砂浆等级系指 70.7 mm×70.7 mm×70.7 mm 标准立方体试件，在温度(20±3)℃、相对湿度不小于 90%的环境中养生 28 d，经抗压试验得到的极限抗压强度，单位是 MPa。

b.砂浆所用水泥的强度等级应符合图纸要求及《公路桥涵施工技术规范》(JTG/T 3650—2020)的有关规定。

c.砂浆用砂宜选用中砂，砌筑毛石用砂宜选用粗砂。砂的含泥量一般应不超过 5%；对于强度等级为 M2.5 的水泥混合砂浆，砂的含泥量应不超过 10%。当用于砌筑片石时，砂的最大粒径应不大于 5 mm；当用于砌筑块石及粗料石时，砂的最大粒径应不大于 2.5 mm。

d.养护工程师许可时，可以将粗集料最大尺寸不超过 20 mm 的混凝土(小石子混凝土)用作片石和块石砌体的砂浆。

e.除非图纸上另有标明或养护工程师指示，对于主体工程和附属工程，勾缝砂浆等级不低于 M7.5，且均不低于砌筑砂浆等级。

②石料：

a.石料等级应符合图纸规定或养护工程师要求。石料在使用前应按《公路工程岩石试验规程》(JTG 3431—2024)进行试验，以确定石料各项物理力学指标值。立方体的极限抗压强度单位是 MPa。

b.石料应强韧、密实、坚固与耐久，能抵抗风化和水流的冲蚀，质地适当细致，色泽均匀，无缝隙、开裂及结构缺陷。石料最好取自成品质量满意的采石场。

c.石料不得含有妨碍砂浆的正常黏结或有损于外露面外观的污泥、油脂或其他有害物质。石料的运输、储存和处理，不应有过量的损坏和废料。

d.单个石料的厚度应不小于 150 mm,镶面石料应选择尺寸稍大并具有较平整表面的原材料,且应稍加粗凿方正。在角隅处应使用较大石料,大致粗凿方正。

e.块石应大致方正,上下面大致平行,石料厚度 200～300 mm,石料宽度及长度应分别为石料厚度的 1～1.5 倍和 1.5～3 倍。石料的尖锐边角应凿去。所有垂直于外露面的镶面石料的表面,应进行修凿,其表面凹陷深度不得大于 20 mm,角隅石或墩尖端的镶面石,根据需要应修凿至所需形状。

(3)养护方法:

①清理:

a.检查现场,根据现场情况确定清理方案(含弃土场),确定清除步骤,拟定处治方案。

b.按照清理方案彻底清除边沟内杂物,保证边沟排水设施无淤塞、无蒿草,排水畅通,保证隧道、路面不积水和边沟内不长期积水。

c.将清理的杂物用推车装好,运至弃土场丢弃。

d.清理施工现场。

②修复:

a.对于纵向边沟,在施工时,沟型按照矩形截面规则开挖,夯实基底,达到密实度要求,并保证基底的干燥。

b.在施工时,边沟线形平顺,转弯处做成弧形,其半径不小于 10 m,与桥涵进出口平顺衔接。

c.平曲线处边沟施工时,沟底纵坡与曲线前后沟底纵坡平顺衔接,不允许曲线内侧有积水或外溢现象发生。曲线外侧边沟要适当加深,其增加值等于超高值,但曲线在坡顶时可不加深边沟。

边沟底部坡度符合道路坡度和地形坡度,使流水畅通。

2.边坡护坡养护

(1)养护工具:铁锹、扫帚、手推车、水泥抹。

(2)养护材料:符合图纸和规范要求。

(3)养护方法:

①浆砌片石:

a.片石应分层砌筑,宜以 2～3 层砌块组成 1 个工作层,工作层的水平缝应大致找平。各工作层竖缝应相互错开,不得贯通。

b.较大的砌块应使用于下层,安砌时应选取形状及尺寸较为合适的砌石块,尖锐突出部分应敲除。竖缝较宽时,应在砂浆中塞小石块,不得在石块下面用高于砂浆砌缝厚度的小石片支垫。

c.应选择形状较为方正及尺寸较大的片石作为镶面石及角隅石,并长短相间地交错铺在同一层,与里层砌块交接。砌缝宽度一般应不大于 40 mm,用小石子混凝土砌筑时,砌缝宽度可为 30～70 mm。

②块石砌体:

a.石块应平砌,每层石料高度应大致一致,镶面石块,应丁顺相间或两顺一丁排列,砌缝宽度不大于 30 mm,上下层竖缝错开距离不小于 80 mm。

b.砌体里层平缝宽度不应大于 30 mm,竖缝宽度应不大于 40 mm。

(4)注意事项:

①填缝或嵌缝材料应符合图纸要求及规范相关要求。

②水泥应符合公路工程有关规范的规定,其强度等级不得低于 32.5 级,且宜优先选用普通硅酸盐水泥。

③集料应符合公路工程有关规范的规定。细集料应采用中砂或粗砂,细度模数宜大于 2.5;粗集料应采用砾石或碎石,粒径不宜大于 15 mm。

3.山体滑坡隐患整治

(1)养护工具:电焊机、切割机、电动钻机、空气压缩机、喷锚机。

(2)养护材料:钢筋或注浆锚杆、钢筋网、混凝土、草种。

(3)养护方法:

①对边坡采用降坡减载的工艺,采用井字梁护坡+挡土墙支护措施,并在后缘修筑排水沟,坡面喷播草种绿化。

②对边坡采用降坡减载喷锚措施,在前、后缘和边坡中间修筑排水沟,最后在非喷锚区的削坡坡面喷播草种绿化。

(4)注意事项:在整治过程中要先确保施工安全,然后进行整治施工。

4.挡土墙养护

(1)养护工具:电焊机、切割机、电动钻机、空气压缩机、喷锚机。

(2)养护材料:钢筋或注浆锚杆、钢筋网、混凝土、水泥砂浆。

(3)养护方法:

①挡土墙加高:挡土墙常因高度不够发生土体冒顶等现象,因此,除了做好土体稳定加固外,有的还需要加高挡土墙。加高的办法有如下几种。

a.老墙顶上加高。当墙体较宽,加高高度在 1.5 m 以下时,可以在墙顶直接加高,但必须核对竣工图及计算参数,并进行薄弱断面和基底稳定性的验算,施工时需除掉顶层灰沙和松石,注意接缝处质量。

b.挖除墙背填土,在墙背加厚加高。

c.在墙面加厚加高。

②挡土墙加长:当挡土墙长度不足或两端衔接不良时,不能充分发挥挡土墙作用,致使墙体端仍有滑塌等病害发生,或在洪水中衔接处路基被冲毁时,应根据需要向挡土墙两端适当延长。接长部分应与线路相协调,应尽量与原墙形式相同。

③挡土墙加固:根据挡土墙发生病害的原因,可采取压力灌浆锚固、增加支撑墙、部分拆除重建、在墙背加厚并改善墙后排水等办法加固。

a.若挡土墙的裂缝、断裂已停止发展,应立即进行修理、加固,其方法是先将裂缝缝隙凿毛,清除碎渣和杂物,然后用水泥砂浆填塞。对水泥混凝土或钢筋混凝土裂缝也可用环氧树脂黏合。

b.挡土墙发生倾斜、鼓肚、滑动或下沉时，可选用下列加固措施：

Ⅰ.锚固法。锚固法适用于水泥混凝土或钢筋混凝土挡土墙。采用高强钢筋作锚杆，穿入预先钻好的孔内，用水泥砂浆灌满锚杆插入岩体部位，固定锚杆，待砂浆达到一定强度后，对锚杆进行张拉，然后用锚头固紧。

Ⅱ.套墙加固法。在原墙外侧，加宽基础、加厚墙身，施工时，应挖除一部分墙后填土来减少土压力，同时应注意新旧基础和墙身的结合，其方法是凿毛旧基础和旧墙身，必要时设置钢筋锚栓，也可以在修整过的旧混凝土表面涂混凝土黏合剂以增强新旧墙的联结。墙后回填土必须分层填筑并夯实。

Ⅲ.支撑墙加固法。在挡土墙外侧，每隔一定距离修建支挡墙，以加强破损处断面并增加全墙的稳定性。支挡墙的基础埋深、尺寸和间距应通过计算确定。施工时老墙要洗刷干净，除掉不良灰缝，必要时加设连接短钢条，变形裂缝处要压注砂浆。

Ⅳ.原挡土墙损坏严重，采用以上加固方法不能达到设计强度要求时，应考虑将损坏部分拆除重建。为防止不均匀沉降，新旧挡土墙之间应设置沉降缝，并应注意新旧挡土墙接头协调。

Ⅴ.路肩或路堤墙基础埋置深度不足或基础受冲刷时，可在趾前增设浆砌片石基础墙、抛填和码砌片石来防止冲刷。护基施工时要注意与前后河岸、结构物衔接圆顺。基础墙应保持适当坡度，不要阻流太多，以免增加局部冲刷。

Ⅵ.对滑动、下沉破坏的修复，若地基处治工程复杂，可采用干砌块石或码砌石笼进行加固。

Ⅶ.挡土墙与边坡连接处易被雨水冲成沟槽或缺口，应及时填补夯实，恢复原状。

(4)注意事项：

①挡土墙的泄水孔应保持畅通。如有堵塞，应及时疏通；如无法疏通，应另行选择适当位置增设泄水孔，或在墙背后沿挡水墙增做墙后排水设施。一般可增设盲沟将水流引出路基以外，以防止墙后积水引起土压力增加或膨胀。

②挡土墙表面出现风化剥落时，应将风化表层凿除，喷涂水泥砂浆保护层，防止剥落恶化。当风化剥落严重时，应将风化部分拆除重砌。

③锚杆、锚定板挡土墙及加筋挡土墙，应做顶面和墙外的防水、排水设施，经常注意有无变形、倾斜或肋柱、挡土板断裂、损坏。如有损坏，应及时修理、加固或更换。对暴露的锚头、螺母、垫圈应定期涂刷防锈漆，同时应经常检查锚头螺母有无松动、脱落，如有松动、脱落应及时紧固和补充。

④浸水挡土墙，除平时经常检查其有无损坏外，应在洪水期前后详细观察、检查，汛前检查的目的是确定其是否完整稳定，能否承受洪水的袭击以及应采取的防护、加固措施；汛后检查的目的是观察其有无损坏，如有损坏应及时修理和加固。

⑤浸水挡土墙受洪水冲刷，出现基础被掏空，但未危及挡土墙本身时，可采取抛石加固或用块石将淘空部分塞实并灌浆。当挡土墙本身出现损坏，如松动、下沉、倒塌、开裂等，应按原样恢复。

5.隧道洞口滑坡处理方案

以亳山峪隧道洞口滑坡处理方案为例进行介绍。

2013年7月因连续下雨，亳山峪隧道左洞出口外侧边坡发生滑坡塌方，边坡长度16 m，高度平均20 m，厚度平均1.5 m，体积约500 m^3。

(1)原因分析：原边坡坡度较陡，坡度值达70°，边坡顶面未设排水沟，土质坡面原先长有较大树木，且树木生长茂盛。因连续降雨且有大风，导致坡面整体下滑。

(2)处理措施：

①清理外运土方，采用挖掘机配合自卸汽车对塌落的土方进行清理，施工中注意保护路面及周边其他设施，落在路基排水沟内的土方采用人工清理。

②边坡顶面增设截水沟，沿隔离栅位置设浆砌片石截水沟，引导坡顶雨水汇集到截水沟，引流到路基底部排水沟内。

③坡面挂网，进行客土喷播生态防护。客土喷播是采用团粒剂使客土形成团粒化结构，加筋纤维在其中起到类似植物根茎的网络加筋作用，从而造就有一定厚度的，具有耐雨水、风侵蚀，牢固透气，与自然表土相类似或更优的多孔稳定土壤结构。

(3)技术要点：

①喷播基材是保证喷播成功的重要因素。泥炭土是喷播的好材料，可与木纤维(或纸浆)按一定的配比混合使用，比单用纯木纤维具有更优良的附着性和保水性，可在土壤层较薄且非常瘠瘦，甚至风化岩的坡面上进行喷播，一般喷播厚度为8～10 cm。

②保水剂及黏合剂用量。保水剂可根据各地气候条件及石场特点的不同而做相应的调整；黏合剂可根据石壁的坡度而定，与坡度大小成正比。

③挂网。打入锚杆将网片固定在石壁上。

④草种选择。所喷播的草种应是根系发达、生长成坪快、抗旱、耐贫瘠的多年生品种，可采用以紫穗槐、荆条、紫花苜蓿、高羊茅、结缕草等为主的草灌型组合，种子总播量为50～70 g/m^2；如果当地冬季寒冷的话，还应考虑草种的抗冻性。

⑤混播。利用草种的互补性，如深根性和浅根性、豆科和禾本科、外地与本地、发育早与发育晚等特性进行混合喷播。

(4)施工方法：

①基本工艺流程：坡面清理→质检→安装锚杆→挂镀锌网→质检→客土喷播→覆盖→质检、验收。

②施工准备：在施工现场附近界定安全防护区，在施工场地两头设施工标志。

根据施工安全操作规范要求，选择安全防护措施，搭设钢管脚手架，下铺毛竹脚手片，上挂防护网，或从山顶下悬绳索，系安全带施工。脚手架搭设按脚手架搭设施工规范进行施工，现场施工人员佩戴安全帽及必要的劳保用具。

③作业面清理：

清除作业面杂物及松动岩块，对坡面转角处及坡顶的棱角进行修整，使之呈弧形，尽可能使作业面平整，以利于客土喷播施工，同时增加作业面绿化效果。保证施工前作业面的凹凸度平均为±10 cm，最大不超过±15 cm；对低洼处适当覆土夯实回填或以植生袋装土回填，以填至使反坡段消失为准，有条件的可在作业面上每隔一定高度开一横向槽，以增加作业面的粗糙度，使客土对作业面的附着力加大。

若岩石边坡本身不稳定，应该采用预应力锚杆、锚索进行加固处理。

④截、排水沟施工：作业面排水系统的设置是否恰当和合理直接关系到作业面植被的生长环境。对于长大边坡，坡顶、坡脚以及平台均需要设置排水沟，并根据作业面水流量的大小考虑是否设置坡面排水沟。

⑤铺网、钉网：采用高镀锌棱形铁丝网或高强塑料加强土工网，网孔规格为5 cm×5 cm。岩石处用风钻或电钻按1 m×1 m间距梅花形布置锚杆和锚钉，锚杆长30～100 cm，锚钉长15～40 cm。挂网施工时自上而下放卷，相邻两卷铁丝网(土工网)分别用绑扎铁丝连接固定，两网交接处至少要求有10 cm的重叠，锚钉每平方米不少于5只。网与作业面保持一定间隙，并均匀一致，较陡岩面处可用草绳按一定间隔缠绕在网上，以增加附着力，使客土厚度得到保证。挂网可以使客土基质在岩石表面形成一个持久的整体板块。局部低洼或高凸处应增设锚杆使网片和坡面紧密结合。

⑥客土喷播：客土喷播前浇水湿润坡面，将泥炭、腐殖土、草纤维、缓释营养肥料等混合材料经过土拌机的搅拌后，用喷播机喷播在铁丝网上，厚度为2～8 cm。由于基质水分丧失会造成基质厚度不够，一般要求喷射厚度为设计厚度的125%。

⑦喷播植物种子：根据施工作业面土壤或岩面性质、当地气候条件、施工季节，并结合各种植物生长特性选择植物的种子，并增加当地类似地貌作业面上的乡土树种种子，使次生植被在今后的数年内逐渐与自然生态植被融合，不显人工雕琢的痕迹。

乔、灌木种子用80 ℃热水(含浸种剂)浸种1天；草本植物种子在喷播前浸种1～2 h，使种子吸水湿润即可。

将处理好的种子与纤维、黏合剂、保水剂、复合肥、缓释肥、微生物菌肥等经过喷播机搅拌混匀成喷播泥浆，在喷播泵的作用下，均匀喷洒在作业面上。

⑧覆盖：为保证多雨季节植物种子生根前免受雨水冲刷，寒冷季节植物种子和幼苗免受冻伤，以及正常施工季节的保温保湿，要求采用无纺布覆盖，每隔50 cm左右用竹筷进行锚固无纺布，这样可以防止早期无纺布被风吹跑。其目的一是预防成型后的作业面被雨水冲刷；二是可保温保湿，促进植物的生长。

⑨养护管理：植物种子从出芽至幼苗期间，必须浇水养护，保持土壤湿润。最开始坚持每天早晨浇1次水(炎热夏季早晚各浇水1次)，浇水时应将水滴雾化(有条件的地方可以安装雾化喷头)，随后随植物的生长可逐渐减少浇水次数，并根据降水情况调整。

在草坪草逐渐生长过程中，对其适时施肥和防治病虫害，施肥坚持“多次少量”的原则。喷播完成1个月后，全面检查植草生长情况，对生长明显不均匀的位置予以补播。

4.6.2.3　衬砌养护

1.裂缝修补

(1)养护工具：电锤、高压清洗剂、注浆机。

(2)养护材料：环氧树脂，采用专门配制的改性环氧树脂胶黏剂，其安全性能指标必须符合以下规定。

①胶体劈裂强度:A 级胶不小于 8.5 MPa,B 级胶不小于 7.0 MPa。

②胶体抗弯强度:A 级胶不小于 50 MPa,B 级胶不小于 40 MPa。

③胶体抗压强度:A 级胶不小于 60 MPa,B 级胶不小于 60 MPa。

④钢-钢拉伸抗剪强度标准值:A 级胶不小于 16 MPa,B 级胶不小于 13 MPa。

⑤不挥发物含量(固体含量)不小于 99%。

⑥胶黏剂中严禁使用二胺作改性环氧树脂固化剂,严禁掺加挥发性有害溶剂和非反应性稀释剂。

⑦使用的胶黏剂应有耐冻融性能试验合格证书。

(3)养护方法:

①裂缝缝口表面处理,应使工作面平顺、干燥、无油污,处理范围为沿裂缝走向宽 30～50 mm。

②采用表面封闭法处理裂缝时,应在缝口表面处理后,用裂缝修补材料涂刷或用改性环氧胶泥适当加压挂抹。

③注浆嘴沿裂缝走向位置,间距一般为 200～400 mm。

④压力注浆修补裂缝应根据浆液流动性选择注浆压力,一般为 0.1～0.4 MPa。

⑤竖向、斜向裂缝压浆应自下而上进行。

⑥注入器的连接端应牢固安装在注入座上,若注入器内胶体全部注入裂缝,说明该处裂缝未注满,应进行补灌,直至注满为止。

(4)注意事项:

①钻孔前采用钢筋扫描仪进行钢筋扫描,防止钻到钢筋,避免在墙体或地板上钻一些不必要的孔洞。

②施工过程中应保证注入器始终处于压力状态。

③注入材料固化后,应敲去注入器,必要时将封口胶补平或打磨平整。

④注胶完成后,间隔一定的时间,重新进行检查,发现渗漏点应及时进行注胶堵漏。

2.衬砌漏水处理

(1)养护工具:电动钻机、切割机、铁锹。

(2)养护材料:

①水泥:普通硅酸盐水泥。

②砂:中砂,平均粒径 2 mm。

③石:碎石,粒径 5～10 mm。

④水:洁净自来水。

⑤防水剂:BR 型防水剂(47%固体)。

(3)养护方法:

①表面清洗:把裂缝左右约 10 cm 的衬砌混凝土表面清洗干净,找到缝隙的位置及水源。

②割缝或钻孔:在渗水缝隙左右各 3 cm 处用切割机割出深为 6～8 cm 的缝,或用冲击钻间隔 2 cm 钻孔,为凿槽做准备。

③凿槽：人工凿出深度为 8 cm（施工缝）或 6 cm（衬砌裂缝）的槽，一般凿成内大（6 cm）外小（4 cm）的倒梯形槽，保证外敷防水层厚 2～3 cm。

④埋管：在槽底埋设弹簧管直至边墙底部，用锌铁皮固定，边墙底部至纵向排水沟用 PVC 圆管连接。

⑤封填：分两种情况。针对施工缝，先用遇水膨胀橡胶止水条嵌缝，然后再封填防水砂浆；针对衬砌裂缝，直接封填防水砂浆。

⑥刷浆找平：等防水砂浆达到一定强度后，喷湿修复区域，刷 1∶2 普通砂浆找平，建议厚度为 0.5～0.8 cm。

⑦养护：在 14 天内进行喷水养护。

⑧防水砂浆配合比：普通硅酸盐水泥∶BR 型防水剂∶BR-2 专用粉∶砂∶水＝1∶0.14∶0.03∶1∶0.35。

（4）注意事项：

①水管不得堵塞，管道材料应具有抗老化性和足够的强度。

②外置排水管的设置不得侵入建筑限界，并严禁在设置机电设施的地方开凿排水沟槽。

③设置外置排水管时应尽量减少对隧道外观的破坏。

④排水管接头应密封牢固，不得出现松动。

3.衬砌空洞注浆

（1）养护工具：风动凿岩机、注浆机。

（2）养护材料：隧道空洞注浆处理采用的材料应符合图纸要求及相关规定。

（3）养护方法：注射纯水泥浆。

①参数设计：水泥浆水灰比为 0.5∶1～1∶1，水泥宜采用 32.5 级硅酸盐早强水泥，并按需掺配高强减水剂、速凝剂及其他添加剂，添加剂的性能质量应符合《混凝土外加剂》（GB 8076—2008）规定；使用前应做效果试验，凝结时间宜初凝不超过5 min，终凝不超过 10 min。

②注浆压力和灌浆管设置：注浆压力初压 0.2～0.5 MPa，终压 0.5～1.2 MPa，可采用逐渐加压式注浆，也可采用定压注浆，注浆时将注浆芯管安装在预埋的灌浆管上，注浆速度为 30～60 L/min，预埋的灌浆管应注意避免破坏防水板，灌浆管端头设置防堵设施，注浆结束后应将灌浆管孔封堵密实。

③注浆前准备工作：注浆前先对注浆管路系统用 1.5～2.0 倍注浆终压进行吸水试验，检查管路系统能否耐压、有无漏水、机械设备是否正常；试运行 20 min 后，进行注浆现场试验，确定注浆参数。试验及注浆过程中，须有值班施工技术人员在场，并根据现场注浆实际情况及时对浆液稠度和凝结时间做出调整。

（4）注意事项：

①确定空洞的位置，根据监测报告上显示里程确定并标注显示空洞的位置。

②用凿岩机准确地在二衬存在空洞或二衬和初支脱空的部位进行钻孔，再安装注浆管，注浆管在空洞或脱落部位的两个端头设计保证注浆管很好地固定在二衬中，注浆管

周围可以用锚固剂填充周围的空隙，注浆管要设置阀门，以便注浆不密实时进行二次注浆。

③注浆时采用合理的注浆顺序，注浆前先对管孔进行清理。注浆时如出现压力迅速上升而浆液不易注入或注入量很小的情况，应加大水灰比、降低浆液浓度，同时检查注浆管有无堵塞，并加以疏通。相反，当发现注浆压力较低或压力上升缓慢而浆液注入量特别大时，应停止注浆，检查是否有漏浆或串浆的现象并及时加以堵塞，同时宜减小水灰比或在水泥浆中掺入5%～10%的水玻璃或采用双液注浆的方式来缩短凝结时间。当压注水玻璃液后，压强明显上升，达到目标要求时，可停止压注水玻璃，并用小泵量间歇式注浆。

④注浆结束标准以注浆压力和注浆时间、注浆量综合判定，当达到下述情况之一时即可结束注浆。

a.当注浆压力达到设计终压时。

b.当注浆量达到或超过设计注浆量，孔口管出现冒浆时。

c.当注浆压力已达到设计终压且稳压10 min后，即使进浆量仍未达到设计浆量也可结束注浆。

d.注浆时衬砌表面如出现有渗漏水部位，可改用压注水泥-水玻璃或其他化学浆液进行注浆堵水。

⑤注浆过程中要经常检查浆液质量，控制好浆液水灰比、注浆压力、注浆量，并逐管填写注浆记录。注浆完成后检查固结结果，分析注浆记录，对注浆量偏少和有怀疑的注浆管应重点检查。采用冲击-回波法、地质雷达法、声波监测和直接钻芯取样等方法观察浆液充填和密实情况，如发现效果不佳则须进行补管注浆。

4.衬砌混凝土剥落处理

(1)养护工具：电镐、短钎、手锤、高压清洗机。

(2)养护方法：

①人工凿除：

a.选用合适的工具。

b.清除衬砌起层、剥落的部位，清除衬砌松动的石子、混凝土碎屑。

②高压水清洗：

a.高压水设备运转正常，水源充足，操作人员劳动保护得当。

b.根据起层面的实际情况，选择合适的喷水压力及喷射距离和角度。

c.仔细清除微小、松动的石子、混凝土碎屑。

③注意事项：人工凿除和高压水吹净衬砌起层、剥落部位时，应保证衬砌表面无剥落、无残留，以便进行下一步加固工作。

4.6.2.4 检修道养护

1.盖板养护(混凝土盖板)

(1)养护工具：盖板钩子。

(2)养护材料：

①水泥：宜采用普通硅酸盐水泥。水泥应具有出厂合格证和检验报告单，进场后应收取复试合格，其质量符合国家现行标准的规定和设计要求。

②钢筋：

a.钢筋出厂时应有产品合格证和检验报告单，钢筋的品种、级别、规格应符合设计要求。钢筋进场时应抽取试件做力学性能检验，其质量必须符合国家现行标准《钢筋混凝土用钢　第 2 部分：热轧带肋钢筋》(GB/T 1499.2—2018)等的规定。

b.钢筋不得有严重的锈蚀、麻坑、劈裂、夹砂、夹层等缺陷。

c.钢筋应按类型、直径、钢号、批号等条件分别堆放，并应避免油污、锈蚀。

d.当发现钢筋脆断、焊接性能不良或力学性能显著不正常等现象时，应对该批钢筋进行化学分析或其他专项检验。

③砂：宜选用质地坚硬、级配良好的中粗砂，其含泥量应不大于 3%。

④石子：石子最大粒径不得大于结构截面最小尺寸的 1/4，不得大于钢筋最小净距的 3/4，且不得大于 40 mm，其含泥量不得大于 1%，吸水率不应大于 1.5%。

⑤混凝土拌和用水：宜采用饮用水。当采用其他水源时，其水质应符合国家现行标准《混凝土用水标准》(JGJ 63—2006)的规定。

⑥混合材料：混合材料包括粉煤灰、火山灰质材料、粒化高炉渣等，应由生产单位专门加工，进行产品检验并出具产品合格证书，其技术条件应分别符合现行标准《用于水泥和混凝土中的粉煤灰》(GB/T 1596—2017)、《用于水泥中的火山灰质混合材料》(GB/T 2847—2022)、《用于水泥中的粒化高炉矿渣》(GB/T 203—2008)等的规定，使用单位对产品质量有怀疑时，应对其质量进行复查。复合材料在运输与存储过程中，应有明显标志，严禁与水泥等其他粉状材料混淆。

(3)养护方法：预制安装混凝土盖板。

①场地准备：盖板采用集中预制，首先对场地进行整平、混凝土硬化，并事先设置梁板存放底座。

②技术准备：组织技术人员学习和理解设计图纸，对预制盖板的结构尺寸、钢筋规格尺寸、工程数量等进行复核。对现场的各种原材料和钢筋焊接头进行试验，并进行混凝土试配，优化配合比。

③钢筋的制作和绑扎：

a.钢筋制作采用专门的下料机械，焊接在施工现场进行，钢筋的搭接长度双面焊不小于 $5d$（d 为钢筋直径)，单面焊不小于 $10d$，且在搭接区段内(搭接区段长度不小于 $35d$，不小于 500 mm)，搭接接头的钢筋面积不超过钢筋总面积的 50%，主筋和箍筋之间绑扎成型。

b.在钢筋与模板间放置所需厚度的混凝土预制垫块，混凝土预制垫块要尽可能与梁、板强度一致，与模板接触面要小，尺寸要规整。

c.垫块与钢筋扎紧并互相错开，并检查钢筋与模板四周的间距，受力筋间距偏差控制在±5 mm 以内(预制板时按要求预埋护栏基座锚固钢筋)。

d.钢筋网架要在台座外绑扎成型，整体吊装入模，扎丝绑头要向内弯，不能向外弯而接触模板。

④模板制作与安装：

a.预制台座和盖板模板的设计制作，盖板侧模要求采用工厂加工的定型模，钢板厚度要求大于 5 mm，侧模框架采用 75×75×7 角钢，肋条采用 100×100 槽钢(用于 3 m 以上跨径盖板)或 70×70×5 角钢(用于 3 m 以下跨径盖板)，肋条间距 250 mm，以增强整体刚度，使模板在周转一定次数后不变形，确保预制出的盖板外形尺寸不超标。

b.台座采用角钢作为台座固定框，钢板铺面作为底模，钢板和混凝土底座采用膨胀螺栓固定，点焊后用磨光机磨平，钢板上粘贴 PVC 板作为最终底模。

c.在混凝土底座中间设置对穿拉杆。侧模要包底模，侧模间的连接缝以及侧模和台座的接缝均采用双面密封胶带封闭，确保不漏浆，侧模周边按 1.2 m 间距设背靠背 100×100 槽钢带，连接外穿对拉拉杆，用于侧模上口的固定。立模前，侧模面及底座上均匀涂刷液体石蜡，以便于脱模。模板涂刷石蜡后如不能立即浇注混凝土，要用塑料薄膜进行覆盖。

d.模板准备就位后，模板接缝处用双面胶粘贴密实，将模板固定在底座两侧的钢筋支撑上，均匀涂刷脱模剂，模板安装要有足够的强度和稳定性，安装板前先在底模上用墨线标出盖板尺寸线，并注意盖板的斜交角度，并在模板内侧划出盖板设计尺寸线，用以控制混凝土浇筑施工。混凝土浇筑前应仔细核对预埋筋位置，并用空压机清理模板内杂物。模板安装和钢筋制作同时进行，妨碍绑扎钢筋的模板待钢筋安装完毕后安装，避免模板变形。

⑤混凝土施工：

a.混凝土拌和及运输：混凝土的拌和应根据设计配合比调整施工配合比，搅拌机称量设备通过计量检验，做好校核，用以控制水灰比，保证混凝土的和易性。

混凝土的拌和满足技术规范和设计图纸的要求。

b.混凝土运输采用搅拌运输车，运输途中应以 2～4 r/min 的速度搅动，混凝土的装载量约为搅拌筒几何容量的 2/3。环境温度高于 25 ℃时，从装料、运输到卸料的延续时间不得超过 60 min；环境温度低于 25 ℃时，上述时间不得超过 90 min。

c.从一端向另一端浇筑，并将合龙段定于长边 1/4 处。例如：长度 450 cm 的盖板，从一端向另一端浇筑，当浇筑至 380 cm 时，从另一端反向浇筑，并与先浇筑的 380 cm 段合龙。

d.振捣均匀，采用插入式振动棒捣固，进行 2 次振捣，并派专人随时检查模板，发现松动、变形、移位现象及时处理。先用 50 型振捣器振捣 1 遍，再用 30 型振捣器振捣 1 遍，振捣完毕后，辅以钢筋、铁铲插边振捣，确保边角密实。

e.混凝土浇筑完毕后，对混凝土裸露面及时进行修整、抹平，待定浆后再抹第 2 遍并拉毛，以便新旧混凝土紧密结合。浇筑结束及时加覆盖物进行养生，防止裂缝产生，在夏、秋季及时覆盖白色无纺土工布并洒水养生，防止裂纹产生。在混凝土强度达到 2.5 MPa 时，拆除侧模，在混凝土强度达到设计强度的 70%时吊出存放，并对构件进行标识，标注混凝土浇筑日期及构件的部位、编号。

f.拆模、起吊：根据气候条件及混凝土凝结硬化情况掌握拆模时间，拆模后养生到规定时间，达到设计强度的 80%后，才可脱底模，分批分堆存放，分层堆放时上下层盖板顶之间采用 10×10 的枕木作为支点，枕木应摆放在盖板设计支点位置处，且堆放层数不超过 3 层。

g.混凝土的修饰方法：对于不严重影响清水饰面混凝土观感的，原则上不进行修复，需修补时首先清除混凝土表面浮浆和松动的砂子。进行混凝土修饰时，采用相同程度等级的黑、白水泥调制成水泥浆体，并事先在样板墙上进行试配试验，保证水泥调制浆体硬化后与清水饰面混凝土颜色一致。修复缺陷部位时，待水泥浆体硬化后，用细砂纸将整个构件表面均匀地打磨光洁，并用水冲洗洁净，确保表面无色差。

(4)注意事项：

①盖板安装时要确保稳定牢固地镶嵌在水泥层内，且两边的地沟也须平整稳定。

②盖板预制时需选择标准尺寸进行设计施工，不得私自进行设计，选择不同的尺寸。

2.盖板养护(高分子盖板)

(1)养护工具：盖板钩子。

(2)养护材料：

①水泥：宜采用普通硅酸盐水泥。水泥应具有出厂合格证和检验报告单，进场后应收取复试合格，其质量符合国家现行标准的规定和设计要求。

②高分子成型隧道盖板。

(3)养护方法：

①清除残留盖板，修复电缆沟槽壁。

②安装高分子盖板，注意内外对正，板面平齐，安装牢固。

③盖板与槽壁夹缝用水泥砂浆灌封，表面摸缝处理。

④安装完成后，清除板面杂物、水泥痕迹，保证盖板整洁。

(4)注意事项：

①盖板安装时要确保稳定牢固地镶嵌在水泥层内，且两边的地沟也需平整稳定。

②盖板预制时需选择标准尺寸进行设计施工，不得私自进行设计，选择不同的尺寸。

3.检修道侧壁养护

(1)养护工具：铁锹、水泥抹子、刮杠、溜槽、顶板。

(2)养护材料：

①水泥：水泥宜采用普通硅酸盐水泥、火山灰质硅酸盐水泥。当选择用矿渣水泥时，应掺适宜品种的外加剂。水泥应具有出厂合格证和检验报告单，进场后应取样复试合格，其质量符合国家现行标准的规定和设计要求。

②钢筋：

a.钢筋出厂时应有产品合格证和检验报告单，钢筋的品种、级别、规格应符合设计要求。钢筋进场时应抽取试件做力学性能检验，其质量必须符合国家现行标准《钢筋混凝土用钢　第 2 部分：热轧带肋钢筋》(GB/T 1499.2—2018)等的规定。

b.钢筋不得有严重的锈蚀、麻坑、劈裂、夹砂、夹层等缺陷。

c.钢筋应按类型、直径、钢号、批号等条件分别堆放，并应避免油污、锈蚀。

d.当发现钢筋脆断、焊接性能不良或力学性能显著不正常等现象时，应对该批钢筋进行化学分析或其他专项检验。

③砂：宜选择用质地坚硬、级配良好的中粗砂，其含泥量应不大于 3%。砂的品种、规格、质量符合国家现行标准《普通混凝土用砂、石质量及检验方法标准》(JGJ 52—2006)的要求，进场后应取样复试合格。

④石子：石子最大粒径不得大于结构截面最小尺寸的 1/4，不得大于钢筋最小净距的 3/4，且不得大于 40 mm，其含泥量不得大于 1%，吸水率应不大于 1.5%。石子的品种、规格、质量应符合国家现行标准《普通混凝土用砂、石质量及检验方法标准》(JGJ 52—2006)的要求，进场后应取样复试合格。

⑤混凝土拌和用水：宜采用饮用水。当采用其他水源时，其水质应符合国家现行标准《混凝土用水标准》(JGJ 63—2006)的规定。

⑥混凝土外加剂：外加剂应有产品说明书、出厂检验报告、合格证和性能检测报告，进场后应取样复试，其质量和应用技术应符合国家现行标准《混凝土外加剂》(GB 8076—2008)和《混凝土外加剂应用技术规范》(GB 50119—2013)的规定。有害物含量检测报告应由有相应资质等级的检测部门出具，并应检验外加剂与水泥的适应性。

(3)养护方法：现浇沟管混凝土(侧壁)。

①墙体钢筋绑扎前，应将预留插筋表面灰浆清理干净，并将插筋校正到位，如有位移时应按 1∶6 坡度进行纠偏。钢筋绑扎应严格执行设计与施工规范的要求。

②墙体双排钢筋的固定：墙体双排钢筋距通过定位架立筋控制，架立筋的间距不宜超过 1000 mm，并呈梅花形布置，架立筋端头不得直接接触模板面。

③钢筋保护层的控制：墙体钢筋保护层厚度符合设计要求。钢筋垫块绑扎时，每平方米不得少于 1 块，并呈梅花形布置，对于结构拐角及腋角等边角部位应适当增加数量。

④顶板钢筋铺放前，应将模板面所有杂物彻底清除，并在模板表面弹好钢筋轴线，依线绑扎。当顶板为双层时，两层筋之间须加设钢筋马凳。

⑤墙体混凝土浇筑前，应在底板接茬处均匀浇筑 1 层厚 30～50 mm、与墙体混凝土同等强度等级的水泥砂浆和减石子混凝土。

⑥顶板混凝土浇筑采用“赶浆法”施工。混凝土浇筑时呈阶梯形逐层连续浇筑，随浇筑随用平板振捣器振捣密实。应保证振捣器的平板覆盖已振实部分的边缘 100～200 mm。混凝土浇筑完毕后，先用水刮杠满刮一遍，再用木抹子搓毛，然后用铁抹子分 3 遍收光压实，最后一遍收光应在混凝土初凝前完成。

⑦现浇混凝土管沟的内模在混凝土达到设计强度的 75%以后方可拆除。

(4)注意事项：

①现浇混凝土结构底板、墙面、顶板表面应光洁。

②墙和顶板的伸缩应与底板的伸缩缝对正贯通。

③为防止混凝土出现烂根现象，除对接茬处应进行彻底凿除外，模板应严密、不漏浆。

4.6.2.5　排水设施养护

1.截、排水沟养护

(1)养护工具:铁锹、扫帚、手推车、水泥抹子。

(2)养护材料:

①砂浆:

a.砂浆等级应符合图纸规定或工程师要求。砂浆等级指 70.7 mm×70.7 mm×70.7 mm 标准立方体试件,在温度(20±3)℃、相对湿度不小于 90%的环境中养生 28 d,经抗压试验得到的极限抗压强度,单位是 MPa。

b.砂浆所用水泥的强度等级应符合图纸要求及《公路桥涵施工技术规范》(JTG/T 3650—2020)的有关规定。

c.砂浆用砂宜选中砂,砌筑毛石用砂宜选用粗砂。砂的含泥量一般应不超过 5%;对于强度等级为 M2.5 的水泥混合砂浆,砂的含泥量应不超过 10%。当用于砌筑片石时,砂的最大粒径应不大于 5 mm;当用于砌筑块石及粗石料时,砂的最大粒径应不大于 2.5 mm。

d.养护工程师许可时,可以将粗集料最大尺寸不超过 20 mm 的混凝土(小石子混凝土)用作片石和块石砌体的砂浆。

e.除非图纸上另有表明或养护工程师指示,对于主体工程和附属工程,勾缝砂浆等级不低于 M7.5,且均不低于砌筑砂浆等级。

f.除非经养护工程师同意,否则不得人工拌和砂浆。

②石料:

a.石料等级应符合图纸规定或养护工程师要求。石料在使用前应按《公路工程岩石试验规程》(JTG 3431—2024)进行试验,以确定石料各项物理力学指标值。立方体的极限抗压强度单位是 MPa。

b.石料应强韧、密实、坚固与耐久,能抵抗风化和水流的冲蚀,质地适当细致,色泽均匀,无缝隙、开裂及结构缺陷。石料最好取自成品质量满意的石料场。

c.石料不得含有妨碍砂浆的正常黏结或有损于外露面外观的污泥、油脂或其他有害物质。石料的运输、储存和处理,不应有过量的损坏和废料。

d.单个石料的厚度不应小于 150 mm,镶面石料应选择尺寸稍大并具有较平整表面的原材料,且应稍加粗凿方正。在角隅处应使用较大石料,大致粗凿方正。

e.块石应大致方正,上下面大致平行,石料厚度 200～300 mm,石料宽度及长度应分别为石料厚度的 1～1.5 倍和 1.5～3 倍。石料的尖锐边角应凿去。所有垂直于外露面的镶面石料的表面,应进行修凿,其表面凹陷深度不得大于 20 mm。角隅石或墩尖端的镶面石,根据需要应修凿至所需形状。

(3)养护方法:

①清理:

a.检查现场,根据现场情况确定清理方案(含弃土场),确定清除步骤,拟定处治方案。

b.按照清理方案彻底清除边沟内杂物,保证边沟排水设施无淤塞、无蒿草,排水畅通,保证隧道、路面不积水和边沟内不长期积水。

c.将清理的杂物用推车装好，运至弃土场丢弃。

②修复：

a.按照设计要求，排水工程沟身采用人工开挖、C20 混凝土浇筑的施工方案，混凝土集中拌和。

b.截、排水沟尽可能平顺，不出现反坡，必要时可采用沟底加厚垫层或局部浅层开挖的方式来确保排水沟底纵坡符合设计要求。

(4)注意事项：

①截、排水沟浇筑前首先完成沟槽的清基整平、夯实。

②浇筑截、排水沟混凝土时，应按照先底板后侧面的顺序进行，混凝土捣固密实且不出现蜂窝、麻面，同时注意设置伸缩缝。

2.沉沙井、检查井及纵向排水沟养护

(1)养护方法：

①清理：对需拆除的沉沙井、检查井及纵向排水沟内部进行认真检查，有污水、垃圾时进行彻底清除，结构无破损，水流畅通。

②防渗堵漏：在清理过程中发现的渗漏点，根据其渗漏的情况，分析渗漏可能的原因，找出漏点、漏处，并立即采取相应的防渗堵漏措施，使排水系统正常运行。

(2)注意事项：

①沉沙井、检查井及纵向排水沟疏通宜采用专业疏通机械实施。

②沉沙井、检查井及纵向排水沟内淤泥、沙的清掏，宜采用机械实施，如采用人工清理时，应采用专用清掏工具。

4.6.2.6 预埋件养护

(1)养护工具：喷砂枪、气泵、回收装置、喷漆枪、喷漆气泵、胶管、铲刀、油漆小桶、刷子、酸洗槽和附件等。

(2)养护材料：油漆、砂布、钢丝刷、棉丝。

(3)养护方法：

①除锈：

a.手工除锈：

Ⅰ.确定设施需做除锈处理的具体部位，对于螺栓、螺母等固定件，不做除锈要求。

Ⅱ.对于可敲击除锈的设施，用空压凿刀的平头敲击，去除重锈块和锈瘤。

Ⅲ.采用硬毛的钢丝刷或 3 号粗砂布对除锈表面进行打磨，可见黑色氧化层。

Ⅳ.对于设施的边角部位，采用钢丝刷或平锉刀等工具进行处理。

Ⅴ.用抹布或棉纱清理除锈后的设施，应保持表面的整洁。

Ⅵ.除锈处理后，必须尽快涂刷头道底漆，一般间隔时间不允许超过 4 h，更不允许过夜。

b.动力除锈：

Ⅰ.确定设施需做除锈处理的具体部位，对于螺栓、螺母等固定件，不做除锈要求。

Ⅱ.对于可敲击除锈的设施，用空压凿刀的平头敲击，去除重锈块。

Ⅲ.使用粗硬毛的机械钢丝刷、砂轮或纸制砂轮对设施的表面进行打磨，且应使打磨的表面尽可能地粗糙，可见黑色氧化层。

Ⅳ.对于设施的边角部位，采用角磨机、钢丝刷或平锉刀等工具进行处理。

Ⅴ.用抹布或棉纱清理除锈后的设施，应保持表面的清洁。

Ⅵ.除锈处理后，必须尽快涂刷头道底漆，间隔时间一般不允许超过 4 h，更不允许过夜。

②涂刷油漆：

a.新刷油漆：

Ⅰ.油漆施工前，对涂刷设施的周围或下部无须涂刷此涂料的部位，要施以一定的保护措施，如铺垫、包裹等，防止因涂料四溅造成的污染。

Ⅱ.上层漆前，必须严格按照不同油漆的标准，等底层漆膜表面彻底干后再刷，但不应间隔时间过长，使油漆层间的附着力下降。

Ⅲ.据施工要求涂刷油漆，漆膜厚度应达到设计要求。

Ⅳ.所刷漆部位与其他设施之间，以及不同颜色的油漆的设施之间，应有明显、整齐界限。

Ⅴ.生产部监督人员对涂刷油漆质量、所刷设施现场卫生情况等进行严格巡检与验收。

b.油漆修补：

Ⅰ.油漆施工前，清除旧油漆表面的灰尘、污渍等，保持表面的清洁。

Ⅱ.对于被油漆严重污染区域，应用洗涤剂处理，当用洗涤剂处理 10 min 后，表面必须用清水冲洗，保持表面的干净。

Ⅲ.施工油漆前，表面必须保持干燥，特别是清洗后的油漆表面。

Ⅳ.对于旧油漆表面锈点，应把锈点及周围 1 cm 处彻底清除干净，看到金属本色。

Ⅴ.应先用砂纸拉毛表面，对表面进行处理再刷漆。

Ⅵ.对于旧油漆表面除锈部位，应补刷相应底漆、中间漆，最后整体涂刷面漆。

(4)注意事项：

①防腐涂装作业场地应有安全防护措施，包括防火和通风措施，防止火灾和人员中毒事故的发生。

②露天防腐施工作业应选择适当的天气，大风、降雨、严寒天气等均不可作业。

4.6.2.7　内装饰养护

以隧道墙壁涂料施工方案为例进行介绍。

1.施工准备

(1)在大面积施工前，应选取一段作样板，样板喷涂施工应分 3～4 遍完成，每遍喷涂厚度宜为 3～7 mm，第 1 遍喷涂厚度以 2～12 mm 为宜，以后喷涂厚度以 5～7 mm 为宜，最后一遍喷涂厚度以 5 mm 为宜。喷涂后检验是否达到设计要求，并计算每平方米喷涂用料数量。

(2)施工前应对隧道壁表面进行检查，看是否已进行了除污、除油处理，检查合格后方可开始施工。如有需要，对隧道壁用高压水枪进行冲洗，直到达到施工要求。

2.施工流程

(1)施工前在隧道壁喷上少量水。

(2)采用喷涂设备进行喷涂施工，每台设备可配 2～3 把喷枪。

(3)施工厚度：第 1 遍喷涂厚度以 2～3 mm 为宜，以后每次喷涂厚度在 5 mm 左右，直至达到规定的厚度为止(一般达到 12 mm 厚度，需喷涂 3～4 遍)，厚度的检测依据《钢结构防火涂料应用技术规程》(T/CECS 24—2020)标准执行。

(4)下一遍喷涂应在头遍涂料表干后才能进行，表干时间与气温及涂层厚度有关，一般为 24 h 左右。

(5)施工人员配备测量器具(如测厚针)。

(6)配好的涂料应在 45 min 内用完，若超过 45 min 则不能再用。

3.质量控制要点

(1)涂层厚度均匀、满足设计要求，用测厚仪检查涂层厚度。

(2)涂层厚度需符合设计要求。最薄处厚度不小于 90%的设计厚度，且厚度不足部位的连续面积不大于 112 mm×112 mm，并在隧道纵向 10 m 范围内不再出现类似情况。

(3)面层保证在设计高度平直顺滑，无明显折线；涂层应完全闭合，不得有掉粉、起皮、透底、漏刷、泛碱、收色、流坠、疙瘩等现象；检测涂料品的颜色与设计选用的颜色是否一致，涂饰后的颜色应均匀、一致。

(4)平整度达到平整、均匀、圆顺、无明显凹凸的要求，用 2 m 直尺检查，允许偏差为 5 mm。

(5)用 0.75～1 kg 榔头轻击检查，不得出现空鼓、脱层和松散等现象。

4.6.2.8 交通标志标线养护

(1)养护工具：尺子、电锤、胶枪。

(2)养护材料：环氧树脂、固化剂、水泥、胀锚螺栓。

(3)养护方法：

①更换突起路标：

a.突起路标按图纸指示的地点设置，设置时路面面层应干燥清洁、无杂屑。首先用路锥封锁施工现场，施工人员身穿反光衣，路锥要离操作人员 50 m 以上，施工现场应有安全员指挥交通。

b.用尺子确定安装位置，保证各位置在一条纵向直线上，同时横向左右对齐，安装距离以设计要求为准。

c.路面要干燥，并用钢刷去地面浮灰。

d.用直径为 16 mm 的电锤钻孔，孔的深度大于路标的钉脚高度 1 cm，钻完孔后把钻出的浮灰吹干净。

e.胶的配比为：环氧树脂：固化剂＝1：1，然后加 10%～30%的水泥作为填充剂。每一次拌胶大约为 3 kg，胶体要搅拌均匀、色泽一致。

f.施工时，施工人员不能用手拿镜面，只能拿两侧，以免弄脏反射器。

g.用胶原则为既粘牢路标底面，又不要溢出太多，溢出太多就易弄脏反射器，反射器前部如果有胶溢出，应小心刮去。粘好后左右转动两下，以便胶能更均匀地粘贴地面和道钉体。

h.安装后要清理路面杂物。

②安装附着轮廓标：附着式轮廓标安装在钢护栏托架连接螺栓上，或用胀螺栓固定在墙式护栏上，标志安装后应位置准确、结构完好、固定牢固、反光效果良好。

③百米牌：百米牌锈蚀严重或丢失时要及时进行补充或更换。百米牌安装在钢护栏托架连接螺栓上，或用胀螺栓固定在墙式护栏上，安装后应位置准确、结构完好、固定牢固。

④压水清洗：

a.高压水设备运转正常、水源充足，操作人员劳动保护得当。

b.根据轮廓标、百米牌、标志标线的实际情况，选择合适的喷水压力及喷射距离和角度。

c.人工辅助擦拭未清洁彻底的部位。

(4)注意事项：

①隧道的交通标志保持外观完整、清晰、醒目，保持位置、高度和角度适当，确保交通信息传递无误。

②及时清洗标志牌面的脏污，清除遮挡标志的障碍。

③及时修补变形、破损的标牌，修复弯曲、倾斜的支柱，处理松动的连接构件。

④对锈蚀损坏、老化失效的标志，应及时更换，缺失的应及时补充。

⑤隧道的交通标线应保持完整、清洁和醒目。及时清洗脏污和杂物，及时处理松动的路标，发现损坏、丢失的，应及时修复或补换。

4.6.2.9　路面养护

(1)养护方法：

①车辙的处治措施：翻松表面一定深度并清除干净。

②裂缝的处治措施：如果是轻微网裂，清洁表面后刷油；如果是基层冻缩、干缩引起的纵横裂缝，则要清洁缝隙，热油灌缝或沥青混合料填缝，捣实，烙平缝口并均匀撒沙。

③坑槽的处治措施：一般是开槽修补，应当注意开槽整齐，槽壁垂直、坚实，均匀刷粘层油，填补沥青混合料，整平压实，修补部分稍微高出烙平四周。

④脱皮的处治措施：需要清除脱落或松动的地面层，加洒粘层油。

⑤松散的处治措施：首先收集好松散料，待气温上升时，重新撒铺或用喷油封面、乳液封面。

(2)注意事项：要保持路面上的垃圾杂物得到及时清理，保证车辆的行车安全。

第5章　检测项目及方法

5.1　衬砌裂缝检查与检测

运营隧道衬砌裂缝是最常见的病害，裂缝检测也是隧道结构检测的重要内容。隧道衬砌裂缝包括受力裂缝、沉降裂缝、混凝土收缩裂缝等。裂缝发展可能导致衬砌局部失稳、坍塌、掉块，威胁隧道运营安全；同时，有水区域的隧道衬砌裂缝可能出现衬砌渗漏水，对衬砌结构混凝土及钢筋产生侵蚀，对结构强度和稳定性产生不良影响，诱发新的裂缝产生，形成恶性循环，加速隧道衬砌结构损坏。

5.1.1　检测内容

5.1.1.1　常规裂缝检测

(1)位置：系指裂缝起点的位置，可简单地分为隧道拱部、边墙、路面3个部位，可用裂缝中点与隧道中线或墙底线的距离进行定位。

(2)方向：用量角器或罗盘测量在裂缝起始端处，裂缝起始端和终端的连线与隧道中线或墙底线的夹角。

(3)长度：用钢卷尺或裂缝计测量。裂缝宽度系指裂缝最宽处的宽度，可用实测宽度表示，也可用如下裂缝宽度特征表示：

①微裂缝：裂缝宽度小于0.2 mm。

②微张开：裂缝宽度介于0.2～3 mm。

③张开：裂缝宽度介于3～5 mm。

④宽张开：裂缝宽度大于5 mm。

(4)裂缝形态：裂缝形态即裂缝布置状态，一般裂缝表现为以下几种形态：

①平直：裂缝基本呈一条直线。

②起伏：裂缝总体上呈一条直线，细部有弯曲起伏。

③弧形:裂缝呈弧形。

④分叉:裂缝从某一处向多于一个方向发展。

⑤交叉:多条裂缝相交,呈交叉状。

⑥龟裂:多条裂缝闭合在局部区域,形成多个闭合状。

裂缝展布状态一般用绘制素描裂缝展布图和拍照的方法记录。展布图应有桩号特征描述,照片应注明桩号和编号,衬砌环向施工缝应被清晰表示出来。

5.1.1.2　详细裂缝检测

除了常规裂缝检测,为了深入了解裂缝特征,还可对裂缝进行全面的检测,裂缝全面检测是在常规检测的基础上增加以下内容:

(1)深度和倾角检测:检测裂缝的深度和倾角,可利用钻孔取样方法或无损检测的方法进行,也可以采用凿孔检测的方法。

(2)发展性观测:隧道在荷载或其他外界因素作用下,裂缝的宽度、长度和深度可能会不断发展,所以需要观测其变化规律。通常是对裂缝宽度和长度进行定期或不定期多次检测和观测。裂缝的宽度可以采用标点量测法、砂浆涂抹法和裂缝测量计法进行观测,裂缝的长度可采用尖端标记法、砂浆涂抹法进行观测。

5.1.2　裂缝检测工具

隧道衬砌裂缝检测和观测需要准备以下工具:数码相机、卷尺、游标卡尺、裂缝针(尺、卡)、探针、手持钻机、锤子、手电筒、声波检测仪、砂浆、水泥钉、高空作业车等。

5.1.3　衬砌裂缝检测结果的判定

根据隧道衬砌裂缝检测结果,可对存在裂缝段落的衬砌结构进行技术状况评定。对于已知裂缝存在扩展和裂缝扩展性无法确定的情况,可分别参照表 5.1 和表 5.2 进行衬砌结构技术状况值评定。

表 5.1　当裂缝存在扩展时的评定标准

结构	裂缝宽度 b/mm		裂缝长度 L/m		评定状况值
	$b>3$	$b\leqslant3$	$L>5$	$L\leqslant5$	
衬砌	√		√		3/4
	√			√	2/3
		√	√		2
		√		√	2

表 5.2　当无法确定裂缝是否存在扩展时的评定标准

结构	裂缝宽度 b/mm			裂缝长度 L/m			评定状况值
	$b>5$	$5\geqslant b>3$	$b\leqslant 3$	$L>10$	$10\geqslant L>5$	$L\leqslant 5$	
衬砌	√			√			3/4
	√				√		2/3
	√					√	2/3
		√		√			3
		√			√		2/3
		√				√	2
			√	√	√	√	1/2

5.2　渗漏水检查与检测

渗漏水是公路隧道最常见的病害之一，渗漏水与衬砌裂缝经常相伴出现，共同影响衬砌结构的安全性和耐久性。隧道衬砌出现滴漏水、涌流、喷射水及路面渗水、冒水，会造成路面湿滑。寒冷地区衬砌渗水会引起衬砌混凝土冻胀开裂，拱墙变形，拱墙上悬挂冰柱、冰溜，路面形成冰层、冰锥。

5.2.1　渗漏水检测内容

隧道渗漏水检测可分为简易检测和水质检测两类。结合隧道病害具体状况、隧道重要程度及养护等级、业主要求等因素综合决定需要检测的内容。

5.2.1.1　简易检测

简易检测包括：

(1)位置：漏水点的位置或渗水区中心点的位置，一般根据漏水点和渗漏水的起始端与隧道中线或墙底线的距离进行定位，可用皮尺或钢卷尺测该距离。

(2)范围：渗漏水润湿的面积，或存在渗漏水润湿痕迹的面积，以 m^2 计。

(3)漏水状态和漏水流量检查：根据漏水压力、流量等因素，将漏水状态分为喷射、涌流、滴漏、浸渗四类，如图 5.1～图 5.4 所示。在漏水显著的情况下，可用计量容器收集漏水，用秒表记录时间，即可测得该处漏水流量(L/min)。

图 5.1　喷射

图 5.2　涌流

图 5.3　滴漏

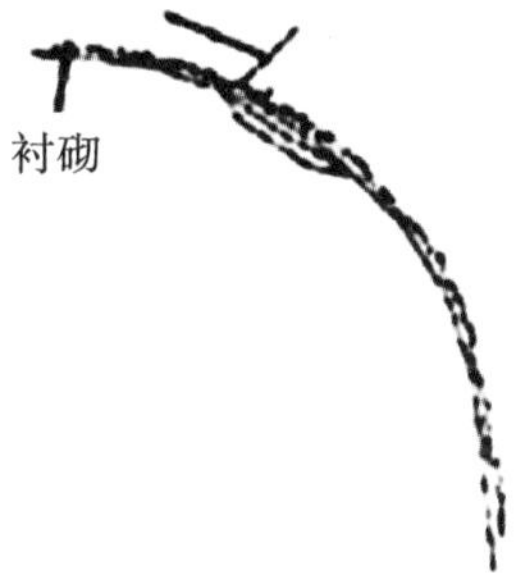

图 5.4　浸渗

(4)浑浊程度:如果漏水是浑浊的,需检查砂土是否和漏水一起流出,如有,则需测定每处砂土流失量(如水槽内堆积的砂土量);降雨后,若隧道内出现漏水浑浊情况或有泥砂析出,则需进行隧道衬砌背后空洞和水流来源的详细勘察和地下水渗流规律的长期观测。

(5)pH 值:漏水是助长衬砌材质劣化的原因之一,特别是当漏水显示出强酸性时,混凝土有严重劣化的危险。检查时,一般使用 pH 试纸对漏水的酸碱度做简易测定。

(6)冻结检测:主要检测隧道衬砌混凝土上的挂冰、路面堆冰和结冰的位置、分布,并记录温度变化、最低温度值。长隧道需测量隧道洞内沿隧道纵向的温度分布。当冻害可能造成衬砌材质受损时,需对衬砌材质进行检测。

5.2.1.2　渗漏水水质检测

当渗漏水可能具有腐蚀作用时,应对水质进行检测,主要包括:

(1)温度检测:通过测量水温,可掌握各处水温的季节性变化规律,便于判定漏水与地下水、地表水的关系。

(2)pH 值及水质检测:必要时应利用容器收集水样,利用 pH 测定器精确测定渗漏水 pH 值,或送专业水质检测机构进行详细的水质分析。注意水样收集前应保持容器的干燥,水样收集完毕后应保持容器封闭,避免污染水样。

(3)水样检测:必要时,将收集到的水样交给专业机构,利用导电仪等仪器对渗漏水溶解物质种类及数量进行检验,并就渗漏水对衬砌结构的腐蚀性进行评价和推定。

5.2.2 裂缝检测工具

常用的裂缝检测工具有数码相机、卷尺、pH 试纸、量筒或量杯、秒表、水样收集容器、温度计、导电计等。

5.2.3 渗漏水检测结果的判定

根据渗漏水是否具有腐蚀性以及渗漏水水量大小、形态、位置、结冰状态等,评判渗漏水对衬砌结构的安全性及洞内行车安全的影响。渗漏水的评定标准见表 5.3。

表 5.3 渗漏水的评定标准表

结构	主要异况	漏水程度				是否影响行车		评定状况值
		喷射	涌流	滴漏	浸渗	是	否	
拱部	漏水	√				√		4
			√			√		3
				√		√		2
					√		√	1
	挂冰					√		3
							√	1
侧墙	漏水	√				√		3
			√			√		2
				√		√		2
					√		√	1
	冰柱					√		3
							√	1
路面	砂土流出					√		3/4
							√	1
	积水					√		3/4
							√	1
	结冰					√		3/4
							√	1

5.3　隧道净空断面变形检测

隧道净空断面变形包括衬砌鼓出、裂缝发展、施工缝错台、衬砌沉降(陷)、电缆沟上翘、边沟下陷和冒出、路面沉陷和上鼓等,检测内容包括衬砌高程检测、隧道断面检测、隧道衬砌结构裂缝发展检测、拱顶及边墙沉降检测、路面和电缆沟沉降(陷)检测等。根据检测结果判断隧道整体沉降及隧道断面形状的变化情况,为隧道处治决策和处治设计提供依据。隧道衬砌结构变形检测与隧道施工检测类似,通过长期的定期或不定期观测,了解隧道衬砌结构变形与裂缝发展速度与趋势。

5.3.1　衬砌变形检测

5.3.1.1　衬砌高程检测

衬砌高程检测,即通过隧道建设时期高程控制点或独立设置的永久固定点,利用经纬仪、水准仪或全站仪对隧道路面控制点、路沿和衬砌边墙或基础沉降与变形进行测量。

5.3.1.2　净空断面检测

采用激光断面检测仪对隧道净空进行检测,检查隧道衬砌混凝土是否侵入设计内轮廓线。也可采用隧道净空检测尺和隧道检测(查)车进行检测,这些老的检测方法的检测过程和程序比较复杂,且精度较低,但比较直观。

5.3.1.3　衬砌结构变形监测

在地质不良地段,隧道上跨、下穿结构物等特殊地段,施工中隧道出现塌方和大变形地段,可对其净空变化进行长期的监测,一般需对衬砌拱顶下沉和衬砌宽度收敛状况进行监测,特殊情况可依照要求特别定制监测方案。衬砌结构变形状况和变形发展的监测方法、仪器和操作步骤可参照隧道施工监控量测要求进行,但不得影响车辆通行和行车安全。

5.3.2　衬砌变形结果的判定

衬砌的变形、沉降一般较慢,变形需要较长时间;在地震、滑坡、暴雨后可能发生明显的瞬时变形;在北方寒冷地区,衬砌结构由于冻胀而变形,并随季节的循环而反复发生。当衬砌变形发生时,路面、边沟、电缆沟的变化较为明显。

任何时候用隧道激光断面检测仪测出隧道衬砌或附属设施任何部分侵入建筑限界,都应直接判定侵限区域属于 3 类及以上病害。

基于变形速度的隧道衬砌变形评定标准表见表 5.4,当变形速度呈现加速时,则可以将等级提高一级。如因山体滑移导致衬砌变形,则应判定为 3 类或 4 类。

表 5.4　基于变形速度的隧道衬砌变形评定标准表

结构	变形速度 v/(mm/a)				评定状况值
	$v \geqslant 10$	$10 > v \geqslant 3$	$3 > v \geqslant 1$	$v < 1$	
衬砌	√				4
		√			3
			√		2
				√	1

如隧道衬砌结构同时存在剥落、材料劣化等病害,可参照表 5.5 和表 5.6 进行分项技术状况判定。

表 5.5　衬砌断面强度降低的评定标准

结构	主要原因	起层和剥落的可能性		劣化程度 有效厚度/设计厚度			评定状况值
		有	无	<1/2	1/2～2/3	>2/3	
拱部	劣化、冻害、设计或施工不当等	√					4
			√				1
				√			3
					√		2
						√	1
侧墙		√					3
			√				1
				√			3
					√		2
						√	1

表 5.6　钢材腐蚀的评定标准表

结构	主要原因	腐蚀程度	评定状况值
衬砌	盐害、渗漏水、酸(碱)化等	表面或小面积的腐蚀	1
		浅孔蚀或钢筋全周生锈	2
		钢材断面减小程度明显,钢结构功能受损	3

5.4　混凝土中钢筋分布及保护层厚度检测

5.4.1　应用范围

混凝土中钢筋分布及保护层厚度的检测针对主要承重构件或承重构件的主要受力部位，或经钢筋锈蚀点位测试显示钢筋可能锈蚀活化的部位，以及根据结构验算及其他检测需要确定的部位。在下列情况下需进行检测：

(1)用于估测混凝土中钢筋的位置、深度和尺寸。

(2)需要对结构进行调查时。

(3)需要避开钢筋进行其他测试时。

5.4.2　检测方法及原理

(1)检测方法：采用电磁无损检测方法确定钢筋位置，辅以现场修正确定保护层厚度、估测钢筋直径，量测值精确至1 mm。

(2)检测原理：仪器探头产生一个电磁场，当夹条钢筋或其他金属物体位于这个电磁场内时，会引起这个电磁场磁力线的改变，造成局部电磁场强度的变化。电磁场强度的变化和金属物大小与探头距离存在一定的对应关系，如果把特定尺寸的钢筋和所要调整的材料进行适当标定，通过探头测量并由仪表显示出来这种对应关系，即可估测混凝土中钢筋的位置、深度和尺寸。

5.4.3　仪器技术要求

5.4.3.1　检测仪器的技术要求

检测仪器一般包含探头、仪表和连接导线，仪表可进行数字的指示输出，较先进的仪表还具有图形显示功能，仪器可用电池或外接电源供电。

5.4.3.2　钢筋保护层测试仪的技术要求

(1)钢筋保护层测试仪应通过技术鉴定，必须具有产品合格证。

(2)仪器的保护层测量范围应大于120 mm。

(3)仪器的准确度应满足：

①0～60 mm，浮动范围为±1 mm。

②＞60～120 mm，浮动范围为±3 mm。

③＞120 mm，浮动范围为±10％。

(4)适用的钢筋直径范围为6～50 mm，并不少于12个档次。

(5)仪器应具有在未知保护层厚度的情况下，测量钢筋直径的功能。

(6)仪器应能适用于温度0～40 ℃、相对湿度不大于85％、无强磁场干扰的环境条件。

(7)仪器工作时应为直流供电,连续正常工作时间不小于 6 h。

5.4.4 仪器的标定

(1)钢筋保护层测试仪使用期间的标定校准应使用专用的标定块,当测量标定块所给定的保护层厚度时,测读值应在仪器说明书所给定的准确范围之内。

(2)标定块为 1 根直径 16 mm 的普通碳素钢筋垂直浇筑在长方体、无磁场的塑料块内,钢筋距 4 个侧面的距离分别为 15 mm、30 mm、60 mm、90 mm,如图 5.5 所示。

(3)标定应在无外界磁场干扰的环境中进行。

(4)每次实验检测前均应对钢筋保护层测试仪进行标定,若达不到应有的准确度,应送专业机构维修检测。

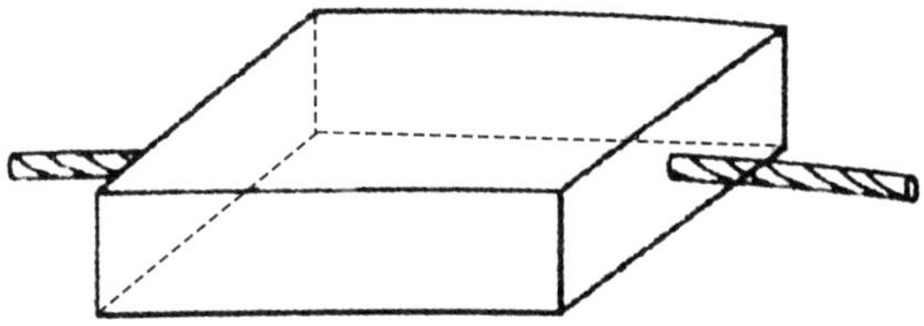

图 5.5　标定块

5.4.5 操作程序

(1)测区的布置原则:

①按单个构件检测时,应根据构件尺寸大小在构件上均匀布置测区,每个构件的测区数不应少于 3 个。

②对于最大尺寸大于 5 m 的构件,应适当增加测区数量。

③测区应均匀布置,相邻两测区的间距不宜小于 2 m。

④测区表面应清洁、平整,避开接缝、蜂窝、麻面、预埋件等部位。

⑤测区应注明编号,并记录测区位置和外观情况。

⑥测点数量及要求:

a.构件上每一测区应不少于 10 个测点。

b.测点间距应不小于保护层测试仪传感器长度。

(2)测量步骤:

①测试前应了解有关图纸资料,以确定钢筋的种类和直径。

②进行保护层厚度测读前,应先在测区内确定钢筋的位置与走向,做法如下:

a.将保护层测试仪传感器在构件表面平行移动,当仪器显示值为最小时,传感器正下方即是所测钢筋的位置。

b.找到钢筋位置后,将传感器在原处左右转动一定角度,仪器显示最小值时,传感器长轴线方向即为钢筋的走向。

c.在构件测区表面画出钢筋位置与走向。

③保护层厚度的测读：

a.将传感器置于钢筋所在位置正上方，并左右稍稍移动，读取仪器显示的最小值，即为该保护层厚度。

b.每一测点宜进行 2～3 次稳定读数，取其平均值，精确至 1 mm。

c.应避免在钢筋交叉位置进行测量。

对于缺少资料、无法确定钢筋直径的构件，应首先测量钢筋直径。对钢筋直径的测量宜采用测读 5～10 次、剔除异常数据、求其平均值的测量方式。

5.4.6　影响测量准确度的因素及修正

5.4.6.1　影响测量准确度的因素

(1)应避免外在磁场的影响。

(2)混凝土若具有磁性，测量值需加以修正。

(3)钢筋品种对测量值有一定的影响，尤其是高强钢筋，需加以修正。

(4)布筋状况、钢筋间距影响测量值，当 $D/S<3$ 时需修正测量值。其中，D 为钢筋净间距(mm)，即钢筋边缘至钢筋边缘的间距；S 为保护层厚度，即钢筋边缘至保护层表面的最小距离(mm)。

5.4.6.2　保护层测量值的修正

当钢筋直径、材质、布筋状况、混凝土性质都已知时，才能准确测量保护层厚度，而实际测量时，这些因素往往都是未知的。

(1)仪器测量直径的选择：

两根钢筋横向并在一起(见图 5.6)，等效直径 $d_{等效}=d_1+d_2$。

两根钢筋竖向并在一起(见图 5.7)，等效直径 $d_{等效}=3(d_1+d_2)/4$。

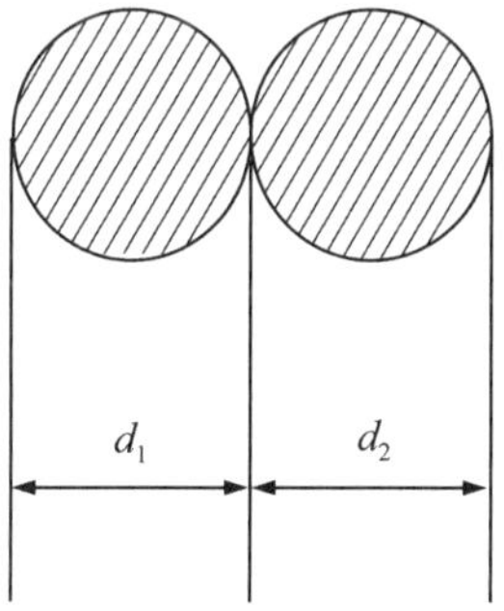

图 5.6　两根钢筋横向并在一起

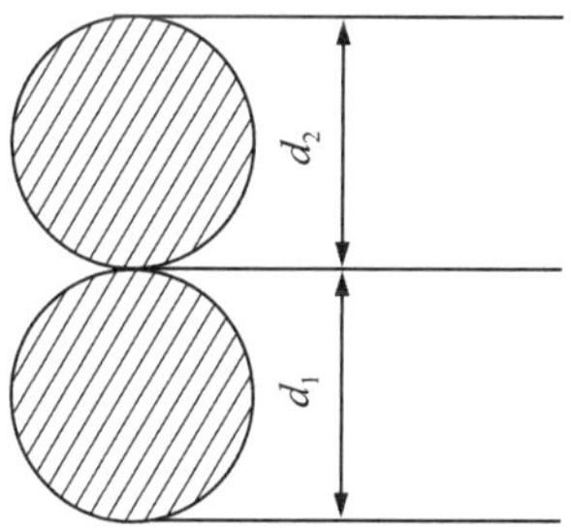

图 5.7　两根钢筋竖向并在一起

(2)用标准垫块进行综合修正，这种方法适用于现场检测。标准垫块用硬质无磁性材料制成，例如工程塑料或电工用绝缘板。标准垫块平面尺寸与仪器传感器底面相同，厚度为 10 mm 或 20 mm。修正系数 K 的计算方法如下：

①将传感器直接置于混凝土表面已标好的钢筋位置正上方，读取测量值 S_{m1}。

②将标准垫块置于传感器原混凝土表面位置，并把传感器放于标准垫块之上，读取测量值 S_{m2}，则修正系数 K 为：

$$K=\frac{S_{m2}-S_{m1}}{S_b}$$

式中，S_b 为标准垫块的厚度。

③对于不同钢筋种类和直径的试块，应确定各自的修正系数，每一个修正系数应采用3 次测量值的平均值。

(3)用校准孔进行综合修正，也是现场校准测量值的有效方法。

①用 6 mm 钻头在钢筋位置正上方垂直于构件表面打孔，操作人员感觉碰到钢筋时立即停止，用深度卡尺测量钻孔深度，即为实际的保护层厚度 S_r，则修正系数 K 为：

$$K=\frac{S_m}{S_r}$$

式中，S_m——仪器读数值。

②对于不同钢筋种类和直径的试块应打各自的校准孔，一般应不少于 2 个，修正系数取其平均值。

(4)现场检测的准确度。经过修正后确定的保护层厚度值，精确度可在 10%以内，但混凝土表面的平整度及各种影响因素仍会给测量带来误差。

(5)用图示方式注明检测部位及测区位置，将各个测区的钢筋分布、走向绘制成图，并在图上标注间距、保护层厚度及钢筋直径等数据。

5.4.7 钢筋分布及保护层厚度的评定

5.4.7.1 数据处理

(1)首先根据某一测量部位各测点混凝土厚度实测值，按公式求出混凝土保护层厚度平均值 D_m(精确至 0.1 mm)。

$$D_m=\frac{\sum_{i=1}^{n}D_{mi}}{n}$$

式中，D_{mi}——结构或构件测量部位测点混凝土保护层厚度，精确至 0.1 mm；

n——检测构件或部位的测点数。

(2)按照公式计算确定测量部位混凝土保护层厚度特征值 D_{me}(精确至 0.1 mm)。

$$D_{me}=D_m-K_pS_D$$

式中，S_D——测量部位测点保护层厚度的标准差，精确至 0.1 mm，$S_D=\sqrt{\frac{\sum_{i=1}^{n}(D_m)^2-n(D_m)^2}{n-1}}$；

K_p——合格判定系数值，按表 5.7 取用。

表 5.7　混凝土保护层厚度合格判定系数值表

n	10～15	16～24	≥25
K_p	1.695	1.645	1.595

5.4.7.2　结构评定

根据测量部位实测保护层厚度特征值 D_{me} 与设计值 D_{md} 的比值，可进行混凝土保护层厚度对结构钢筋耐久性的影响评判，具体见表 5.8。

表 5.8　钢筋保护层厚度评定标准表

D_{me}/D_{md}	对结构钢筋耐久性的影响	评定标度
>0.95	影响不显著	1
(0.85,0.95]	有轻度影响	2
(0.70,0.85]	有影响	3
(0.55,0.70]	有较大影响	4
≤0.55	钢筋易失去碱性保护，发生锈蚀	5

5.5　结构混凝土强度的检测与评定

5.5.1　结构混凝土强度检测方法分类与要求

结构混凝土强度的检测可分为无损检测、半破损检测和破损检测。本节对目前隧道工程中常用的回弹法、超声回弹综合法、取芯法、回弹结合取芯法等检测混凝土强度的通用方法进行介绍，使用这些方法时要注意隧道工程结构的特点。混凝土强度检测评定分为结构或构件的强度检测评定与承重构件的主要受力部位的强度检测评定。

原则上对结构不采取破损检测，但在其他方法不能准确评定结构或承重构件主要受力部位的混凝土强度时，应采用取芯法或取芯法结合其他方法综合评定。在结构上钻、截取试件时，应尽量选择承重构件的次要部位或次要承重构件，并应采取有效措施确保结构安全。钻、截取试件后，应及时进行修复或加固处理。

5.5.2　回弹法检测结构混凝土强度

回弹法在我国已使用 50 余年，而且使用范围越来越广泛，这不仅是因为回弹法简便、灵活，同时也是因为我国已解决了回弹法使用精度不高和不能普遍推广等关键问题。

5.5.2.1　回弹法的基本原理

回弹法是用弹簧驱动重锤，通过弹击混凝土表面，并测出重锤反弹回来的距离，以回弹值(反弹距离与弹簧初始长度之比)作为与强度相关的指标，来推定混凝土强度的一种方法。由于测量在混凝土表面进行，所以回弹法属于表面硬度法。

图 5.8 为回弹法的原理示意图。当重锤被拉到冲击前的状态时，若重锤的质量为 1，则这时重锤所具有的势能 e 为：

$$e=\frac{1}{2}kl^2$$

式中，k——拉力弹簧的刚度系数；

l——拉力弹簧起始拉伸长度。

混凝土受冲击后产生瞬时弹性变形，其恢复力使重锤弹回，当重锤被弹回到 x 位置时所具有的势能 e_x 为：

$$e_x=\frac{1}{2}kx^2$$

式中，x——重锤反弹位置或重锤弹回时弹簧的拉伸长度。

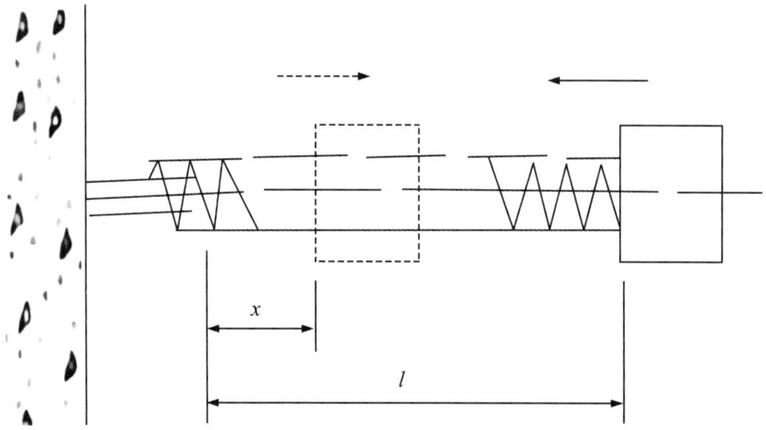

图 5.8 回弹法的原理示意图

所以重锤在弹击过程中，所消耗的能量 Δe 为：

$$\Delta e=e-e_x=\frac{1}{2}k(l^2-x^2)=e\left[1-\left(\frac{x}{l}\right)^2\right]$$

令 $R=\frac{x}{l}$，在回弹中，l 为定值，所以 R 与 x 成正比，称为回弹值。将 R 代入上式得：

$$R=\sqrt{1-\frac{\Delta e}{e}}=\sqrt{\frac{e_x}{e}}$$

由上式可知，回弹值只等于重锤冲击混凝土表面后剩余势能与原有势能之比的平方根。简而言之，回弹值的大小取决于与冲击能量有关的回弹能量，而回弹能量主要取决于被测混凝土的弹塑性性能。回弹法能量的传递和变化描述如下：

$$e=\sum_{i=1}^{6}A_i=A_1+A_2+A_3+A_4+A_5+A_6$$

式中，A_1——使混凝土产生塑性变形的功；

A_2——使混凝土、弹击杆及弹击锤产生弹性变形的功；

A_3——弹击锤在冲击过程中和指针在移动过程中因摩擦所损耗的功；

A_4——弹击锤在冲击过程中和指针在移动过程中克服空气阻力所做的功；

A_5——混凝土产生塑性变形时增加自由表面所损耗的功；

A_6——仪器在冲击时由于混凝土构件颤动和弹击杆与混凝土表面移动而损耗的功。

A_3、A_4、A_5、A_6一般很小，当混凝土构件具有足够的刚度且在冲击过程中仪器始终紧贴混凝土表面时，均可忽略不计。A_2 的大小取决于与冲击能量有关的回弹能量，而回弹能量主要取决于被测混凝土的弹塑性性能。在能量损耗的诸多因素中，弹回距离主要取决于塑性变形，混凝土的强度越低，则塑性变形越大，用于产生塑性变形的功也越大，弹击锤所获得的回弹能量就越小，回弹距离相应也越小，从而回弹值就越小，反之亦然。据此，可由能量建立“混凝土抗压强度-回弹值”的相关曲线，通过回弹仪对混凝土表面弹击后的回弹值来推算混凝土的强度值。

5.5.2.2　回弹仪

1.回弹仪的类型及工作原理

回弹仪的类型比较多，有重型、中型、轻型和特轻型，一般工程中使用最多的是中型回弹仪。

我国自 20 世纪 50 年代中期开始生产回弹仪，回弹仪可分为指针直读式和数字式。其中指针直读式的直射锤击式仪器应用最广，随着数字技术的发展，数字回弹仪应用越来越多。数字式回弹仪如图 5.9 所示。

图 5.9　数字式回弹仪

仪器工作时，随着对回弹仪施压，弹击杆徐徐向机壳内推进，弹击拉簧被拉伸，使连接弹击拉簧的弹击锤获得恒定的冲击能量 e。当仪器在水平状态工作时，其冲击能量 e 为 2.207 J(标准规定弹击拉簧的刚度为 785.0 N/m)，单位拉簧工作时的拉伸长度为 0.075 m。

当挂钩与调零螺钉互相挤压时，弹击锤脱钩，于是弹击锤的冲击面与弹击杆的后端平面相互碰撞，此时弹击锤释放出来的能量借助弹击杆传递给混凝土构件，混凝土弹性变形的能量又通过弹击杆传递给弹击锤，使弹击锤获得回弹的能量向后弹回，计算弹击锤回弹的距离 x 和弹击锤脱钩前距弹击杆后端平面的距离 l 之比，即得回弹值 R，它由仪器外壳上的刻度尺示出。

2.对中型回弹仪的技术要求

(1)水平弹击时，弹击锤脱钩的瞬间，中型回弹仪的标称能量应为 2.207 J。

(2)弹击锤与弹击杆碰撞的瞬间，弹击拉簧处于自由状态，此时弹击锤起跳点应对应于指针指示刻度尺上“0”处。

(3)在洛氏硬度(HRC)为 60±2 的钢砧上，回弹仪的率定值为 80±2。

(4)数字式回弹仪应带有指针直读示值系统，数字显示的回弹值与指针直读示值相差应不超过 1。

(5)回弹仪使用时的环境温度应为－4～40 ℃。

3.回弹仪的率定方法

回弹仪在工程检测前后，应在钢砧上做率定试验，并应符合下述要求：率定试验宜在干燥、室温为 5～35 ℃的条件下进行。率定时，钢砧应稳固地平放在刚度大的物体上。测定回弹值时，取连续向下弹击 3 次稳定回弹值的平均值。弹击杆应分 4 次旋转，每次旋转角度宜为 90°，弹击杆每旋转 1 次的率定平均值应为 80±2，率定回弹仪的钢砧应每 2 年校准 1 次。

4.回弹仪的检定

回弹仪具有下列情况之一时，应由法定部门按照国家现行标准《回弹仪检定规程》(JJG 817—2011)对回弹仪进行检定。

(1)回弹仪启用前。

(2)超过检定有效期限。

(3)数字式回弹仪显示的回弹值与指针直读示值相差大于 1。

(4)经保养后，钢砧率定值不合格。

(5)遭受严重撞击或其他损害。

5.回弹仪的保养方法

当回弹仪的弹击次数超过 2000 次，或者对检测值有怀疑以及在钢砧上的率定值不合格时，应对回弹仪进行保养。常规保养应符合下列规定：

(1)先将回弹仪锤脱钩后取出机芯，然后卸下弹击杆，取出里面的缓冲压簧，随后取出弹击锤、弹击拉簧和拉簧座。

(2)清洗机芯各零部件，重点清洗中心导杆、弹击锤和弹击杆的内孔，清洗后应在中心导杆上薄薄地涂抹钟表油，其他零部件均不得抹油。

(3)应清理机壳内壁，卸下刻度尺，并应检查指针，指针摩擦力应为 0.5～0.8 N。

(4)对数字式回弹仪，还应按产品要求的维护程序进行维护。

(5)保养时，不得旋转尾盖上已定位紧固的调零螺丝，不得自制或更换零部件。

(6)保养后应对回弹仪进行率定试验。

回弹仪使用完毕后，应使弹击杆伸出机壳，清理弹击杆、杆前端球面以及刻度尺表面和外壳的污垢、尘土。回弹仪不用时，应将弹击杆压入仪器内，经弹击后方可按下按钮锁住机芯，将回弹仪装入仪器箱，平放在干燥阴凉处。数字式回弹仪长期不用时，应取出电池。

5.5.2.3　检测方法

在正常情况下，混凝土强度的检验与评定应按现行国家标准《混凝土结构工程施工质量验收规范》(GB 50204—2015)及《混凝土强度检验评定标准》(GB/T 50107—2010)执行。但是，当出现标准养护试件或同条件试件与所成型的构件在材料用量配合比、水灰比等方面有较大差异，已不能代表构件的混凝土质量时，或当标准养护试件或同条件试件的试压结果不符合现行标准、规范规定的对结构或构件的强度合格要求，并且对该结果持有怀疑态度时，总之，当结构中混凝土实际强度有检测要求时，可以考虑依据《回弹法检测混凝土抗压强度技术规程》(JGJ/T 23—2011)采用回弹法来检测混凝土强度，检测结果可作为一个评价混凝土质量的依据。其一般检测步骤如下。

1.收集基本技术资料

收集的基本技术资料包括：

(1)工程名称及设计、施工和建设单位名称。

(2)结构或构件的名称、外形尺寸、数量及混凝土强度等级。

(3)水泥安定性、外加剂和掺合料品种、混凝土配合比等。

(4)施工模板、混凝土浇筑、养护情况及浇筑日期。

(5)必要的设计图纸和施工记录。

(6)检测原因。

2.确定抽样数量

(1)单个检测：用于单个结构或构件的检测。

(2)批量检测：适用于配合比、成型工艺、养护条件基本一致且龄期相近的同类结构或构件的按批检测，抽检数量不得少于同批构件总数的 30%，且构件数量不得少于10 个。抽检构件时，应随机抽取并使所选构件具有代表性。当检验批构件数量大于30 个时，抽样构件数量可适当调整，并不得少于国家现行有关标准规定的最少抽检数量。

3.选取符合下列规定的测区

(1)对一般构件，测区数不少于 10 个；当受检构件数量大于 30 个且不需提供单个构件推定强度，或构件某一方向尺寸不大于 4.5 m 且另一方向尺寸不大于 0.3 m 时，其测区数量可适当减少，但不应少于 5 个。

(2)相邻两侧区的间距不应小于 2 m，测区离构件端部或施工缝边缘的距离不宜大于0.5 m，且不宜小于 0.2 m。

(3)测区宜选在使回弹仪处于水平方向检测的混凝土浇筑侧面，当不能满足这一要求时，也可选在使回弹仪处于非水平方向检测的混凝土构件的浇筑表面或底面。

(4)测区宜选在构件的两个对称可测面上，当不能布置在对称可测面上时，也可布置在一个可测面上，且应均匀分布。在构件的重要部位及薄弱部位应布置测区，并应避开预埋件。

(5)测区的面积不宜大于 0.04 m^2。

(6)检测面应为原状混凝土表面，并应清洁、平整，不应有疏松层、浮浆、油垢、涂层以及蜂窝、麻面。

(7)对弹击时产生颤动的薄壁、小型构件应进行固定，使之有足够的约束力，否则会使检测结果偏小。

(8)结构或构件的测区应标有清晰的编号，必要时应在记录纸上描述测区布置示意图和描述外观质量情况。

4.回弹值测量

(1)回弹仪的操作：将弹击杆顶住混凝土的表面，轻压仪器，松开按钮，弹击杆徐徐冲出，使仪器对混凝土表面缓慢均匀施压；待弹击锤脱钩冲击弹击杆后即回弹，带动指针向后移动并停留在某一位置上，此时的读数即为回弹值；继续顶住混凝土表面，并在读取和一一记录回弹值后，逐渐对仪器减压，使弹击杆自仪器内伸出，重复进行上述操作，即可测得被测构件或结构的回弹值。操作中注意仪器的轴线应始终垂直于混凝土构件的检测面，缓慢施压，准确读数，快速复位。

(2)测点宜在测区范围内均匀分布，相邻两测点的净距不宜小于 20 mm；测点距外露钢筋、预埋件的距离不宜小于 30 mm。测点不应在气孔或外露石子上，同一个测点只应弹击 1 次。每一测区应记取 16 个回弹值，每一个测点的回弹值读数应精确至 1。

5.碳化深度值测量

(1)回弹值测量完毕后，应在有代表性的位置上测量碳化深度值，测点数不应少于构件测区数的 30%，取其平均值为该构件每测区的碳化深度值。当碳化深度值大于 2.0 mm时，应在每一个测区测量碳化深度值。

(2)碳化深度值测量方法：采用适当的工具在测区表面形成直径约 15 mm 的孔洞，其深度应大于混凝土的预估碳化深度。孔洞中的粉末和碎屑应除净，并不得用水擦洗。同时，采用浓度为 1%～2%的酚酞酒精溶液滴在孔洞内壁的边缘处。当已碳化区域与未碳化区域的分界线清楚时，再用深度测量工具测量已碳化与未碳化混凝土交界面到混凝土表面的垂直距离，测量 3 次，读数精确至 0.25 mm，取其平均值作为检测结果，精确至 0.5 mm。

6.泵送混凝土测量

检测泵送混凝土强度时，测区应选在混凝土建筑侧面。

5.5.2.4 回弹值计算和测区混凝土强度的确定

(1)计算测区平均回弹值，应从该测区的 16 个回弹值中剔除 3 个最大值和 3 个最小值，余下的 10 个回弹值按如下公式计算：

$$R_{\mathrm{m}}=\frac{\sum_{i=1}^{n}R_i}{10}$$

式中，R_m——测区平均回弹值，精确至 0.1；

R_i——第 i 个测点的回弹值。

(2)非水平方向检测混凝土浇筑侧面时，应按如下公式修正：

$$R_m = R_{m\alpha} + R_{a\alpha}$$

式中，$R_{m\alpha}$——非水平状态检测时测区的平均回弹值，读数精确至 0.1；

$R_{a\alpha}$——非水平状态检测时回弹值的修正值，可通过《回弹法检测混凝土抗压强度技术规程》(JGJ/T 23—2011)查取。

(3)测区混凝土强度值的确定。结构或构件第 i 个测区混凝土强度的换算值，根据每一测区的回弹平均值及碳化深度值，查阅统一测强曲线[参见《回弹法检测混凝土抗压强度技术规程》(JGJ/T 23—2011)]得出；当有地区测强曲线或专用测强曲线时，混凝土强度换算值应按地区测强曲线或专用测强曲线换算得出；对于泵送混凝土要注意《回弹法检测混凝土抗压强度技术规程》(JGJ/T 23—2011)中的有关规定。

5.5.2.5　混凝土强度计算

(1)结构或构件测区混凝土强度的平均值可根据各测区混凝土强度的换算值计算。当测区数为 10 个及以上时，应计算强度标准差，平均值及标准差应按如下公式计算：

$$m_{f_{cm}^c} = \frac{\sum_{i=1}^{n} f_{cm,i}^c}{n}$$

$$s_{f_{cm}^c} = \sqrt{\frac{\sum_{i=1}^{n} (f_{cm,i}^c)^2 - n\ (m_{f_{cm}^c})^2}{n-1}}$$

式中，$m_{f_{cm}^c}$——结构或构件测区混凝土强度换算值的平均值(MPa)，精确至 0.1 MPa；

n——对单个检测的构件，取一个构件的测区数，对批量检测的构件，取所有被抽检构件的测区数之和；

$s_{f_{cm}^c}$——结构或构件混凝土强度换算值的标准差(MPa)，精确至 0.01 MPa。

(2)结构或构件混凝土强度推定值($f_{cu,e}$)应按下式确定。

①当该结构或构件测区数少于 10 个时：

$$f_{cu,e} = f_{cu,min}^c$$

式中，$f_{cu,min}^c$——构件中最小的测区混凝土强度换算值。

②当该结构或构件测区强度值中出现小于 10 MPa 的情况时：

$$f_{cu,e} < 10\ \text{MPa}$$

③当该结构或构件测区数不少于 10 个时：

$$f_{cu,e} = m_{f_{cu}^c} - 1.645 s_{f_{cu}^c}$$

④当批量检测时：

$$f_{cu,e} = m_{f_{cu}^c} - k s_{f_{cu}^c}$$

式中，k——推定系数，宜取 1.645，当需要推定强度区间时，可按国家现行有关标准的规定取值。

构件的混凝土强度推定值是指相应于强度换算值，总体分布中保证率不低于95%的构件混凝土抗压强度值。

⑤对按批量检测的构件，当该构件混凝土强度标准差出现下列情况之一时，则该批构件应全部按单个构件检测：

a.当该批构件混凝土强度平均值小于25 MPa、标准值大于4.5 MPa时。

b.当该批构件混凝土强度平均值不小于25 MPa时。

5.5.3 超声回弹综合法检测结构混凝土强度

超声回弹综合法是指采用超声仪和回弹仪，在结构混凝土同一测区分别测量声时值和回弹值，然后利用已建立起来的测强公式推算该测区混凝土强度。与单一回弹法或超声法相比，超声回弹综合法具有受混凝土龄期和含水率的影响小、测试精度高、适用范围广、能够较全面地反映结构混凝土的实际质量等优点。

超声仪是超声检测的基本装置，它的作用是产生重复的电脉冲去激励发射换能器，发射换能器发射的超声波经耦合进入混凝土，在混凝土中传播后被接收换能器所接收并转换成电信号，电信号被送至超声仪，经放大后显示在波屏上。超声仪除了产生电脉冲，接收、显示超声波外，还可测量超声波有关参数，如声传播时间、接收波振幅和频率等。

超声脉冲检测技术用于结构混凝土检测起源于20世纪40年代末。目前工程中应用的主要是智能型超声仪，其基本工作原理和组成总体框图如图5.10所示，主要由计算机（主机）、高压脉冲发射系统、程控放大系统、数据采集及传输系统、电源系统五大部分组成。其工作原理为：高压脉冲发射电路在主机控制下，产生高压脉冲，高压脉冲通过发射换能器转换为声波信号并传入被测介质，接收换能器接收通过被测介质的声波信号并转换为电信号，受主机控制的程控放大系统对接收的电信号做自动增益调整，达到设定状态，经数据采集系统转换为数字信号，并将其高速送入主机系统，然后在主机系统控制下进行波形显示、声参量的判读和存储，或者对所存的声参量进行分析处理等。

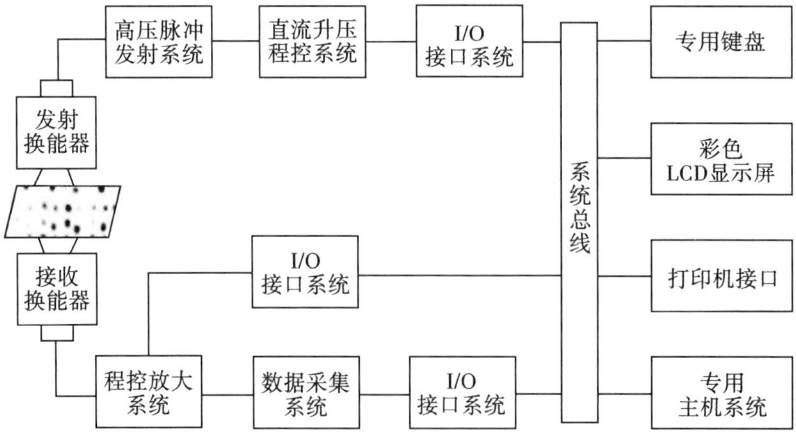

图5.10 智能型超声仪工作原理和组成总体框图

5.5.4　钻芯法检测结构混凝土强度

钻芯法检测混凝土强度是从混凝土结构物中钻取芯样来测定混凝土的抗压强度，是一种直观准确的检测方法。用钻芯法还可以检测混凝土的裂缝、接缝、分层、孔洞或离析等缺陷，具有直观、精度高等特点，因而广泛应用于土木工程中混凝土结构或构筑物的质量检测。

5.5.4.1　使用情况

当出现下列情况时可以使用钻芯法：

(1)对试块抗压强度的测试结果有怀疑时。

(2)因材料、施工或养护不良而发生混凝土质量问题时。

(3)混凝土遭受冻害、火灾、化学侵蚀或其他损害时。

(4)需检测经多年使用的建筑结构或构筑物中混凝土强度时。

5.5.4.2　钻取芯样

1.钻前准备材料

(1)工程名称(或代号)及设计、施工、建设单位名称。

(2)结构或构件种类、外形尺寸及数量。

(3)设计采用的混凝土强度等级。

(4)混凝土成型日期、原材料信息(水泥品种、粗集料粒径等)和混凝土试块抗压强度试验报告。

(5)结构或构件质量状况和施工中存在问题的记录。

(6)有关的结构设计图和施工图等。

2.钻取芯样部位

(1)结构或构件受力小的部位。

(2)混凝土强度具有代表性的部位。

(3)便于钻芯机安放与操作的部位。

(4)避开主筋、预埋件和管线的位置，并尽量避开其他钢筋。

5.5.4.3　芯样要求

1.芯样数量

芯样试件的数量应根据检测批的容量确定。标准芯样试件的最小样本量不宜少于15个，小直径芯样试件的最小样本量应适当增加。当确定单个构件的混凝土强度推定值时，有效芯样试件的数量应不少于3个；对于较小构件，有效芯样试件的数量不得少于2个。

芯样应从检测批的结构构件中随机抽取，每个芯样应取自一个构件或结构的局部部位，且取芯位置应符合上述要求。

2.芯样直径

抗压试验的芯样试件宜使用标准芯样试件，其公称直径不宜小于集料最大粒径的3倍；也可采用小直径芯样试件，但其公称直径不应小于70 mm且不得小于集料最大粒径的2倍。

3.芯样高度

芯样抗压试件的高度(H)和直径(d)之比(H/d)宜为1.00。

4.芯样外观检查

每个芯样应详细描述有关裂缝、分层、麻面或离析等情况,并估计集料的最大粒径、形状种类及粗细集料的比例与级配,检查并记录气孔的位置、尺寸与分布情况,必要时应进行拍照。

5.芯样测量

在试验前应按下列规定测量芯样试件的尺寸:

(1)平均直径:用游标卡尺在芯样试件中部相互垂直的两个位置上测量,取测量的算术平均值作为芯样试件的直径,精确至0.5 mm。

(2)芯样试件高度:用钢卷尺或钢板尺进行测量,精确至1 mm。

(3)垂直度:用游标量角器测量芯样试件两个端面与母线的夹角,精确到0.1°。

(4)平整度:用钢板尺或角尺紧靠在芯样试件端面上,一面转动钢板尺,一面用塞尺测量钢板尺与芯样试件端面之间的缝隙,也可采用其他专用设备测量。

6.芯样端面处理方法

锯切后的芯样应进行端面处理,宜采取在磨平机上磨平端面的处理方法。

芯样试件的端面,也可采取下列处理方法:

(1)用环氧胶泥或聚合物水泥砂浆补平。

(2)抗压强度低于40 MPa的芯样试件,可采用水泥砂浆、水泥净浆或聚合物水泥砂浆补平,补平层厚度不宜大于5 mm;也可采用硫黄胶泥补平,补平层厚度不宜大于1.5 mm。

7.芯样试件内钢筋的处理

芯样试件内不宜含有钢筋。当不能满足此项要求时,抗压试件应符合下列要求:

(1)标准芯样试件,每个试件内最多只允许有2根直径小于10 mm的钢筋。

(2)公称直径小于100 mm的芯样试件,每个试件内最多允许有1根直径小于10 mm的钢筋。

(3)芯样内的钢筋应与芯样试件的轴线基本垂直并离开端面10 mm以上。

8.测量数据无效的情况

芯样试件尺寸偏差及外观质量超过下列数值时,相应的测量数据无效:

(1)芯样试件的实际高径比小于要求高径比的95%或大于要求高径比的105%。

(2)沿芯样试件高度的任一直径与平均直径相差大于2 mm。

(3)抗压芯样试件端面的不平整度在100 mm长度内大于0.1 mm。

(4)芯样试件端面与轴线的不垂直度大于1°。

(5)芯样有裂缝或有其他较大缺陷。

5.5.4.4　抗压强度试验

(1)芯样试件宜在与被检测结构或构件混凝土湿度基本一致的条件下进行抗压试验。如结构工作条件比较干燥,芯样试件应以自然干燥状态进行试验;如结构工作条件比较潮湿,芯样试件应以潮湿状态进行试验。

(2)按自然干燥状态进行试验时,芯样试件在受压前应在室内自然干燥 3 d。按潮湿状态进行试验时,芯样试件应在(20±15)℃的清水中浸泡 40～48 h,从水中取出后应立即进行抗压试验。

5.5.4.5　芯样强度计算

芯样试件的混凝土强度换算值,应按下列公式计算:

$$f_{\mathrm{cu,cor}}=\frac{F_{\mathrm{e}}}{A}$$

式中,$f_{\mathrm{cu,cor}}$——芯样试件混凝土强度换算值(MPa);

F_{e}——芯样试件抗压试验测得的最大压力(N);

A——芯样试件抗压截面面积(mm^2)。

5.5.4.6　钻芯确定混凝土强度推定值

(1)检测批混凝土强度的推定值应按下列方法确定:

①确定检测批的混凝土强度推定值应计算推定区间,推定区间的上限值和下限值按下列公式计算:

$$\text{上限值:}f_{\mathrm{cu,e1}}=f_{\mathrm{cu,cor,m}}-k_1 s_{\mathrm{cor}}$$

$$\text{下限值:}f_{\mathrm{cu,e2}}=f_{\mathrm{cu,cor,m}}-k_2 s_{\mathrm{cor}}$$

$$\text{平均值:}f_{\mathrm{cu,cor,m}}=\frac{\sum_{i=1}^{n}f_{\mathrm{cu,cor},i}}{n}$$

$$\text{标准差:}s_{\mathrm{cor}}=\sqrt{\frac{\sum_{i=1}^{n}\left(f_{\mathrm{cu,cor},i}-f_{\mathrm{cu,cor,m}}\right)^2}{n-1}}$$

式中,$f_{\mathrm{cu,e1}}$——混凝土抗压强度推定上限值(MPa),精确至 0.1 MPa;

$f_{\mathrm{cu,e2}}$——混凝土抗压强度推定下限值(MPa),精确至 0.1 MPa;

$f_{\mathrm{cu,cor,m}}$——芯样试件的混凝土抗压强度平均值(MPa),精确至 0.1 MPa;

$f_{\mathrm{cu,cor},i}$——单个芯样试件的混凝土抗压强度值(MPa),精确至 0.1 MPa;

k_1、k_2——推定区间上限值系数和下限值系数,按表 5.10 查得;

s_{cor}——芯样试件抗压强度样本的标准差(MPa),精确至 0.1 MPa。

在置信度为 0.85 的条件下,试件数与上限值系数、下限值系数的关系如表 5.10 所示,其中 k_1 为错判概率为 0.10 条件下的上限值系数,k_2 为漏判概率为 0.10 条件下的下限值系数。

表 5.10 试件数与上限值系数、下限值系数的关系

试件数(n)	k_1	k_2	试件数(n)	k_1	k_2
15	1.222	2.566	37	1.360	2.149
16	1.234	2.524	38	1.363	2.141
17	1.244	2.486	39	1.366	2.133
18	1.254	2.453	40	1.369	2.125
19	1.263	2.423	41	1.372	2.118
20	1.271	2.396	42	1.375	2.111
21	1.279	2.371	43	1.378	2.105
22	1.286	2.349	44	1.381	2.098
23	1.293	2.328	45	1.383	2.092
24	1.300	2.309	46	1.386	2.086
25	1.306	2.292	47	1.389	2.081
26	1.311	2.275	48	1.391	2.075
27	1.317	2.260	49	1.393	2.070
28	1.322	2.246	50	1.396	2.065
29	1.327	2.232	60	1.415	2.022
30	1.332	2.220	70	1.431	1.990
31	1.336	2.208	80	1.444	1.964
32	1.341	2.197	90	1.454	1.944
33	1.345	2.186	100	1.463	1.927
34	1.349	2.176	110	1.472	1.912
35	1.352	2.167	120	1.478	1.899
36	1.356	2.158	—	—	—

②$f_{cu,e1}$和$f_{cu,e2}$所构成推定区间的置信度宜为0.85，$f_{cu,e1}$与$f_{cu,e2}$之间的差值不宜大于5.0 MPa和0.10$f_{cu,cor,m}$两者中的较大值。

③宜以$f_{cu,e1}$作为检测批混凝土强度的推定值。

④钻芯确定检测批混凝土强度推定值时，可剔除芯样试件抗压强度样本中的异常值。剔除规则应按现行国家标准《数据的统计处理和解释 正态样本离群值的判断和处理》(GB/T 4883—2008)的规定执行。当确有试验依据时，可对芯样试件抗压强度样本的标准差s_{cor}进行符合实际情况的修正或调整。

(2)单个构件混凝土强度的推定值应按下列方法确定：

①钻芯确定单个构件的混凝土强度推定值时，有效芯样试件的数量不应少于3个；对于较小构件，有效芯样试件的数量不应少于2个。

②确定单个构件混凝土强度推定值时不再进行数据的舍弃，而是取有效芯样试件混凝土抗压强度值中的最小值。

5.5.4.7　钻芯修正方法

(1)对间接检测方法进行钻芯修正时，宜采用修正量的方法，也可采用其他形式的修正方法。

(2)当采用修正量的方法时，芯样试件的数量和取芯位置应符合下列要求：

①标准芯样试件的数量不应少于 6 个，小直径芯样试件数量宜适当增加。

②芯样应从采用间接检测方法的结构构件中随机抽取。

③当采用的间接检测方法为无损检测方法时，钻芯位置应与间接检测方法相应的测区重合。

④当采用的间接检测方法对结构构件有损伤时，钻芯位置应不在相应测区的附近。

(3)钻芯修正后的换算强度可按下式计算：

$$f^{c}_{cu,i0} = f^{c}_{cu,i} + \Delta f$$

$$\Delta f = f_{cu,cor,m} - f^{c}_{cu,m}$$

式中，$f^{c}_{cu,i0}$——修正后的换算强度；

$f^{c}_{cu,i}$——修正前的换算强度；

Δf——修正量；

$f^{c}_{cu,m}$——所用检测方法对应芯样测区的换算强度的算术平均值。

5.6　超声波检测混凝土结构内部缺陷与表面损伤

超声波适用于常见公路隧道混凝土结构内部缺陷与表层损伤的检测，涉及的检测内容主要包括混凝土内部空洞和不密实区的位置和范围、裂缝深度、表层损伤厚度，以及不同时间浇筑的混凝土结合面的质量和钢筋混凝土中的缺陷等。

5.6.1　超声法检测混凝土缺陷的基本依据与方法

5.6.1.1　基本依据

(1)根据超声波在混凝土中传播时遇到缺陷的绕射现象，按声时和声程的变化来判别和计算缺陷的大小。

(2)依据超声波在缺陷界面上的反射及抵达接收探头时能量显著衰减的现象，判别缺陷的存在和大小。

(3)依据超声波脉冲各频率成分在遇到缺陷时不同程度地衰减，从而造成接收频率明显降低，或接收波频谱与反射波频谱产生差异，来判别内部缺陷。

(4)根据超声波在缺陷处的波形转换和叠加，即波形畸变的现象来判别缺陷。

5.6.1.2　方法

用超声法检测混凝土缺陷时，发射和接收换能器与测试面之间应具备良好的耦合状态，发射和接收换能器的连线必须离开钢筋一定距离或与钢筋轴线形成一定夹角，并力求混凝土处于自然干燥状态。

超声法检测混凝土内部缺陷与表层损伤的方法总体上可分为两类：第一类为采用厚度振动式换能器进行平面测试，第二类为采用径向振动式换能器进行钻孔测试。

1.第一类平面测试方法

(1)对测法：一对发射和接收换能器分别置于被测结构物相互平行的两个表面，且两个换能器的轴线位于同一条直线上。

(2)斜测法：一对发射和接收换能器分别置于被测结构物的两个表面，但两个换能器的轴线不在同一条直线上。

(3)单面评测法：一对发射和接收换能器置于被测结构物的同一个表面上。

2.第二类钻孔测试方法

(1)孔中对测：一对换能器分别置于两个对应的钻孔中，在同一高度进行测试。

(2)孔中斜测：一对换能器分别置于两个对应的钻孔中，但不在同一高度，而是在保持一定高程差的条件下进行测试。

(3)孔中平测：一对换能器置于同一钻孔中，以一定高度差同步移动进行测试。

5.6.2 声学参数测量

5.6.2.1 一般规定

(1)检测前应取得有关资料：工程名称、检测目的与要求、混凝土原材料品种和规格、混凝土浇筑和养护情况、结构尺寸和配筋施工图，以及构件外观质量情况和存在的问题。

(2)依据检测要求和测试操作条件，确定缺陷测试的部位(简称“测位”)。测位混凝土表面应清洁、平整，必要时可用砂轮磨平或用高温强度的快凝砂浆抹平，抹平砂浆必须与混凝土黏接良好。

(3)在满足首波幅度测读精度的条件下，应选用较高频率的换能器。换能器应通过耦合剂与混凝土测试表面保持紧密结合，耦合层不得夹杂泥砂或空气。

(4)检测时应避免超声传播路径与附近钢筋轴线平行，如无法避免，应使两个换能器与该钢筋的最短距离不小于超声测距的 1/6。

(5)检测中出现可疑数据时，应及时查找原因，必要时进行复测校核或加密测点补测。

5.6.2.2 声学参数测量

1.模拟式超声检测仪测量

(1)检测之前应根据测距大小将仪器的发射电压调至某一挡，并以扫描基线不产生明显噪声干扰为前提，将仪器“增益”调至较大位置保持不动。

(2)声时测量：应将发射换能器(简称“T 换能器”)和接收换能器(简称“R 换能器”)分别耦合在测位中的对应测点上。当首波幅度过低时，可用“衰减器”调节至便于测读，再调节游标脉冲或扫描延时，使首波前沿基线弯曲的起始点对准游标脉冲前沿，读取声时值 t_i(精确至 0.1 μs)。

①刻度法:将衰减器固定在某一衰减位置,在仪器荧光屏上读取首波幅度的格数。

②衰减值法:采用衰减器将首波调至一定高度,读取衰减器上的数值(单位为 dB)。

(3)主频测量:应先将游标脉冲调至首波前半个周期的波谷(或波峰),读取声时值 t_1(μs),再将游标脉冲调至相邻的波谷(或波峰),读取声时值 t_2(μs),按下式计算出该点(第 a 点)第一个周期波的主频 f_1(精确至 0.1 kHz)。

$$f_1=\frac{1000}{t_1-t_2}$$

(4)在进行声学参数测量的同时,应注意观察接收信号的波形或包络线的形状,必要时进行描绘或拍照。

2.数字式超声检测仪测量

(1)检测之前根据测距大小和混凝土外观质量情况,将仪器的发射电压、采样频率等参数设置在某一档并保持不变。换能器与混凝土测试表面应始终保持良好的耦合状态。

(2)声学参数自动测读:停止采样后即可自动读取声时、波幅、主频值。当声时自动测读光标所对应的位置与首波前沿基线弯曲的起始点有差异或者波幅自动测读光标所对应的位置与首波峰顶(或谷底)有差异时,应重新采样或改为手动游标读数。

(3)声学参数手动测量:先将仪器设置为手动判读状态,停止采样后调节手动时游标至首波前沿基线弯曲的起始位置,同时调幅度游标,使其与首波峰顶(或谷底)相切,读取声时和波幅值;再将声时光标分别调至首波及其相邻的波谷(或波峰),读取声时值 Δt(μs),$1000/\Delta t$ 即为首波的主频(kHz)。

(4)波形记录:对于有分析价值的波形,应予以储存。

3.混凝土声时值计算

$$t_{\mathrm{eio}}=t_i-t_0$$

式中,t_{eio}——第 i 点混凝土声时值(μs);

t_i——第 i 点测声声时值(μs);

t_0——声时初读值(μs)。

4.超声传播距离(简称测距)的测量

当采用厚度振动式换能器对测时,宜用钢卷尺测量 T、R 换能器辐射面之间的距离;当采用厚度振动式换能器平测时,宜用钢卷尺测量 T、R 换能器内边缘之间的距离;当采用径向振动式换能器在钻孔或预埋管中检测时,宜用钢卷尺测量放置 T、R 换能器的钻孔或预埋管内边缘之间的距离;测距的测量误差应不大于±1%。

5.6.3　混凝土不密实区和空洞的检测

混凝土结构在施工过程中,因漏振、漏浆或石子架空在钢筋骨架上,会导致混凝土内部形成蜂窝状不密实或空洞等隐蔽缺陷。检测时,宜先根据现场施工记录和外观质量情况,或在结构的使用过程中出现了质量问题后,初步判定混凝土内部缺陷的大致位置,或采用大范围的粗测定位方法(大面积扫测)确定隐蔽缺陷的大致位置,然后再根据粗测情况对可疑区域进行细测。检测不密实区和空洞时,构件的被测部位应具有 1 对或 2 对相互平行的测试面,测试范围原则上应大于有怀疑的区域,同时应在同条件的正常混凝土区域进行对比测试。一般地,对比测点数不宜少于 20 个。

采用平面测试法和钻孔或预埋管测试法时,需注意以下内容:

(1)当结构被测部位具有 2 对平行表面时,可采用 1 对换能器,分别在 2 对相互平行的表面上进行对测。如图 5.11 所示,先在测区的 2 对平行表面上分别画出边长为 200~300 mm的网格,并逐点编号,定出对应测点的位置;然后将 T、R 换能器路径黏合剂分别置于对应测点上,逐点读取相应的声时 t_i、波幅 A_i 和频率 f_i,并量取测试距离 l_i。

(2)当结构物的被测部位只有 1 对平行表面可供测试,或被测部位处于结构的特殊位置时,可采用对测和斜测相结合的方法,换能器在对测的基础上进行交叉斜测,测点布置如图 5.12 所示。

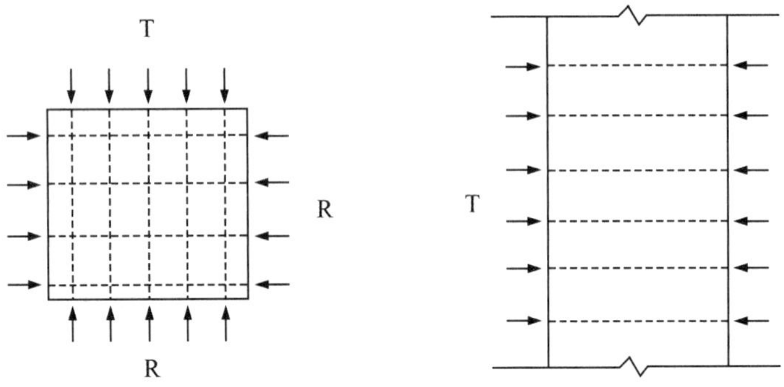

(a) 平面图　　(b) 立面图

图 5.11　对测法换能器布置

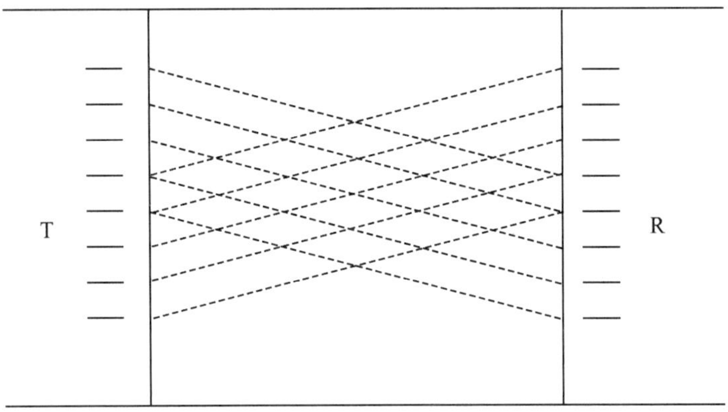

图 5.12　斜测法测缺陷

(3)对于大体积混凝土结构，由于其断面尺寸较大，如直接进行平面对测，接收到的脉冲信号微弱，甚至无法识别首波的起始位置，不利于声学参数的读取和分析。为了缩短测试距离，提高检测灵敏度，可采用钻孔或预埋管测试法。如图 5.13 所示，在测位预埋声测管或钻出竖向测试孔，预埋管内径或钻孔直径宜比换能器直径大 5～10 mm，预埋管或钻孔间距宜为 2～3 mm，其深度可根据测试需要确定。检测时可用 2 个径向振动式换能器分别置于两测孔中进行测试，或用 1 个径向振动式换能器与 1 个厚度振动式换能器，分别置于测孔中和平行于测孔的侧面进行测试。根据需要，可以将 2 个换能器置于同一高度，也可以将二者保持一定的高度差，同步上下移动，逐点读取声时、波幅和频率值，并记下孔中换能器的位置。

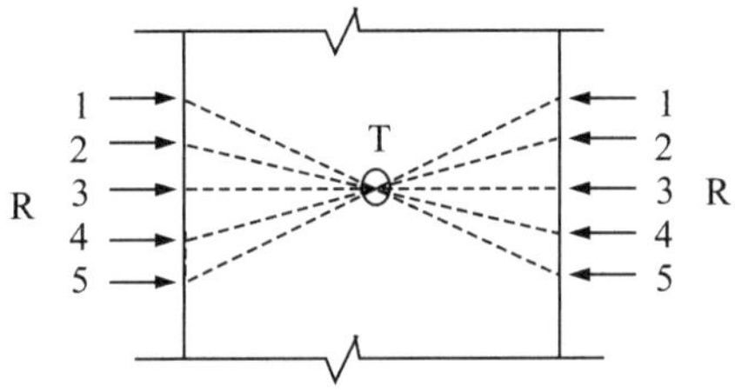

(a) 平面图

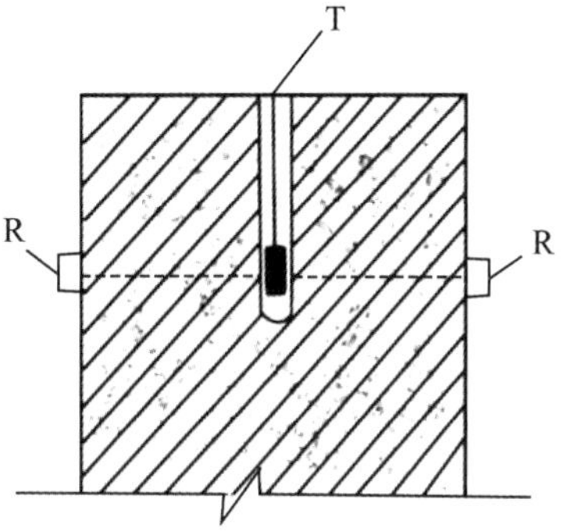

(b) 立面图

图 5.13　钻孔或预埋管测试法换能器布置图

(4)测点的声时、波幅、主频和测距应按本节所述方法进行测量。

(5)由于混凝土本身的不均匀性，以及混凝土的原材料品种、用量及混凝土的湿度和测距等因素对声学参数值的影响，一般宜采用统计学方法进行不密实区和空洞的测定。

(6)测位混凝土声时(或声速)、波幅及频率等声学参数的平均值 m_x 和标准差 S_x 可按下式计算：

$$m_x = \frac{1}{n}\sum_{i=1}^{n} x_i$$

$$S_x = \sqrt{\frac{\sum_{i=1}^{n} x_i^2 - n \cdot m_x^2}{n-1}}$$

式中，x_i——第 i 点某一声学参数的测量值；

n——参与统计的测点数。

(7)当测位混凝土中某些测点的声学参数被判为异常值时，可结合异常测点的分布及波形状况，确定混凝土内部不密实区和空洞的位置及范围。

5.7 无损检测

5.7.1 基本原理

探地雷达(ground penetrating radar，GPR)依据电磁波脉冲的地下传播原理进行工作。发射天线将高频(106～109 Hz 或更高)的电磁波以宽带、短脉冲形式送入地下，被地下介质(或埋藏物)反射，然后由接收天线接收，如图 5.14 所示。

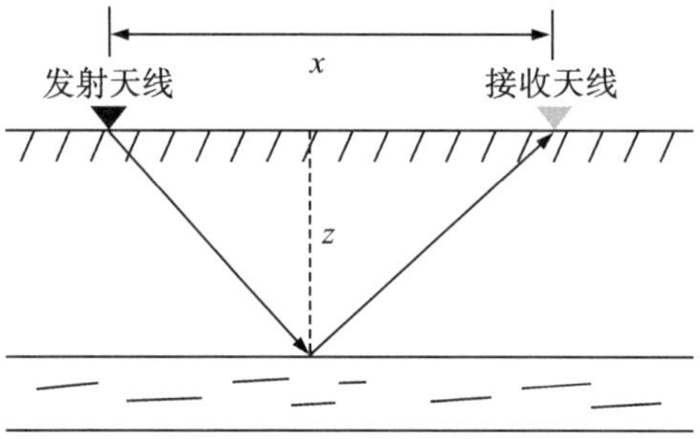

图 5.14 雷达的测试原理

根据电磁理论，当雷达脉冲在地下传播时，遇到不同电磁特性介质交界面时，由于上下介质的电磁特性不同而产生折射和反射。

使用相应雷达资料处理软件，进行资料处理。软件对数据文件进行预处理、增益调整、滤波和成图等处理后，最终可得到各测线的成果图，以此对隧道内部混凝土质量进行分析评价。

5.7.2 仪器设备

探地雷达是一种宽带高频电磁波信号探测设备，它是利用电磁波信号在物体内部传播时电磁波的运动特点进行探测的。探地雷达组成如下。

(1)控制单元：控制单元是整个雷达系统的管理器，计算机对如何测量给出详细的指令。系统由控制单元控制着发射机和接收机，同时跟踪当前的位置和时间。

(2)发射机：发射机根据控制单元的指令，产生相应频率的电信号，并由发射天线将一定频率的电信号转换为电磁波信号向地下发射。

(3)接收机：接收机把接收天线接收到的电磁波信号转换成电信号并以数字信息方式进行存储。

(4)电源、光缆、通信电缆、触发盒、测量轮等辅助元件。

第三篇 隧道机电设施及其他工程设施养护管理

隧道机电设施养护管理是日常养护工作的关键，本篇第6章简要介绍了与隧道机电设施养护管理有关的术语，有些也是电工基础知识，以便于各部门相互交流。对术语的熟练掌握，是干好养护工作的重要前提。第7章按照隧道养护技术规范要求，分一般规定、日常巡查、清洁维护、设施检修、机电设施技术状况评定五个部分，结合制度要求、规范要求、实践经验做了具体分析。因管养单位不具体负责维修的具体技术，就没有对维修具体技术进行深入探讨，如有施工或维修方面的需求，可与沂源桥梁隧道管理所联系。第8章是检测手段和相关技术，这一部分主要普及一些检测技术，对机电设施检修的一些措施进行了简要介绍。

隧道其他工程设施的养护管理是日常养护工作的显要部分，之所以显要，主要是这部分内容多与外观有关。第9章按照隧道养护技术规范要求，分一般规定、日常巡查、清洁维护、检查评定、养护维修五个部分，结合制度要求、规范要求、实践经验做了具体分析，还汇总了一些常见的施工方案。其他工程设施的养护管理一般见效快，措施相对简单，产出效益高。

第6章 术 语

(1)公路隧道养护:为保持隧道土建结构、机电设施及其他工程设施的正常使用而进行的日常巡查、清洁维护、检查评定、保养维修等工作。

(2)养护等级:根据公路等级、交通量、隧道规模、技术状况、地质和气候条件等因素,将公路隧道划分为不同等级,实施差异化的养护标准和养护频率等。

(3)土建结构:主要是指隧道的各类土木建筑工程结构物,包括洞口边仰坡、洞门、衬砌、路面、防排水设施、斜(竖)井、检修道及风道等结构物。

(4)机电设施:为隧道运行服务的相关设施,包括供配电设施、照明设施、通风设施、消防设施、监控与通信设施等。

(5)有功功率:在交流电能的发输用过程中,用于转换成电磁形式的那部分能量。

(6)无功功率:在交流电能的发输用过程中,用于电路内电磁场交换的那部分能量。

(7)中性点位移:在三相电路中,电源电压三相负载对称的情况下,如果三相负荷也对称,那么不管有无中性点,中性点的电压均为零。但如果三相负载不对称,且无中性线或中性线阻抗较大,那么中性点就会出现电压,这种现象称为中性点位移现象。

(8)经常负荷:每天都要经常连续运行使用的电动机。

(9)不经常负荷:只在检修、事故或机炉起停期间使用的负荷。

(10)连续负荷:每次连续运转 2 h 以上的负荷。

(11)短时负荷:每次仅运转 10～120 min 的负荷。

(12)断续负荷:反复周期性地工作,其每一周期不超过 10 min 的负荷。

(13)互感器:是电力系统中测量仪表、继电保护和自动装置等二次设备获取电气一次回路信息的传感器。互感器作用是将高电压、大电流按比例变成低电压和小电流。

(14)断路器:断路器具有开断能力强、体积小等特点,但结构较复杂、金属消耗量大、价格较贵。

(15)六氟化硫断路器:采用具有优良灭弧性能和绝缘性能的六氟化硫气体作灭弧介质的断路器。

(16)真空断路器:利用真空的高介质强度来灭弧的断路器,称真空断路器。此种断路器具有灭弧速度快、触头材料不易氧化、寿命长、体积小等特点。

(17)工作接地:是为了保证电力系统正常运行所需要的接地。例如中性点直接接地系统中的变压器中性点接地，其作用是稳定电网对地电位，从而可使对地绝缘降低。

(18)防雷接地：出于防雷保护的需要而设置的接地。例如避雷针(线)、避雷器的接地，目的是使雷电流顺利导入大地，以利于降低雷过电压，故又称为过电压保护接地。

(19)保护接地：也称安全接地，是为了人身安全而设置的接地，即电气设备的外壳(包括电缆皮)必须接地，以防外壳带电而危及人身安全。

(20)仪控接地：发电厂的热力控制系统、数据采集系统、计算机监控系统、晶体管或微机型继电保护系统和远动通信系统等，为了稳定电位、防止干扰而设置的接地。仪控接地亦称电子系统接地。

(21)接地电阻：电流经接地体进入大地并向周围扩散时所遇到的电阻。

(22)电压：单位正电荷由高电位移向低电位时，电场力对它所做的功。

(23)电流：大量电荷在电场力的作用下有规则地做定向运动的物理现象。

(24)电阻：当电流通过导体时会受到阻力，这是因为自由电子在运动中不断与导体内的原子、分子发生碰撞，使自由电子受到一定阻力。导体对电流产生的这种阻力叫电阻。

(25)电动机的额定电流：电动机正常连续运行的最大工作电流。

(26)电动机的功率因数：电动机额定有功功率与额定视在功率的比值。

(27)电动机的额定电压：电动机在额定工作方式时的线电压。

(28)电动机的额定功率：在额定工况下工作时，转轴所能输出的机械功率。

(29)电动机的额定转速：电动机在额定电压、额定频率及额定负载时的转速。

(30)保护接零：在中性点接地系统中，把电气设备的金属外壳、框架等与中性点引出中线相连接，同样也是保护人身安全的重要措施。

(31)短路：在三相电路中，相与相和相与地之间经小阻抗连接或直接连接，从而导致电路中的电流剧增，这种现象叫作短路。

(32)线电压：在三相电路中，不管哪一种接线方式都有三根相线引出，把相线之间的电压称为线电压。

(33)击穿电压：绝缘介质击穿时，施加在介质两端的电压称为击穿电压。

(34)直流电：电压或电流的大小和方向不随时间变化的称为直流电。

(35)直流设备：直流设备是指给继电保护和控制回路供给直流操作电源的设备，以及供给事故照明等的直流电源装置。

(36)发电机效率：发电机输出功率与钻入功率以百分率表示的比值。不特别注明时系指额定工况时的数值。

(37)轴电流：由轴电压引起地从汽轮发电机组轴的一端经过油膜绝缘破坏了的轴承、轴承座及机座底板，流向轴的另一端的电流。

(38)发电机辅助保护：发电机继电保护中为补充主保护、后备保护和异常运行保护性能而增设的保护。如电压感器回路可能断路，断路器可能失灵或发生闪络，发电机在启动、同步、停机过程中可能发生意外事故等，不能对这些主保护和后备保护进行检测，因此须对大机组多增加一些辅助保护作为补充。

(39)发电机后备保护:发电机继电保护中,当主保护退出运行或失灵和拒动时,用以切除故障的保护。主要有复合电流速断保护、阻抗保护、复合电压启动的方向过流保护等。

(40)灭磁:使同步发电机的励磁电源迅速断开并使励磁绕组所储存的磁场能量迅速消耗掉的措施。为了减小发电机内部故障电流或解列时过电压所造成的危害,当发电机短路保护或发电机异常运行保护的继电保护装置跳开断路器时,要求同时尽快灭磁。

(41)隔离开关:一种在分闸位置时其触头之间有符合规定的绝缘距离和可见断口,在合闸位置时能承载正常工作电流及短路电流的开关设备。当工作电流较小或隔离开关每极的两接线端间的电压在关合和开断前后无显著变化时,隔离开关具有关合和开断回路的能力,兼有操作和隔离功能。

(42)无励磁调压装置:在变压器不带电条件下切换绕组中线圈抽头以实现调压的装置,也称无励磁分接开关。这种调压装置结构简单、成本低、可靠性强,但调压范围较小,只适用于不需要经常调压的场合。

(43)一次设备:直接生产和输配电能的设备,如发电机、变压器、开关电气、电力电缆等。

(44)一次回路:由发电机经变压器和输配电线路直至用电设备的电气主接线,通常称为一次回路。

(45)二次设备:对一次设备的工作进行监察测量、操作控制和保护等的辅助设备,如仪表、继电器、控制电缆、控制和信号设备等。

(46)二次回路:二次设备按一定顺序连成的电路,称为二次电路或二次回路。

(47)低压开关:用来接通或断开 1000 V 以下交流和直流电路的开关电器。

(48)接触器:用来远距离接通或断开电路中负荷电流的低压开关,广泛用于频繁启动及控制电动机的电路。

(49)自动空气开关:自动空气开关简称自动开关,是低压开关中性能最完善的开关。它不仅可以切断电路的负荷电流,而且可以断开短路电流,常用在低压大功率电路中作主要控制电器。

(50)灭磁开关:一种专用于发电机励磁回路的直流单极空气自动开关。

(51)高压断路器:又称高压开关。它不仅可以切断或闭合高压电路中的空载电流和负荷电流,而且当系统发生故障时,可通过继电保护装置切断短路电流。它具有相当完备的灭弧结构和足够的断流能力。

(52)小电流接地系统:中性点不接地或经消弧线圈接地的系统。

(53)大电流接地系统:中性点直接接地的系统。

(54)电枢反应:当没有电枢电流时,气隙主磁场由励磁电流单独产生;当有电枢电流时,气隙主磁场便由励磁电流的磁场与电枢电流的磁场共同叠加而成。电枢电流对主磁场的这种影响,叫电枢反应。

(55)异步电动机:又叫感应电动机,它是按照导体切割磁力线产生感应电动势和载流导体在磁场中受到导磁率的作用这两条原理工作的。为了保持磁场和转子导体之间有相对运动，转子的转速总是小于旋转磁场的转速，所以叫异步电动机。

(56)同步转速：在异步电动机三相对称绕组中通入三相对称电流时，便在电动机的气隙中产生一个旋转磁场，根据电机极数的不同，旋转磁场的转速也不同，极数多的转速慢。把这个旋转磁场的转速叫同步转速。

(57)转差率：同步转速 n_1 与电动机的转速 n 之差 (n_1-n) 叫作转速差，转速差与同步转速的比值叫作转差率，转差率 S 通常用百分数表示，即 $S=(n_1-n)/n_1\times 100\%$。

(58)星-三角换接启动：若电动机在正常工作时，定子绕组接成三角形，在启动时定子绕组接成星形，启动结束后再接成三角形运行，这种启动方法叫作星-三角换接启动。

(59)吸收比：对绝缘试品加直流电压后 60 s 和 15 s 的电阻之比。

(60)继电器启动电流：能使继电器运行的最小电流值。

(61)电流继电器：以反应接入继电器线圈电流大小决定其动作与否的继电器。

(62)电压继电器：以反应加入电压高低决定其动作与否的继电器。

(63)快速继电器：一般指继电器动作时间小于 10 ms 的继电器。

第 7 章　机电设施养护管理

7.1　一般规定

机电设施的养护应包括日常巡查、清洁维护、机电检修与评定、专项工程等内容。

(1)日常巡查是指在巡视车上或通过步行目测以及其他信息化手段对机电设施外观和运行状态进行的一般巡视检查，并对检查结果及时记录。

(2)清洁维护是指对隧道机电设施外观的日常清洁，以经常保持机电设施外观的干净整洁。

(3)机电检修与评定是指通过检查工作发现机电设备的完好情况，系统掌握和评定机电设施技术状况，确定相应的养护对策或措施。机电检修工作的主要内容包括经常检修、定期检修和应急检修。

①经常检修是指通过步行目测或使用简单工具，对设施仪表读数、运转状态或损坏情况进行的检查并对检查结果定性判断，对破损零部件应及时进行维修更换。

②定期检修是指通过检测仪器对机电设施运转状态和性能进行的全面检查、标定和维修。

③应急检修是指公路隧道内或相关机电设施发生异常事件、重大事故或自然灾害后对机电设施进行的检查和维修。

(4)专项工程是指对机电设施进行的集中性、系统性维修，使其满足原有技术标准。专项工程可根据设备运行状态启动。

接下来对机电设施养护管理进行一些补充说明。

(1)根据《公路隧道养护技术规范》(JTG H12—2015)中的定义，对隧道机电设施的养护管理就是对为隧道运行服务的相关设施进行养护管理，包括供配电设施、照明设施、通风设施、消防设施、监控与通信设施等。简单地讲就是“日常巡查观察状态、清洁维护保持功能、检修评定查看状态、专项工程淘汰提升”，包含了隧道机电设施从安装使用到升级换代的全过程。

(2)养护人员应经上岗培训，并熟练掌握设施的使用要领和技术特性。特殊工种人员上岗前应进行专门培训，并符合国家相关规定，经考核持证上岗。

隧道机电设施涉及的工业门类多，有些设施还属于特种设备，为保证安全和工作效率，操作人员应该具备一定的专业知识。当前部分公司采用专业化委托的方式，由专业的隧道机电维护组进行维护保养工作，但管养单位的养护人员要具备一定的安全意识和操作技能。建议有条件的公司配备机电专业人员，没有条件的公司也要安排员工学习一些用电安全知识，最好让员工考取供配电高低压操作资格证或电工证。

(3)机电设施养护应使各类设备技术状况达到产品说明书、设计文件和有关规范的要求。

机电设施产品说明书对产品使用、保养有较严格的规定，是养护的重要资料。有关规范除包括一般技术规范外，还包括机电招标文件及相应技术规范等，这些规范一般对各种机电设施的主要技术指标均有具体要求。隧道机电设施更新换代快，每一次大中修工程完成后，都要进行一次集中培训。

(4)根据《公路技术状况评定标准》(JTG 5210—2018)规定，公路隧道机电设施技术状况评定应不少于1次/年，技术状况评定表可参考标准中的附录填写。

隧道机电设施技术状况评定一般与定期检查同时委托专业检测单位进行，在后续章节将进行详细介绍。所需填写的表格只在复查报告的时候可能用到。

(5)机电设施养护应考虑通行车辆、养护人员的安全，并应符合《公路隧道养护技术规范》(JTG H12—2015)第7章(安全管理)的有关规定。

机电设施养护应配备专门的电工工具、测试仪器、清洁工具、安全防护设备，高速公路还应配备高空作业设备。对配备的专用工具应定期检定，耐高压工具试验应不少于1次/半年，测试仪器校对应不少于1次/年，安全防护设备及高空作业设备检查应不少于1次/半年。

对高速公路隧道提出采用高空作业车进行洞内空中作业的要求，主要是从保证养护安全及提高养护效率的角度考虑的；其他各级公路隧道没有强制要求，主要考虑到各地经济发展不平衡、养护手段差异较大的现实。

目前机电设施养护工具设备由专业维护组自行配备，但养护管理单位必须配备测试仪器、检测设备，比如照度仪、风速仪、噪声仪和钳形万用表等，有条件的也可以多配备一些简单的工具。

(6)机电设施养护应准确记录各种设备的检查情况，建立专门的技术档案，检查记录可按《城市隧道养护技术规范》(DB41/T 1271—2016)附表C.2和附表C.3填写。

隧道机电设施养护技术档案主要是日常巡查记录表、经常性(定期)检修记录表，在后续章节中都做了展示。

(7)机电设施故障应准确记录，建立专门的技术档案，故障记录可按《城市隧道养护技术规范》(DB41/T 1271—2016)附表C.4填写。

机电故障记录表、机电设施故障月报表等内容，根据现行的管理制度和管理办法，由隧道维护单位填写，管养单位收录存档。

(8)机电设施故障应按月汇报。

(9)机电设施应按应急预案定期进行联调联试。

7.2　日常巡查

7.2.1　基本工作内容

日常巡查应检查机电设施是否处在正常工作状态和是否存在故障隐患,并应符合下列规定。

(1)供配电设施:观察变压器、高低压配电柜及配电室内相关设备的外观及运行状态,判断是否有外观破损、声响、发热、气味、放电等异常现象。

(2)照明设施:观察照明设施的外观及运行状态,判断有无异常。

(3)通风设施:观察通风设施的外观及运转状态,判断是否存在隐患。通风设施日常检查的主要目的在于通过易观察和感觉到的现象,及时发现并排除故障。

(4)消防设施:观察各类消防设备的外观,判断有无异常。

(5)监控与通信设施:巡检隧道内各种监控设备、信息采集和发布设备、监控室各类监控设备的外观和主要功能,判断有无异常。

当前机电设备都带有相关参数的数显功能,有些还具备数据采集上传功能,很多情况下可以在监控室内进行巡查工作,甚至有些设施能够自我检测、自我上报故障,比如沂源桥梁隧道管理所隧道机电设备运行状态检测系统,可以第一时间发现故障并通知维修维护人员。

7.2.2　工作频率

日常巡查频率,高速公路应不少于 1 次/d,其他各级公路可按 1 次/d～1 次/3 d 进行。极端天气和交通量增加较大时,应提高日常巡查的频率。

需要说明一下,极端天气下开展机电设施日常巡查工作要做好自身防护,尤其是供配电设施。

7.2.3　巡查方式及要求

日常巡查可采用人工与信息化手段相结合的方式。发现异常情况时,应予以报告,并做好记录,必要时应进行拍照和摄像。

7.2.4　日常巡查记录表

机电设施的日常巡查记录表与土建结构的日常巡查记录表一致(见表 7.1)。

表 7.1 日常巡查记录表

隧道名称：__________　　路线名称：__________
隧道编码：__________　　路线编码：__________
养护机构：__________　　巡查日期：____年____月____日　　天气：__________

检查项目	名称	检查内容	判定结果	异常情况描述
土建结构	洞口边坡	是否存在边坡开裂滑动、落石等现象	情况正常□	
			一般异常□	
			严重异常□	
	洞门结构	是否存在大范围开裂、砌体断裂、脱落等现象	情况正常□	
			一般异常□	
			严重异常□	
	衬砌	是否存在大范围开裂、明显变形、衬砌掉块等现象	情况正常□	
			一般异常□	
			严重异常□	
	路面	是否存在散落物、严重隆起、错台、断裂等现象	情况正常□	
			一般异常□	
			严重异常□	
	预埋件等	是否存在断裂、变形或脱落等现象	情况正常□	
			一般异常□	
			严重异常□	
机电设施	供配电设施	变压器、高低压配电柜及变配电室内相关设施的外观及运行状态	运行正常□	
			运行异常□	
	照明设施	照明设施的外观及运行状态	运行正常□	
			运行异常□	
	通风设施	通风设施的外观及运行状态	运行正常□	
			运行异常□	
	消防设施	各类消防设施的外观，判断有无异常	运行正常□	
			运行异常□	
	监控与通信设施	巡检隧道内各种监控设施、信息采集和发布设施、监控室各类监视设施的外观和主要功能	运行正常□	
			运行异常□	

续表

检查项目	名称	检查内容	判定结果	异常情况描述
其他工程设施		其他工程设施有无明显结构变形破坏，电缆沟、设备洞室是否存在明显涌水，洞外联络通道路面有无落物，洞口绿化区有无树木倾倒在行车限界范围内，污水处理设施有无明显淤积	情况正常□ 一般异常□ 严重异常□	
巡视车、作业车使用情况	车号			
	台数			

检查人：　　　　　　　　　　　　　　记录人：

7.3　清洁维护

机电设施的清洁维护和土建结构的清洁维护不太一致，主要表现在所采用的工具机械不同。机电设施的清洁维护以人工清洁为主，简单机械为辅，所以对清洁人员要求比较高。当前机电设施的清洁维护工作由隧道维护组进行，周期基本符合规范要求，要做好相关资料的整理和监督工作。

7.3.1　基本要求及频率

应根据养护等级、交通组成、污垢对机电设施功能影响程度、清洁方式和环境条件等因素对机电设施进行清洁维护，清洁维护频率宜不低于表 7.2 的规定值。

表 7.2　机电设施清洁维护频率

清洁项目	养护等级		
	一级	二级	三级
供配电设施	1 次/月	1 次/季度	1 次/半年
照明设施	1 次/季度	1 次/半年	1 次/年
通风设施	1 次/2 年	1 次/3 年	1 次/4 年
消防设施	1 次/季度	1 次/半年	1 次/年
监控与通信设施	1 次/季度	1 次/半年	1 次/年

在《公路隧道养护技术规范》(JTG H12—2015)中，高速公路隧道养护等级主要参照隧道长度和单车道年平均日交通量进行界定。就高速公路而言，特长隧道(长度大于 3000 m)养护等级为一级；长隧道(长度大于 1000 m 且不小于 3000 m)在交通量大于 5000 pcu/(d • ln)时养护等级为一级，小于 5000 pcu/(d • ln)时养护等级为二级；中隧道(长度大于 500 m 且不小于 1000 m)在交通量大于 10000 pcu/(d • ln)时养护等级为一级，小于 10000 pcu/(d • ln)时养护等级为二级；短隧道(长度不大于 500 m)在交通量大

于 5000 pcu/(d • ln)时养护等级为二级,不大于 5000 pcu/(d • ln)时养护等级为三级。

一般说来,隧道交通量越大、污染越严重、机电设施越易脏污,清洁周期越短;否则反之。相比其他公路结构物,隧道呈长管状,烟尘不易散发,因此其清洁周期相对要短一些。

(1)机电设施采用湿法清洁时,应注意保护人员安全和机电设施内部电气原件安全,并应防止液体渗入设施内;采用干法清洁时,应采取必要的降尘措施,对清扫不能去除的污垢,经判别可用湿法清洁时,可用清洁剂进行局部特别处理。

(2)机电设施清洁维护应保持设备外观干净、整洁、无污垢,并保证机电设施完好。

(3)机电设施清洁应包括表 7.3 规定的设备。

表 7.3 公路隧道机电设施清洁设备

设施名称	设备名称
供配电设施	配变电所内电力设备、箱式变电站、外场配电箱、插座箱、控制箱
照明设施	隧道灯具、洞外路灯
通风设施	轴流风机、射流风机
消防设施	消防栓及水泵接合器、灭火器、火灾报警设施、水喷雾控制阀及喷头、气体灭火设施、电光标志等
监控与通信设施	各类检测仪、闭路电视、有线广播、紧急电话、横通道门、交通控制和诱导设施、控制器(箱)、光端机、交换机等

注:配变电所内电力设备包括高压开关柜、低压开关柜、电力变压器、电力电容柜、自备发电设备等。电光标志包括紧急电话标志、消防设备标志、人行横通道标志、车行横通道标志、疏散指示标志、紧急停车带标志、公告信息标志等用电发光标志。

7.3.2 清洁记录表

参见土建结构部分。

7.4 设施检修

隧道机电设施专业门类复杂,一般来说,五个系统分属三个专业,但专业程度也略有不同。供配电设施、照明设施、通风设施主要对应电气工程专业,也就是一般的机电专业;消防设施属于消防工程专业,但专业程度不高;监控与通信设施属于通信、电子专业,比较复杂,且更新换代快。本书机电设施养护管理部分仅供一般管理人员参考,检修内容限于一般工作标准和正常运行状态。

7.4.1　供配电设施检修

供配电设施正常是隧道机电设施正常运行的关键点，日常养护工作中很少有人为破坏或通行车辆破坏供配电设施的情况，但停电或线路故障会对上下游设备造成严重影响，比如冲击上游开关设备、停止对下游设备供电等，所以，供配电设施一般情况不出问题，出问题就是大问题。

(1)供配电设施养护应执行相关设备的检修规程和国家的有关规定。养护人员应持有特殊工种上岗证书，并配备专门的电工检修工具。

(2)供电线路的养护应按电力部门的有关规定进行。当供电线路存在异常情况时，应采取措施并及时通知有关部门。

(3)供配电设施需进行带电养护作业时，应使隧道内人员、变配电室人员及中心控制室人员相互协调、密切配合，并严格按电气操作规程的有关要求进行。

在供配电设施检修过程中，除遵守以上条款外，还应注意维修效率，以尽快恢复供电为主要目标，因此需在处置流程上不断优化。多年来沂源桥梁隧道管理所注重优化流程，从恢复供电时间 2～4 h 缩短到 40 min 内。当然现在隧道安装有 UPS 电源、EPS 电源还有发电机，可以在一定时间内保持隧道基本正常，但尽快恢复供电仍然很重要。

7.4.1.1　检修频率

供配电设施经常检修 1 次/月～1 次/3 月，定期检修 1 次/年。

在《电力用户供配电设施运行维护规范》(GB/T 37136—2018)中供配电设施检修分经常检修和定期检修，分别明确了主要检查内容和频率，一般情况下，发现故障就要立即检修，以保证正常运行为主要目的。规范要求 1～3 个月开展 1 次经常检修，供配电设施建议 1 月开展 1 次，操作较复杂的或者需要详细检测的可缓为 2～3 个月开展 1 次，长隧道频率提高，新隧道及大中修完成后的隧道频率降低。这主要是出于操作人员安全和设备运行安全考虑，有些设备经常操作可能缩短其使用寿命。

7.4.1.2　检修方法

(1)经常检修是指通过步行目测或使用简单工具，对设施仪表读数、运转状态或损坏情况进行检查并对检查结果定性判断，对破损零部件应及时进行维修更换。

(2)定期检修是指通过步行目测或使用专业检测工具，对设施外观完好情况、运转状态或损坏情况进行检查并对检查结果定性判断，对破损零部件应及时进行维修更换。

7.4.1.3　检修注意事项

供配电设施属于特种设备，应该由专业技术人员操作，养护技术规范内容属于较为低级的或通用的检测要求，本手册的专业解释可为检测人员提供参考，以帮助其完成检测工作。另外隧道机电设施更新换代快，有时会遇到规范更新速度和技术研究深度与实际不符的情况，但检测项目是必须进行的，所以如遇特殊情况可以详细咨询施工人员和专业技术人员。

7.4.1.4　检修表格

供配电设施经常检修记录表如表 7.4 所示。

表 7.4　供配电设施经常检修记录表

隧道名称：________（上行洞/下行洞）　　路线名称：________
隧道编码：________　　路线编码：________
养护机构：________　　检修日期：____年____月____日　　天气：________

设备名称	检查位置	检查内容		检查注意事项或评判标准	检查结果			异常描述（性质、范围、程度等）	养护措施	照片或图片（编号/时间）
		检查项目	主要检查内容		正常	异常	异常且严重			
高压计量柜		计量仪表	计量仪表有无污染、计量是否准确	外观完好，指示或显示装置运行正常，一般来讲 30 min 内数据会有变化						
高压隔离开关和负荷开关＊		触头	有无污染、损伤	需要打开隔离开关进行详细观察，最好有两人操作，需要专业维修人员协助						
			接触是否紧密	需要操作，感受断开和闭合时声音是否清脆						
			灭弧装置是否烧损	需要打开隔离开关进行详细观察，最好有两人操作，需要专业维修人员协助，带有线圈的要放电处理						
		操作机构	操作机构有无污染	需要打开隔离开关进行详细观察，最好有两人操作，需要专业维修人员协助						
		负荷开关	采用 SF_6 绝缘和灭弧的装置应观测其壳体漏气率是否符合生产厂家规定	需要打开隔离开关进行详细观察，最好有两人操作，需要专业维修人员协助						

续表

设备名称	检查位置	检查内容		检查注意事项或评判标准	检查结果			异常描述（性质、范围、程度等）	养护措施	照片或图片(编号/时间)
		检查项目	主要检查内容		正常	异常	异常且严重			
高压隔离开关和负荷开关*		高压熔断器	外观有无污染、烧伤痕迹	需要打开隔离开关进行详细观察，最好有两人操作，需要专业维修人员协助，带有线圈的要放电处理						
			熔断丝是否熔断	如果供电正常则可以不用打开观察，因为当前熔断丝多为瓷瓶材质，无法通过观察判断						
10 kV 电力变压器*		总体	有无异常声响和过热现象	对照变压器铭牌，观察测量仪表即可，一般情况下声音稳定且柔和即为正常						
			噪声是否符合要求	变压器的噪声主要是电流声，参照上一条						
箱式变电站*		总体	箱体外壳有无污染、破损和锈蚀	外观观察，外观完好即为正常，如有问题可以立即处置						
			室内温度和湿度是否符合要求	通常变电站内有温度计和湿度仪，与室外基本一致就可以，一般温度宜为 15～35 ℃，湿度宜为 20%RH～80%RH						
			噪声是否符合要求	除变压器声音外，其他设备发出的声响一般为噪声，正常情况下听不到						
			电缆进出线孔封堵是否密实	观察是否严丝合缝						

续表

设备名称	检查位置	检查内容		检查注意事项或评判标准	检查结果			异常描述（性质、范围、程度等）	养护措施	照片或图片（编号/时间）
		检查项目	主要检查内容		正常	异常	异常且严重			
电力电容器柜*		电力电容器	外观有无污染，接头有无松动	需要打开隔离开关进行详细观察，最好有两人操作，需要专业维修人员协助，带有线圈的要放电处理						
			有无漏油、过热、膨胀现象	需要打开隔离开关进行详细观察，最好有两人操作，需要专业维修人员协助，带有线圈的要放电处理，一般情况下运行正常即可						
			绝缘是否正常，有无击穿现象	观察外观，无裂纹、鼓包、色变等情况即为正常						
		接触器	有无机械卡塞，噪声是否符合要求	感受断开和闭合时声音是否清脆						
			线圈直流电阻是否符合生产厂家要求	一般器件可正常运行即为正常状态						
			触头有无烧损痕迹，闭合是否紧密，动静触头是否中心相对	需要打开隔离开关进行详细观察，最好有两人操作，需要专业维修人员协助，带有线圈的要放电处理，一般情况下运行正常即可						
			能否正常工作	一般器件可正常运行即为正常状态						
			引线接头有无污染、松动	一般器件可正常运行即为正常状态						
		控制器	控制器能否正常工作	实现所控制设施的正常闭合或断开即正常						

续表

设备名称	检查位置	检查内容		检查注意事项或评判标准	检查结果			异常描述（性质、范围、程度等）	养护措施	照片或图片（编号/时间）
		检查项目	主要检查内容		正常	异常	异常且严重			
电力电容器柜*		熔断器	有无烧伤痕迹	观察外观，无裂纹、鼓包、色变等情况即为正常						
			电熔丝是否完好	如果供电正常则可以不用打开观察，因为当前熔断丝多为瓷瓶材质，无法通过观察判断						
		仪表	外表有无污染	外观完好即为正常						
			仪表能否正常显示	显示正常即为正常						
低压开关柜*		断路器	外观有无污染、裂痕	外观完好即为正常						
			触头有无烧伤，接触是否紧密	感受断开和闭合时声音是否清脆						
			有无明显的噪声	一般无声音即为正常						
			脱扣器是否正常	感受断开和闭合时声音是否清脆						
			绝缘是否良好	一般器件可正常运行即为正常						
			整定值能否满足系统保护要求	不低于图纸中要求的断路器额定值即为正常						
			引线接头有无污染、松动	在断电状态下用手或简易工具挑动，没有变化即为正常						
		接触器	按“电力电容器柜”中“接触器”执行	—						

续表

设备名称	检查位置	检查内容		检查注意事项或评判标准	检查结果			异常描述（性质、范围、程度等）	养护措施	照片或图片（编号/时间）
		检查项目	主要检查内容		正常	异常	异常且严重			
低压开关柜*		互感器	有无污染	观察外观干净、干燥即为正常						
			绝缘是否良好	观察外观无裂纹、鼓包、色变等情况即为正常						
			外部接线是否断开	正常运行即为正常						
		熔断器	按“电力电容器柜”中“熔断器”执行	—						
		热继电器	外部检查： 继电器外壳是否清洁、完整、嵌接良好；外壳与底座接合是否紧密牢固，防尘密封是否良好	观察外观，无裂纹、鼓包、色变等情况即为正常						
			安装是否端正	观察外观，外观周正即为正常						
		二次回路	端子排是否污染，接线是否松动	在断电状态下用手或简易工具挑动，没有变化即为正常						
		仪表	按“电力电容器柜”中“仪表”执行	—						
		双电源转换开关	外部检查： 转换开关外壳是否清洁、完整、嵌接良好；外壳与底座接合是否紧密牢固，防尘密封是否良好	观察外观，无裂纹、鼓包、色变等情况即为正常						
			安装是否端正	观察外观，外观周正即为正常						

续表

设备名称	检查位置	检查内容		检查注意事项或评判标准	检查结果			异常描述（性质、范围、程度等）	养护措施	照片或图片（编号/时间）
		检查项目	主要检查内容		正常	异常	异常且严重			
配电箱、插座箱、控制箱*		断路器	按“低压开关柜”中“断路器”执行	—						
		接触器	按“电力电容器柜”中“接触器”执行	—						
		熔断器	按“电力电容器柜”中“熔断器”执行	—						
		二次回路	按“低压开关柜”中“二次回路”执行	—						
		箱体	接地是否良好	观察外观，连接正常即为正常						
		照明控制箱	可编控制程序是否正确	这个主要指本地时钟控制装置，能够正常使用即为正常						
			自动集控手动操作是否正确　第一周	器件可正常运行即为正常						
			自动集控手动操作是否正确　第二周	器件可正常运行即为正常						
			自动集控手动操作是否正确　第三周	器件可正常运行即为正常						
			自动集控手动操作是否正确　第四周	器件可正常运行即为正常						

续表

设备名称	检查位置	检查内容		检查注意事项或评判标准	检查结果			异常描述（性质、范围、程度等）	养护措施	照片或图片（编号/时间）
		检查项目	主要检查内容		正常	异常	异常且严重			
配电箱、插座箱、控制箱＊		风机启动及控制柜	有无腐蚀及积水	外观正常即为正常						
			接触是否良好	在断电状态下用手或简易工具挑动，没有变化即为正常						
电力电缆＊		总体	外表有无损伤	器件可正常运行即为正常，在检查线路的时候也可以一并检查						
			高压架空线路和电缆线路及其附属设施巡查	外观正常，线路周围无高树、柴草、悬挂物即为正常						
直流电源、UPS电源、EPS电源＊		箱体	表面清洁	表面整洁即为正常						
			检测、紧固连接端子	安装牢固即为正常						
			测量、记录输入输出电压	用钳形万用表测量输出端电流、电压						
		电池组	电池组外观有无污染损伤，电池的电解液是否正常，温度是否正常	电池电极无水渍、外形表面无空鼓即为正常						
			电池的电压是否正常	利用钳形万用表测量直流电压						
			电池的绝缘是否正常	一般表面完好即为正常，也可利用绝缘摇表测量						
		充电机及浮充电机	输出直流电压、电流是否正常	用钳形万用表测量输出端电流、电压						
			整流装置是否正常	器件可正常运行即为正常						

续表

设备名称	检查位置	检查内容		检查注意事项或评判标准	检查结果			异常描述（性质、范围、程度等）	养护措施	照片或图片（编号/时间）
		检查项目	主要检查内容		正常	异常	异常且严重			
自备发电设备*		负荷运行 30 min 以上	启动、停止试验	操作实验，能正常启动、停止即为正常						
			油压、异响、振动、过热检查	油泵周边无油渍，戴绝缘手套感受振动规律、无明显热感即为正常						
			额定转数及电压确定	电压表指针无大幅度变动即为正常						
			预热的情况是否正常	器件可正常运行即为正常						
			各部分温度是否正常	用红外温度计测量，温度值 40～75 ℃即为正常						
			各机械的动作状态是否灵活	器件可正常运行即为正常						
			自动调节励磁是否正常，响应时间是否正常	器件可正常运行即为正常						
		柴油发动机	外观有无污染、损伤	外观完好即为正常						
			计量表有无异常、漏油、漏水	表面完好、无污染即为正常						
			给各部分加油	每月组织 1 次现场保养，检查润滑油、防冻液等						
			各部位有无松动	观察表面漆是否破损，是否严丝合缝						
		发电机	外观有无污染、损伤	外观完好即为正常						
			给轴承加油	每月组织 1 次现场保养，检查润滑油、防冻液等						
			电刷的接触状态及磨损情况	器件可正常运行即为正常						

续表

设备名称	检查位置	检查内容		检查注意事项或评判标准	检查结果			异常描述（性质、范围、程度等）	养护措施	照片或图片（编号/时间）
		检查项目	主要检查内容		正常	异常	异常且严重			
自备发电设备*		接线	绝缘是否正常	线路外观完好即为正常，每年用绝缘摇表检测1次即可						
			温度是否正常	外观完好即为正常，运行中无异味即为正常						
		启动装置	外观有无污染、损伤	外观完好即为正常						
			空气压缩机的润滑油量	每月组织1次现场保养，检查润滑油、防冻液等						
			计量表是否正常	电压表指针无大幅度变动即为正常						
			有无异响、振动	声音稳定、电流正常、控制有效即为正常						
			各部位有无污染、损伤，油量是否正常，有无变形、松动	外观完好即为正常						
		燃料装置	外观有无污染、损伤	外观完好即为正常						
			有无漏油，贮留量	外观完好即为正常						
			泵的运行状态是否正常	油泵周边无油渍，戴绝缘手套感受振动规律，无明显热感即为正常						
			燃料过滤器的手动操作是否可靠	操作检查，灵活可用即可						
			油位计及漏油开关的工作状态	器件可正常运行即为正常						

续表

设备名称	检查位置	检查内容		检查注意事项或评判标准	检查结果			异常描述（性质、范围、程度等）	养护措施	照片或图片(编号/时间)
		检查项目	主要检查内容		正常	异常	异常且严重			
自备发电设备*		润滑油装置	外观有无污染、损伤	外观完好即为正常						
			燃料过滤器手动操作是否正常	器件可正常运行即为正常						
			油的黏度是否正常	每年更换 1 次即可						
			保温装置的运行状态有无异常	器件可正常运行即为正常						
		冷却塔冷却装置	外观有无污染、损伤	外观完好即为正常						
			冷却水量、水温是否正常，有无漏水	外观完好即为正常						
			运行状态	器件可正常运行即为正常						
		散热器冷却装置	外观有无污染、损伤	外观完好即为正常						
			冷却水量、水温是否正常，有无漏水	外观完好即为正常						
			压力栓的工作状态是否正常	器件可正常运行即为正常						
		空气净化器或换气扇	外观有无污染、损伤	外观完好即为正常						
			工作状况有无异常	声音稳定、电流正常、控制有效即为正常						
			排气颜色有无异常	器件可正常运行即为正常						
		减振装置	减振橡胶、锚具螺栓有无变形、损伤	检查地脚螺栓是否有磨损，无磨损即为正常						

续表

设备名称	检查位置	检查内容		检查注意事项或评判标准	检查结果			异常描述（性质、范围、程度等）	养护措施	照片或图片（编号/时间）
		检查项目	主要检查内容		正常	异常	异常且严重			
自备发电设备*		控制台	外观有无污染、损伤	外观完好即为正常						
			计量仪表、显示灯、故障显示器有无异常	器件可正常运行即为正常						
			操作开关、继电器、电磁开关、配线断路器等有无异常	器件可正常运行即为正常						
			柜内配线有无异常，有无污染、损伤、过热、松动、断线	器件可正常运行即为正常						
			电压、电流、电量测量	声音稳定、电流正常、控制有效即为正常						
			运行时间计量是否正常	核对 30 min，查看统计数据						

检查人：　　　　　　　　　　　　　　　　　　　　　　记录人：

注：(1)在逐项检查中，检查结果用"√"表示。

(2)带"*"的设备为该设施中的关键设备。

7.4.1.5　记录要求

(1)现场原始记录应完整、清晰、明确、真实。

(2)现场的病害记录由记录人签字,并且由审核人确认。

(3)当完成一座隧道外业检测任务后,病害记录人应将该隧道所有记录收集齐全,调整顺序,装订成册,同时整理成电子版归档备案。

(4)定期检查结束后,检查结果应当填入"定期检查记录表",将检查数据及病害绘入"隧道展示图",发现评定状况值 2 以上的情况时,应做影像记录,并详细准确地记录缺损或病害状况,分析成因,对结构物的技术状况进行评定。

7.4.2　照明设施

隧道照明设施在隧道机电设施中占比最大,主要体现在数量基数大、分布区域广、直观感受强,系统原理简单,专业化水平较低,具备基础电工知识即可完成全部维修工作任务,所以隧道照明设施维护水平一般代表整个机电设施的管理能力。但将隧道照度检测指数作为隧道照明设施运行情况的指标,存在检测手段复杂、受环境影响大等问题,在日常养护中需要更专业的技术人员进行测量。本书建议将经常检修值作为参考,定期检修值作为重要依据,但检测手段和指标完全一致,在后续章节中将详细列明。

(1)照明设施检修后,隧道路面亮度应满足设计要求。

(2)照明设施检修除应配备电工工具、高空作业车、清洁卫生用具外,尚应配备照度仪、亮度仪等相关设备。

7.4.2.1　检修频率

照明设施经常检修 1 次/月～1 次/3 月,定期检修 1 次/年。

隧道照明设施经常检修建议以维修工作为主、检测手段为辅,这样一方面可以减少对道路正常运行的影响,降低安全风险,另一方面节省维修维护成本。也可以在进行其他封闭交通施工作业时,一并开展检修工作。本书建议新隧道或提升改造的隧道,检修可以 1 季度 1 次;老隧道或已经发现洞口段单侧连续 2 盏灯故障、中间段单侧连续 3 盏灯故障或者正常状态下有间断性黑斑,对车辆通行造成影响时,应立即开展检修工作,可以 1 月开展 1 次甚至 1 月开展多次。

7.4.2.2　检修方法

(1)经常检修是指通过步行目测或使用简单工具,对设施仪表读数、运转状态或损坏情况进行检查并对检查结果定性判断,对破损零部件应及时进行维修更换。

(2)定期检修是指通过步行目测或使用专业检测工具,对设施外观完好情况、运转状态或损坏情况进行检查并对检查结果定性判断,对破损零部件及时进行维修更换。

隧道照明设施定期检查涉及项目复杂,且以抽检为主,有些仪器需要质量技术监督局备案,维护成本较高。当前部分公司委托有资质的单位进行检测,也算是引入第三方检测。

7.4.2.3　检修注意事项

隧道检修内容是规范要求的,但检查注意事项或评判标准是经验积累的,如读者遇到特殊情况或特种灯具,希望与本书编著人员交流。

7.4.2.4 记录表格

照明设施经常检修记录表如表 7.5 所示。

表 7.5 照明设施经常检修记录表

隧道名称：__________（上行洞/下行洞）　　路线名称：__________

隧道编码：__________　　路线编码：__________

养护机构：__________　　检修日期：____年____月____日　　天气：__________

设备名称	检查位置	检查内容		检查注意事项或评判标准	检查结果			异常描述（性质、范围、程度等）	养护措施	照片或图片（编号/时间）
		检查项目	主要检查内容		正常	异常	异常且严重			
隧道灯具		总体	电压是否稳定，灯具亮度是否正常	照明灯具光源稳定，无低亮、色变、闪烁活动即为正常						
			灯泡的损坏与更换	属于维修范畴，洞口段无连续 2 盏灯故障、中间段无连续 3 盏灯故障即为正常						
			引入线检查，电磁接触器、配电箱柜是否积水	配电箱柜内干燥、整洁即为正常						
			开关装置定时的准确性与动作状态有无异常	照明灯具能够正常启动及关闭即为正常						
		照度测试	超过灯具寿命周期后应进行照度测试（1 次/半年）	照度测试在本书第 8 章中详细介绍，每半年组织 1 次即可						
洞外路灯		灯体	有无损坏，亮度目测是否正常	照明灯具光源稳定，无低亮、色变、闪烁活动即为正常						
			防护等级检查	外观完好即为正常						
照明线路		总体	回路工作是否正常	利用钳形万用表测量供电电流是否维持在额定电流范围且保持三项平衡						

检查人：　　　　记录人：

注：在逐项检查中，检查结果用“√”表示。

7.4.2.5　记录要求

(1)现场原始记录应完整、清晰、明确、真实。

(2)现场的病害记录由记录人签字,并且由审核人确认。

(3)当完成一座隧道外业检测任务后,病害记录人应将该隧道所有记录收集齐全,调整顺序,装订成册,同时整理成电子版归档备案。

(4)定期检查结束后,检查结果应当填入"定期检查记录表",将检查数据及病害绘入"隧道展示图",发现评定状况值 2 以上的情况时,应做影像记录,并详细准确地记录缺损或病害状况,分析成因,对结构物的技术状况进行评定。

7.4.3　通风设施

通风设施包括射流风机、轴流风机、离心风机及其配套设施等为隧道运营提供通风换气服务的设施,在交通量大或结构特殊的隧道中使用比较频繁。本节讲述的主要是通风设施日常维护管理以及正常开启试验。

(1)通风设施检修应按各种设备的操作规程和养护要求进行,并使主要性能指标(如风速、推力、功率、噪声及防护等级等)符合产品说明书的要求。

(2)通风设施检修应配备专用电工工具和机修工具,必要时还应配备风压计、风速计、声级计等相关设备。

(3)在进行定期检修和专项工程后,应对隧道通风设施的效率进行全面测试,通风设施经检修后其通风能力应满足设计要求。

7.4.3.1　检修频率

通风设施经常检修 1 次/月,定期检修 1 次/年。

通风设施作为安全应急设备非常重要,所以在开启频率方面,本书建议每月都开启 1 次,每次开启时间不少于 15 min,一方面可以除尘,另一方面可以保持风机的机动性能。电机是风机最重要的组成部分,而这一部分如果不经常启动便容易损坏,并且如果不经常通风除尘,在应急情况下紧急启动风机,也会造成更严重的影响,比如烟尘太大而影响人员呼吸、视线、光照等。

7.4.3.2　检修方法

(1)经常检修是指通过步行目测或使用简单工具,对设施仪表读数、运转状态或损坏情况进行检查并对检查结果定性判断,对破损零部件应及时进行维修更换。

(2)定期检修是指通过步行目测或使用专业检测工具,对设施外观完好情况、运转状态或损坏情况进行检查并对检查结果定性判断,对破损零部件应及时进行维修更换。

7.4.3.3　检修注意事项

通风设施对隧道整个系统来说属于大负荷设施,在检修时一定要做好安全防护,要有现场安全协助人员,并且该人员应具备触电急救技能,坚决不能一人在通风设施运行状态下进行检修。因为隧道环境复杂,灰尘或烟尘容易造成短路甚至电离等情况,建议检修时关闭控制柜箱体,检修人员佩戴绝缘手套。

7.4.3.4 记录表格

通风设施经常检修记录表如表 7.6 所示。

表 7.6 通风设施经常检修记录表

隧道名称：__________(上行洞/下行洞)　　路线名称：__________
隧道编码：__________　　路线编码：__________
养护机构：__________　　检修日期：____年____月____日　　天气：__________

设备名称	检查位置	检查内容		检查注意事项或评判标准	检查结果			异常描述（性质、范围、程度等）	养护措施	照片或图片（编号/时间）
		检查项目	主要检查内容		正常	异常	异常且严重			
射流风机		总体	风机运转过程中有无异响	启动时风速由小到大，逐渐趋于稳定，无杂音即为正常						
			风机运转时电流值是否在额定值以内	观察仪表电流值，在额定电流范围内上下不超 10% 即为正常						
			风机反转是否正常	声音稳定、电流正常、控制有效即为正常						
			维护性开启频率（上半月）	远程、本地能正常开启即为正常，因设备功率大，建议启动时间不少于 15 min						
			维护性开启频率（下半月）							
		各安装部位	有无松动、腐蚀现象	用手电筒观察风机外观，无锈蚀、松动、缺紧固件即为正常						
			安全吊链的松紧程度	吊链正常悬挂、预埋件无锈蚀、周边无裂纹即为正常						

检查人：　　　　记录人：

注：在逐项检查中，检查结果用“√”表示。

7.4.3.5　记录要求

(1)现场原始记录应完整、清晰、明确、真实。

(2)现场的病害记录由记录人签字,并且由审核人确认。

(3)当完成一座隧道外业检测任务后,病害记录人应将该隧道所有记录收集齐全,调整顺序,装订成册,同时整理成电子版归档备案。

(4)定期检查结束后,检查结果应当填入"定期检查记录表",将检查数据及病害绘入"隧道展示图",发现评定状况值 2 以上的情况时,应做影像记录,并详细准确地记录缺损或病害状况,分析成因,对结构物的技术状况进行评定。

7.4.4　消防设施

《消防设施通用规范》(GB 55036—2022)中提到,消防设施是指用于预防隧道火灾和进行必要救援的设施,包括火灾报警设施、灭火设施、电光标志等。在实际管养过程中,应做好应急状态下消防设施可正常使用的准备工作,所以消防设施的日常维护非常重要。总体来说,一是消防设施设置要科学合理,保持设计的原有状态;二是要维护到位,保证各类设施处于有效期内,严格按照法律法规要求开展管理工作;三是要体现人本管理,在符合规定要求的前提下,针对隧道特殊情况粘贴一些使用标志、警示标志,将灭火器、消防桶、消防水带摆放在便于取用的位置等。消防设施的标志应保持完好。

7.4.4.1　检修频率

消防设施经常检修 1 次/月,定期检修 1 次/年。

消防设施日常管理一般 1 月检查 1 次,要注意检查的覆盖面和关键点,比如隧道洞口、紧急停车带位置消防器材容易丢失,检查消防管道是否正常、最高位消火栓水压是否正常等。

7.4.4.2　检修方法

(1)经常检修是指通过步行目测或使用简单工具,对设施仪表读数、运转状态或损坏情况进行检查并对检查结果定性判断,对破损零部件应及时进行维修更换。

(2)定期检修是指通过步行目测或使用专业检测工具,对设施外观完好情况、运转状态或损坏情况进行检查并对检查结果定性判断,对破损零部件应及时进行维修更换。

7.4.4.3　记录表格

消防设施经常检修记录表如表 7.7 所示。

表 7.7 消防设施经常检修记录表

隧道名称：________（上行洞/下行洞）　　路线名称：________

隧道编码：________　　路线编码：________

养护机构：________　　检修日期：____年____月____日　　天气：________

设备名称	检查位置	检查内容		检查注意事项或评判标准	检查结果			异常描述（性质、范围、程度等）	养护措施	照片或图片（编号/时间）
		检查项目	主要检查内容		正常	异常	异常且严重			
火灾报警设施＊		双/三波长火焰探测器	表面是否清洁	闪光点管线清亮即为正常，一般隧道清洁时一并清洁						
		手动报警按钮	表面是否清洁	表面整洁即为正常						
			检查防水性能	表面完好即为正常						
		火灾报警控制器	表面是否清洁	表面整洁即为正常						
			检查防水性能	表面完好、内部密封条完整有效即为正常						
			线缆连接是否正常	在断电状态下用手或简易工具挑动、没有变化即为正常						
消火栓及灭火器＊		总体	有无漏水、腐蚀，软管、水带有无损伤	表面无水迹、裂纹、锈蚀即为正常						
			室外消火栓的放水试验及水压试验	最低点和洞外消防栓压力枪测试，符合设计即为正常，一般为 4～7 个大气压						
			确认灭火器的数量及其有效期	符合设计且灭火器状态处于黄绿色、更新时间满足要求即为正常						
			灭火器腐蚀情况	表面完好即为正常						
			设备箱体及标识检查	表面完好即为正常						

续表

设备名称	检查位置	检查内容		检查注意事项或评判标准	检查结果			异常描述（性质、范围、程度等）	养护措施	照片或图片（编号/时间）
		检查项目	主要检查内容		正常	异常	异常且严重			
阀门		总体	外观检查，有无漏水、腐蚀	表面无水迹、裂纹、锈蚀即为正常						
			操作试验是否正常	能正常使用即为正常						
			导通试验	安装消防管方便、紧密即为正常						
水泵接合器 *		总体	表面、内部是否清洁	表面无水迹、裂纹、锈蚀即为正常						
			检查密封性	器件可正常使用即为正常						
水泵 *		总体	运转时有无异响、振动、过热，压力上升时闸阀的动作是否正常	运行时声音稳定、柔和，无较大振动和温度变化，压力阀上升稳定，即为正常						
			外观有无污染与损伤	表面无水迹、裂纹、锈蚀即为正常						
			轴承部位加油与排气检查	加油口布满黄油、排气孔无异物且干燥整洁即为正常						
			启动试验与自动阀同时进行	器件能正常启动即为正常						
			紧固泵体各部连接螺栓	连接紧密、无锈蚀即为正常						
			离心泵内的垃圾是否被清除	器件能正常使用即为正常，该项操作难度大，需要吊装电机拆卸离心泵，一般通过综合评价后确定进一步操作						

续表

设备名称	检查位置	检查内容		检查注意事项或评判标准	检查结果			异常描述（性质、范围、程度等）	养护措施	照片或图片（编号/时间）
		检查项目	主要检查内容		正常	异常	异常且严重			
电动机		总体	运转时有无异响、振动、过热	运行时声音稳定、柔和，无较大振动和温度变化，压力阀上升稳定，即为正常						
			外观有无污染、损伤	表面无水迹、裂纹、锈蚀即为正常						
			电压、电流检测	用钳形万用表测量电流电压，额定范围内上下变化不超10%即为正常						
			启动试验	电动机能正常启动即为正常						
给水管		总体	有无漏水，闸阀操作是否灵活	隧道内无漏水现象、消防水池或消防泵内无缺水情况即为正常						
消防水池 *		总体	有无渗漏水	对照补水泵启动情况与使用水量，基本一致即为正常						
			水位是否正常及液位检测器是否完好	水池正常补水、保持稳定水量即为正常						
			泄水孔是否通畅	泄水孔畅通、无杂物即为正常						
电光标志 *		总体	检查、调节 LED 集束像素管的发光亮度	专业测量设备，在第 8 章详细介绍						
			检查显示功能是否正常	内容清晰、接线分明、200 m 范围内可清晰辨认即为正常						
			外观有无污染、破损、锈蚀，字迹是否清晰	表面完好，无黑斑、灰尘即为正常						

检查人：　　　　　　　　　　　　　　　　　　　　　　　记录人：

注：(1)在逐项检查中，检查结果用“√”表示。

(2)带“ * ”的设备为该设施中的关键设备。

7.4.4.4　记录要求

(1)现场原始记录应完整、清晰、明确、真实。

(2)现场的病害记录由记录人签字,并且由审核人确认。

(3)当完成一座隧道外业检测任务后,病害记录人应将该隧道所有记录收集齐全,调整顺序,装订成册,同时整理成电子版归档备案。

(4)定期检查结束后,检查结果应当填入"定期检查记录表",将检查数据及病害绘入"隧道展示图",发现评定状况值 2 以上的情况时,应做影像记录,并详细准确地记录缺损或病害状况,分析成因,对结构物的技术状况进行评定。

7.4.5　监控与通信设施

随着科学技术发展和"智慧交通""智慧隧道"理念的不断提出,隧道监控与通信设施可以说日新月异,设备越来越精巧、稳定,软件系统越来越方便实用。编者认为,隧道监控与通信设施的日常养护工作很难完全满足规范要求,尤其是涉及独立元器件、系统软件时,一般养护单位无法开展有效的检修,并且预防性检修效果并不好,应该把维护的重点放在第一时间发现问题、解决问题上,最大限度地保障隧道正常运营。沂源桥梁隧道管理所在信息化管理和"智慧隧道"打造上,开展了很多创新工作,并以"机械化强人、信息化减人"为原则,不断开展创新工作。

高速公路隧道监控软件系统维护应不少于每年 1 次,维护时应对软件系统进行修改完善,保证联动运行功能的实现和各项技术措施的落实。

7.4.5.1　检修频率

隧道监控与通信设施经常检修 1 次/月,定期检修 1 次/年。

本书认为隧道监控与通信设施经常检修以故障维修为主,原则上全面检查 1 季度开展 1 次即可,检修人员应充分认识到监控与通信设施是隧道能否正常运行的"眼睛"。

7.4.5.2　检修方法

(1)经常检修是指通过步行目测或使用简单工具,对设施仪表读数、运转状态或损坏情况进行检查并对检查结果定性判断,对破损零部件应及时进行维修更换。

(2)定期检修是指通过步行目测或使用专业检测工具,对设施外观完好情况、运转状态或损坏情况进行检查并对检查结果定性判断,对破损零部件应及时进行维修更换。

7.4.5.3　记录表格

监控与通信设施经常检修记录表如表 7.8 所示。

表 7.8　监控与通信设施经常检修记录表

隧道名称：__________（上行洞/下行洞）　　路线名称：__________
隧道编码：__________　　路线编码：__________
养护机构：__________　　检修日期：____年____月____日　　天气：__________

设备名称	检查位置	检查内容		检查注意事项或评判标准	检查结果			异常描述（性质、范围、程度等）	养护措施	照片或图片（编号/时间）
		检查项目	主要检查内容		正常	异常	异常且严重			
亮度检测器		总体	有无误差	进行照度测试，在第 8 章详细介绍，每半年组织 1 次即可						
			安装是否松动等	安装牢固即为正常						
能见度检测器		感光单元	外观有无污染、损伤	外观完好，无污染、破损即为正常						
			聚焦镜防护罩全面检查	防护罩清亮、无灰尘即为正常						
		监控单元	外观是否有污染、损伤	外观完好，无污染、破损即为正常						
			调整工作状态、透过率指标	软件可调即为正常						
CO 检测器		分析仪及自动校正装置	确认分析仪的指示值是否准确	指标值符合设计要求即为正常						
			空气过滤器是否有污染	过滤器无堵塞、经常清理即为正常						
		吸气装置	吸气泵的运转有无异响、过热、振动	在确认表面不带电的情况下，用手触摸感受，无晃动、振动即为正常						
			外观有无污染、损伤	外观完好，无污染、破损即为正常						
			检查检测仪读数有无异常	观察监控数据变动情况，正常幅度变动即为正常						
风速风向检测器		分析仪及自动校正装置	确认分析仪的指示值是否正确	观察监控数据变动情况，正常幅度变动即为正常						
			确认自动校正装置的功能	进行专业测试，在第 8 章详细介绍						

续表

设备名称	检查位置	检查内容		检查注意事项或评判标准	检查结果			异常描述（性质、范围、程度等）	养护措施	照片或图片(编号/时间)
		检查项目	主要检查内容		正常	异常	异常且严重			
车辆检测器		监控单元	外观有无污染、损伤	外观完好，无污染、破损即为正常						
			运行状态	观察监控数据变动情况，正常幅度变动即为正常						
			各种测量数据的可靠度	数据与人工对照一致即为正常						
闭路电视监控系统		摄像机	外观有无污染、损伤	外观完好，无污染、破损即为正常						
			动作确认	专指云平台，可自由控制角度即为正常						
		控制装置	外观有无污染、损伤	监控室机房干净、整洁、温度适宜即为正常						
			操作是否灵敏、正常	可自由控制即为正常						
			与紧急电话等的联动试验	进行专业测试，在第8章详细介绍						
			与防灾控制的联动试验	进行专业测试，在第8章详细介绍						
			电压、电流测量	在监控室内用钳形万用表测量电压、电流						
		编解码器	编解码是否正常	视频清晰、稳定即为正常						
		视频矩阵	视频切换、控制是否正常	可正常切换、控制即为正常						
		操作台	外观有无污染、损伤	办公桌面干净、整洁即为正常						
			功能是否正常	能正常使用即为正常						
		监视器	外观有无污染、损伤	表面完好、干净、无灰尘、无水渍即为正常						
			图像是否清晰、稳定	图像清楚即为正常						
		硬盘录像机	检查 BNC 接头	进行专业检测，录像机能正常运行即为正常						
			测试硬盘录像机的指标	进行专业检测，录像机能正常运行即为正常，一般检测硬盘录像机的录像时长，符合设计要求即为正常						

续表

设备名称	检查位置	检查内容		检查注意事项或评判标准	检查结果			异常描述（性质、范围、程度等）	养护措施	照片或图片（编号/时间）
		检查项目	主要检查内容		正常	异常	异常且严重			
视频交通事件检测器		总体	外观有无污染、损伤	监控室机房干净、整洁、温度适宜，可近距离观察检测器主机，即为正常						
			各种测量数据的可靠度	数据与人工对照一致即为正常						
大屏幕投影系统		总体	亮度一致性	视频清晰、稳定即为正常						
			色彩、分辨率	视频清晰、稳定即为正常						
			经图像拼接控制器的视频图像	视频清晰、稳定即为正常						
			经 RGB 矩阵的 PC 信号质量	视频清晰、稳定即为正常						
			经网络的 PC 信号质量	视频清晰、稳定即为正常						
			对视频矩阵的调用、切换	系统能正常切换即为正常						
			开关视频、PC 信号窗口	系统能正常使用即为正常						
			窗口缩放、移动、多视窗显示等	系统能正常切换即为正常						
			图像参数调整	系统能正常使用即为正常						

续表

设备名称	检查位置	检查内容		检查注意事项或评判标准	检查结果			异常描述（性质、范围、程度等）	养护措施	照片或图片(编号/时间)
		检查项目	主要检查内容		正常	异常	异常且严重			
紧急电话及广播		中波播音装置	行车接听试验	打开巡查车辆广播，在任何时段都能播放即为正常，因涉嫌扰民，只在部分隧道安装此装置						
			外观有无污染、损伤	外观完好，无污染、破损即为正常						
		扩音装置	外观有无污染、损伤	外观完好，无污染、破损即为正常						
		操作平台	外观有无污染、损伤	外观完好，无污染、破损即为正常						
		话筒	外观检查	外观完好，无污染、破损即为正常						
		紧急电话	外观有无污染、损伤	外观完好，无污染、破损即为正常						
			通话效果测试	与监控室通话正常即为正常						
本地控制器		总体	浪涌保护器检查	需进行专业检测，所列设备较为精密，有些需要用毫安表测量，有些需要用软件测试，且不同品牌测试方法不同，一般情况下本地控制器能正常运行即为正常						
			加热器或散热器检查							
			数据采集周期							
			发送控制命令时延							
			独立运行功能测试							
			通信功能							
			传输性能							
			自检功能检查							

续表

设备名称	检查位置	检查内容		检查注意事项或评判标准	检查结果			异常描述（性质、范围、程度等）	养护措施	照片或图片（编号/时间）
		检查项目	主要检查内容		正常	异常	异常且严重			
横通道门		总体	是否损坏	外观完好，无污染、破损即为正常						
			开关是否自如	横通道门能正常使用即为正常						
横通道控制箱		总体	可编控制程序是否正确	横通道控制箱能正常使用即为正常						
			自动及手动操作是否正确	进行操作试验，横通道控制箱能正常使用即为正常						
交通控制和诱导设施		可变信息标志	外观检查	外观完好，无污染、破损即为正常						
			查找不良像素管	进行操作试验，设施能正常使用即为正常						
		可变限速标志	外观检查	外观完好，无污染、破损即为正常						
			查找不良像素管	进行操作试验，设施能正常使用即为正常						
		车道指示器	外观检查	外观完好，无污染、破损即为正常						
		交通信号灯	外观检查	外观完好，无污染、破损即为正常						
通信设施		光缆、电缆	光缆、电缆线路巡视检查	光缆、电缆能正常使用即为正常						
			尾纤（缆）、终端盒、配线架外观检查	光缆、电缆能正常使用即为正常						
			人孔内检查	光缆、电缆能正常使用即为正常						
		光端机	发送光功率	需进行专业检测，所列设备较为精密，有些需要用毫安表测量，有些需要用软件测试，且不同品牌测试方法不同，一般情况下光端机能正常运行即为正常						
			光接收灵敏度							
			传输误码率							

续表

设备名称	检查位置	检查内容		检查注意事项或评判标准	检查结果			异常描述（性质、范围、程度等）	养护措施	照片或图片（编号/时间）
		检查项目	主要检查内容		正常	异常	异常且严重			
通信设施		路由器、交换机	设备运行情况和网络运行数据检查	需进行专业检测，所列设备较为精密，有些需要用毫安表测量，有些需要用软件测试，且不同品牌测试方法不同，一般情况下设施能正常运行即为正常						
			告警显示检查							
			路由器的路由表和端口流量检查							
			交换机的 VLAN 表和端口流量检查							
			散热风扇检查							
监控室设备及系统		总体	各部位清洁检查	外观完好，无污染、破损即为正常						
			病毒的防治	应使用独立网络、屏蔽 USB 接口、加强监控人员管理，设施能正常使用即为正常						
			系统时钟检查	需进行专业检测，所列设备较为精密，有些需要用毫安表测量，有些需要用软件测试，且不同品牌测试方法不同，一般情况下设施能正常运行即为正常						
			硬件设备运行状况检查							
			设备功能与工作状态检查							
			数据保存、备份设备检查							
监控室		总体	温湿度及清洁检查	通常变电站内有温度计和湿度仪，与室外温湿度基本一致即可，一般温度宜为 15～35 ℃，湿度宜为 20%RH～80%RH						

检查人：　　　　　　　　　　　　　　　　记录人：

注：在逐项检查中，检查结果用“√”表示。

7.4.5.4 填写要求

(1)现场原始记录应完整、清晰、明确、真实。

(2)现场的病害记录由记录人签字,并且由审核人确认。

(3)当完成一座隧道外业检测任务后,病害记录人应将该隧道所有记录收集齐全,调整顺序,装订成册,同时整理成电子版归档备案。

(4)定期检查结束后,检查结果应当填入“定期检查记录表”,将检查数据及病害绘入“隧道展示图”,发现评定状况值 2 以上的情况时,应做影像记录,并详细准确地记录缺损或病害状况,分析成因,对结构物的技术状况进行评定。

7.5 机电设施技术状况评定

(1)机电设施技术状况评定应根据日常巡查、经常检修和定期检修资料,结合设备完好率统计,确定机电设施的技术状况等级。

当前管理模式下,隧道日常巡查、经常检修出的问题要求立即维修,对维修不到位或维修难度大的,可采取临时保障措施,所以巡查、检修资料是统计设备完好率的基础资料,要做好日常搜集工作。定期检修资料由专业检查组提供,专业检查组会在定期检查报告中详细说明问题、位置、处治建议等内容,还会给出机电设施的技术状况评定值。

(2)机电设施技术状况评定宜采用考虑机电设施各项目权重的评定方法。

(3)机电设施技术状况应采用设备完好率进行评定,其计算方法应符合下列规定:

①设备完好率按下式计算,各种机电设施可分系统并按对运营安全的重要度建立设备完好率考核指标。

$$设备完好率=\left(1-\frac{设备故障台数\times故障天数}{设备总台数\times日历天数}\right)\times100\%$$

设备完好率是机电设施技术状况评定工作的重要指标,也是机电设施日常检修成本考核的重要指标,在维护成本高于建设成本时,就应该考虑系统更新升级。所以设备完好率的计算对机电设施养护管理非常重要。

②机电设施设备完好率计算中的“设备台数”可按表 7.9 考核单位进行计算。

表 7.9 机电设施设备完好率考核单位

分项	设备名称	单位
供配电设施	高压断路器柜、高压互感器与避雷器柜、高压计量柜、高压隔离开关和负荷开关柜、电力变压器、箱式变电站、电力电容器柜、低压开关柜、配电箱、插座箱、控制箱、综合微机保护装置、直流电源、UPS 电源、EPS 电源、自备发电设备	台
	防雷装置、接地装置、变电所铁构件	个/处
	电力线缆、电缆桥架	条

续表

分项	设备名称	单位
照明设施	隧道灯具、洞外路灯	盏
	照明线路	条
通风设施	轴流风机及离心风机、射流风机	台
消防设施	双/三波长火焰探测器、视频型火灾报警装置、火灾报警控制器、电动机、气体灭火设施、消防车、消防摩托车	台
	点型感烟感温探测器、光纤光栅感温火灾探测系统、液位检测器、消火栓及灭火器、阀门、手动报警按钮、水泵接合器、水泵、消防水池、电光标志	个/处
	线型感温光纤火灾探测系统、水喷雾灭火设施、给水管	个/条
监控与通信设施	亮度检测器、能见度检测器、CO 检测器、风速风向检测器、车辆检测器、摄像机、编解码器、视频矩阵、监视器、硬盘录像机、视频交通事件检测器、本地控制器、横通道控制器、光端机、路由器、交换机	台
	大屏幕投影系统、地图版、有线广播、紧急电话、横通道门、可变信息标志、可变限速标志、车道指示器、交通信号灯、监控室设备	个/处
	光缆、电缆	条

表 7.9 所述内容完全与规范要求一致，在实际养护管理中，可按照实际有的设施进行评定，没有的设施可不做考虑。

(4)机电设施各分项技术状况的评定方法应符合下列规定：

①机电设施各分项技术状况评定值分为 0、1、2、3。机电设施各分项技术状况评定应按表 7.10 执行。

表 7.10　机电设施分项技术状况评定表

分项	状况值			
	0	1	2	3
供配电设施	设备完好率≥98%	93%≤设备完好率<98%	85%≤设备完好率<93%	设备完好率<85%
照明设施	设备完好率≥95%	86%≤设备完好率<95%	74%≤设备完好率<86%	设备完好率<74%
通风设施	设备完好率≥98%	91%≤设备完好率<98%	82%≤设备完好率<91%	设备完好率<82%
消防设施	设备完好率 100%	95%≤设备完好率<100%	89%≤设备完好率<95%	设备完好率<89%
监控与通信设施	设备完好率≥98%	91%≤设备完好率<98%	81%≤设备完好率<91%	设备完好率<81%

②当机电设施各分项中任一关键设备的设备完好率为该分项各类设备完好率最低值时，该分项技术状况按该关键设备的设备完好率评定。

(5)机电设施技术状况评定方法应符合下列规定：

①机电设施技术状况评分应按下式计算：

$$JDCI = 100 \cdot \left(\frac{\sum_{i=1}^{n} E_i w_i}{\sum_{i=1}^{n} w_i} \right)$$

式中，E_i——机电设施各分项判定的设备完好率，0～100%；

w_i——各分项权重；

$\sum_{i=1}^{n} w_i$——各分项权重和；

$JDCI$——机电设施技术状况评分，0～100%。

②机电设施各分项权重宜按表 7.11 取值。

表 7.11 机电设施各分项权重表

分项	分项权重 w_i	分项	分项权重 w_i
供配电设施	23	消防设施	21
照明设施	18	监控与通信设施	19
通风设施	19	—	—

③机电设施技术状况评定分类界限值按表 7.12 规定执行。

表 7.12 机电设施技术状况评定分类界限值

技术状况评分	隧道机电设施技术状况评定分类			
	1 类	2 类	3 类	4 类
$JDCI$	≥97	≥92，<97	≥84，<92	<84

(6)对评定划定的各类机电设施，宜分别采取不同的养护措施：

①1 类机电设施应进行正常养护。

②2 类机电设施或评定状况值为 1 的分项，应进行正常养护，并对损坏设备及时修复。

③3 类机电设施或评定状况值为 2 的分项，宜实施专项工程，并应加强日常巡查。

④4 类机电设施或评定状况值为 3 的分项，应实施专项工程，并应加强日常巡查及采取交通管制措施。

⑤当各类机电设施的关键设备出现故障时，均应及时进行修复。

第 8 章　机电设施检测方法

8.1　通风设施检测项目、技术要求及检测方法

(1)安全接地电阻、防雷接地电阻:

①检测方法:使用接地电阻测试仪检测隧道口接地电阻值及电缆沟内接地扁钢情况(锈蚀、断裂、无扁钢)。

②技术要求:隧道为联合接地模式,接地电阻按设计要求不大于 1 Ω。

(2)绝缘电阻:

①检测方法:使用 500 V 绝缘电阻(兆欧)表,检测强电端子对机壳的绝缘电阻值。

②技术要求:强电端子对机壳的绝缘电阻值不小于 50 MΩ。

(3)风机运行时隧道断面的平均风速:

①单向二车道检测方法:隧道风机全部运行时,以隧道入洞口 100 m 处为起点,在隧道中线、超车道中点、行车道中点、超车道标线、行车道标线距离路面 2 m、3 m、4 m 处分别设置检测点,每个断面设置 15 个检测点,之后向内每 100 m 按照以上方法设置采样检测点,最终检测并计算隧道断面的平均风速。检测风速时,风速轮手持方向与风向指示方向一致。

②单向三车道检测方法:隧道风机全部运行时,以隧道入洞口 100 m 处为起点,在隧道中线、超车道中点、行车道中点、超车道标线、行车道标线距离路面 2 m、3 m、4 m 处分别设置检测点,每个断面设置 21 个检测点,之后向内每 100 m 按照以上方法设置采样检测点,最终检测并计算隧道断面的平均风速。检测风速时,风速轮手持方向与风向指示方向一致。

③单向四车道检测方法:隧道风机全部运行时,以隧道入洞口 100 m 处为起点,在隧道中线、超车道中点、行车道中点、超车道标线、行车道标线距离路面 2 m、3 m、4 m 处分别设置检测点,每个断面设置 27 个检测点,之后向内每 100 m 按照以上方法设置采样检测点,最终检测并计算隧道断面的平均风速。检测风速时,风速轮手持方向与风向指示方向一致。

④技术要求：风机运行时隧道断面的平均风速不小于 1.5 m/s。

(4)响应时间：

①检测方法：掌握隧道内风机控制方式，确定控制方式后，试验每种控制方式下启动风机所需的时间。

②技术要求：发送控制命令后至风机启动带动叶轮转动时的时间不小于 5 s 或符合设计要求。

(5)方向可控性：

①检测方法：了解隧道内风机是否具有正反转功能，若具有正反转功能，试验手动启动开关和使用自动控制信号[可编程逻辑控制器(PLC)内 CO/VI 程序]时，风机能否实现正反转运行。检测人员站在风机两侧感受风向是否改变。

②技术要求：风机可接收手动、自动控制信号改变通风方向。

(6)风速可控性：

①检测方法：了解隧道内风机是否具有改变通风量的功能，若具有改变通风量的功能，试验手动启动开关和使用自动控制信号(PLC 内 CO/VI 程序)时，风机通风量改变情况。

②技术要求：风机可接收手动、自动控制信号改变通风量。

(7)本地控制模式：

①检测方法：了解隧道内风机在自动运行方式下，能否接受一氧化碳与能见度检测器(CO/VI 检测器)的控制，确定能够接受控制后，通过修改 PLC 内 CO/VI 对应的数值来验证风机控制方式。

②技术要求：自动运行方式下，可以接收多路检测器的控制，控制风机启动、停止与方向、风量。

(8)远程控制模式：

①检测方法：了解隧道内风机在自动运行方式下，能否接受消防主机和监控中心软件控制，确定能够接受控制后，通过操作消防主机和监控中心亿阳软件来验证控制方式。

②技术要求：自动运行方式下，通过标准串口接收本地控制器或计算机控制系统的控制，控制风机启动、停止与方向、风量。

8.2 照明设施检测项目、技术要求及检测方法

(1)安全接地电阻、防雷接地电阻：

①检测方法：使用接地电阻测试仪检测隧道口接地电阻值及电缆沟内接地扁钢情况(锈蚀、断裂、无扁钢)。

②技术要求：隧道为联合接地模式，接地电阻按设计要求不大于 1 Ω。

(2)绝缘电阻：

①检测方法：使用 500 V 绝缘电阻(兆欧)表，检测强电端子对机壳的绝缘电阻值。

②技术要求：强电端子对机壳的绝缘电阻值不小于 50 MΩ。

(3)灯具启动时间的可调性：

①检测方法：对于采用高压钠灯的隧道，查看照明配电柜内有无延时继电器。

②技术要求：照明回路的启动时间间隔可调、可控。

(4)启动、停止方式：

①检测方法：确定照明灯具启动、停止方式，例如手动控制变电所配电柜、隧道内配电柜等，自动控制隧道 PLC 控制器等。确定控制方式后，按每种控制方式进行试验。

②技术要求：可采用自动、手动两种方式控制全部或部分照明器的启动、停止。

(5)照度(入口段、过渡段、中间段、出口段)：

①单向二车道隧道检测方法：检测时，要求将隧道内灯具全部开启。入口段路面检测点的选取方式为在入口段中部区域 2 盏相邻基本照明灯范围内，纵向等距选取 11 组路面检测点；从超车道标线到行车道标线范围内，横向等距选取 7 组路面检测点，共计 77 个检测点。过渡段 1、过渡段 2、中间段、出口段检测点的选取方法与入口段一致。将照度计放置在路面检测点上，待检测数值稳定后进行读数，读取数值时避免人影干扰。

②单向三车道隧道检测方法：检测时，要求将隧道内灯具全部开启。入口段路面检测点的选取方式为在入口段中部区域 2 盏相邻基本照明灯范围内，纵向等距选取 11 组路面检测点；从超车道标线到行车道标线范围内，横向等距选取 10 组路面检测点，共计 110 个检测点。过渡段 1、过渡段 2、中间段、出口段检测点的选取方法与入口段一致。将照度计放置在路面检测点上，待检测数值稳定后进行读数，读取数值时避免人影干扰。

③单向四车道隧道检测方法：检测时，要求将隧道内灯具全部开启。入口段路面检测点的选取方式为在入口段中部区域 2 盏相邻基本照明灯范围内，纵向等距选取 11 组路面检测点；从超车道标线到行车道标线范围内，横向等距选取 13 组路面检测点，共计 143 个检测点。过渡段 1、过渡段 2、中间段、出口段检测点的选取方法与入口段一致。将照度计放置在路面检测点上，待检测数值稳定后进行读数，读取数值时避免人影干扰。

④技术要求：以交通量为依据计算合格标准，并将检测结果与合格标准进行比对。

(6)照度总均匀度、纵向均匀度：

①检测方法：照度总均匀度、纵向均匀度为中间段内技术指标。

照度总均匀度＝计算区域内路面最小照度/计算区域内路面平均照度。

纵向均匀度一路面中线最小照度/路面中线最大照度。

②技术要求：照度总均匀度不小于 0.4，纵向均匀度不小于 0.6。

(7)紧急照明：

①检测方法：确定有无柴油发电机，并进行现场试验。

②技术要求：对于双路供电照明系统，主供电线路停电时，应能自动切换到备用供电线路上。

8.3 低压配电设施检测项目、技术要求及检测方法

(1)安全接地电阻:

①检测方法:使用接地电阻测试仪检测柴油发电机接地电阻值。

②技术要求:隧道变电所为联合接地模式,接地电阻按设计要求不大于 1 Ω。

(2)发电机组控制柜接地电阻:

①检测方法:使用接地电阻测试仪检测柴油发电机控制柜接地电阻值。

②技术要求:隧道变电所为联合接地模式,接地电阻按设计要求不大于 1 Ω。

(3)发电机组启动及启动时间:

①检测方法:实际操作。

②技术要求:符合设计要求。

(4)发电机组容量测试:

①检测方法:实际操作。

②技术要求:符合设计要求。

(5)发电机组输出电压稳定性:

①检测方法:使用万用表检测。

②技术要求:符合设计要求。

(6)自动发电机组自启动转换功能测试:

①检测方法:实际操作。

②技术要求:市电停电后,机组能自动启动,稳定后送入规定的线路上,可优先手动切换。

(7)机组供电切换对机电系统的影响:

①检测方法:实际操作。

②技术要求:机电系统所有设备不因机组电源切换而出现工作异常。

(8)电源室接地装置的检查:

①检测方法:观感检查。

②技术要求:接地体引入线与接地体的连接以及防腐处理等符合要求。

8.4 紧急电话设施检测项目、技术要求及检测方法

(1)音量、话音质量、通话呼叫功能:

①检测方法:机电工程师在隧道现场通过每部紧急电话与分中心进行通话,通过感官判断设备是否符合要求,通话内容需记录核对。

②技术要求:要求话音清晰,无明显噪声、断字等缺陷。

(2)防雷接地电阻：

①检测方法：使用接地电阻测试仪检测隧道口接地电阻值及电缆沟内接地扁钢情况(锈蚀、断裂、无扁钢)。

②技术要求：隧道为联合接地模式，接地电阻按设计要求不大于 1 Ω。

(3)地址码显示功能、振铃响应功能、故障报告功能、打印报告功能：

①检测方法：一名机电工程师在隧道现场通过每部紧急电话与分中心进行通话，另一名机电工程师在分中心观察设施功能是否符合要求。

②技术要求：控制台显示呼叫位置，呼叫在控制台有振铃响应，分中心可自动立即显示故障信息，值班记录、事件、故障等文件可打印。

(4)定时自检功能、手动自检功能、加电自恢复功能：

①检测方法：机电工程师在分中心通过询问另一位机电工程师和实际操作的方式验证各功能是否符合要求。

②技术要求：能检测到线路连接、电池、传输故障等情况。加电后，控制台应自动进入工作状态。

8.5　电力电缆检测项目、技术要求及检测方法

(1)电源箱、配电箱、分线箱安全接地电阻：

①检测方法：使用接地电阻测试仪检测隧道口接地电阻值及电缆沟内接地扁钢情况(锈蚀、断裂、无扁钢)。

②技术要求：隧道为联合接地模式，接地电阻按设计要求不大于 1 Ω。

(2)配线架对配电箱的绝缘电阻：

①检测方法：使用 500 V 绝缘电阻(兆欧)表，检测强电端子对机壳的绝缘电阻值。

②技术要求：强电端子对机壳的绝缘电阻值不小于 50 MΩ。

8.6　消防设施检测项目、技术要求及检测方法

(1)安全接地电阻、防雷接地电阻：

①检测方法：使用接地电阻测试仪检测隧道口接地电阻值及电缆沟内接地扁钢情况(锈蚀、断裂、无扁钢)。

②技术要求：隧道为联合接地模式，接地电阻按设计要求不大于 1 Ω。

(2)绝缘电阻：

①检测方法：使用 500 V 绝缘电阻(兆欧)表，检测强电端子对机壳的绝缘电阻值。

②技术要求：强电端子对机壳的绝缘电阻值不小于 50 MΩ。

(3)加压设施气压：

①检测方法：利用设施上的气压表目测或利用气压表比对。

②技术要求：符合设计要求。

(4)供水设施水压：

①检测方法：利用设施上的水压表目测或利用水压表比对。

②技术要求：符合设计要求。

(5)火灾探测器：

①检测方法：模拟测试。

②技术要求：进行火灾可靠探测，不漏报、不误报，并将探测数据传送到火灾控制器和上端计算机。

(6)火灾报警器：

①检测方法：模拟测试。

②技术要求：按下报警器时可触发报警器，并将探测数据传送到火灾控制器和上端计算机。

(7)消防栓的功能：

①检测方法：模拟测试 1 次。

②技术要求：打开阀门后在规定的时间内达到规定的射程。

(8)其他灭火器材的功能：

①检测方法：抽测 1 个。

②技术要求：参考器材使用说明书。

(9)火灾探测器与自动灭火设施的联合测试：

①检测方法：模拟测试 1 次。

②技术要求：符合设计要求。

8.7 区域控制器检测项目、技术要求及检测方法

(1)安全接地电阻、防雷接地电阻：

①检测方法：使用接地电阻测试仪检测隧道口接地电阻值及电缆沟内接地扁钢情况(锈蚀、断裂、无扁钢)。

②技术要求：隧道为联合接地模式，接地电阻按设计要求不大于 1 Ω。

(2)绝缘电阻：

①检测方法：使用 500 V 绝缘电阻(兆欧)表，检测强电端子对机壳的绝缘电阻值。

②技术要求：强电端子对机壳的绝缘电阻值不小于 50 MΩ。

(3)与监控中心计算机通信功能：

①检测方法：检查监控中心软件与 PLC 能否通信。操作监控中心软件，观察其能否控制 PLC。

②技术要求：PLC 可按设计周期与监控中心计算机通信。

(4)对所辖区域内下端设备控制功能：

①检测方法：确定 PLC 控制哪些下端设备，例如风机、照明设备、可变信息标志等。由变电所值班工程师、分中心工程师操作 PLC，结合竣工图，验证 PLC 控制情况。

②技术要求：按设计周期控制采集、处理、计算下端设备数据。

(5)本地触摸屏控制功能：

①检测方法：检查现场区域控制器、主区域控制器是否具有本地触摸屏。

②技术要求：中心计算机或通信链路故障时，本地触摸屏具有独立控制功能。

(6)断电时恢复功能：

①检测方法：断电之后重启区域控制器，操作区域控制器，检查其能否控制下端设备。

②技术要求：加电或系统重新启动后可以自动运行原预设控制方案。

8.8　可变信息标志检测项目、技术要求及检测方法

(1)安全接地电阻、防雷接地电阻：

①检测方法：使用接地电阻测试仪检测隧道可变信息标志接地电阻值。

②技术要求：隧道为联合接地模式，接地电阻按设计要求不大于 1 Ω。

(2)绝缘电阻：

①检测方法：使用 500 V 绝缘电阻(兆欧)表，检测强电端子对机壳的绝缘电阻值。

②技术要求：强电端子对机壳的绝缘电阻值不小于 50 MΩ。

(3)视认距离、显示内容：

①检测方法：设备置于手动测试状态，测试以下文案：

a.前方阻塞，请绕行×××国道。

b.下雨路滑，请注意交通安全。

c.欢迎使用××高速公路。

d.大雾，限速 20 km/h。

e.交通量大，限速 80 km/h。

测试人员分为 2 组，一组发布信息(2 人)，另一组认读文案(3 人)。

从以上 5 条测试信息中任选 3 条信息，在测试人员距离标志大于 250 m 时进行显示，每次显示 1 个文案，共进行 3 次。

②技术要求：测试人员可在车速 120 km/h 时、250 m 外清楚视认测试信息内容，可变信息标志正确地显示中心计算机发送的内容。

(4)自检功能：

①检测方法：实际操作。

②技术要求：可变信息标志能够向中心计算机提供显示内容的确认信息及本机工作

状态自检信息。

(5)亮度调节功能：

①检测方法：使用亮度计在有无遮挡情报板感光头环境下分别检测情报板亮度。

②技术要求：能根据环境照度自动调节显示屏的亮度。

8.9 环境检测器设施检测项目、技术要求及检测方法

(1)安全接地电阻：

①检测方法：使用接地电阻测试仪检测隧道口接地电阻值及电缆沟内接地扁钢情况(锈蚀、断裂、无扁钢)。

②技术要求：隧道为联合接地模式，接地电阻按设计要求不大于 1 Ω。

(2)绝缘电阻：

①检测方法：使用 500 V 绝缘电阻(兆欧)表，检测强电端子对机壳的绝缘电阻值。

②技术要求：强电端子对机壳的绝缘电阻值不小于 50 MΩ。

(3)CO 传感器精度偏差：

①检测方法：使用检验标定过的 CO 气体检测仪检测隧道内的 CO 浓度，读取 PLC 内 CO/VI 检测仪检测数据，对比两者检测数值，检查两者偏差是否符合要求。

②技术要求：符合设计要求或产品指标。

(4)烟雾传感器精度偏差：

①检测方法：使用检验标定过的光透仪检测隧道内 VI 浓度，读取 PLC 内 CO/VI 检测仪检测数据，对比两者检测数值，检查两者偏差是否符合要求。

②技术要求：符合设计要求或产品指标。

(5)照度传感器精度偏差：

①检测方法：使用检验标定过的照度计检测隧道内照度，读取 PLC 内照度传感器检测数据，对比两者检测数值，检查两者偏差是否符合要求。

②技术要求：符合设计要求或产品指标。

(6)风速风向传感器精度偏差：

①检测方法：使用检验标定过的风速＋温度测试仪检测隧道风速风向，读取 PLC 内风速风向传感器检测数据，对比两者检测数值，检查两者偏差是否符合要求。

②技术要求：符合设计要求或产品指标。

(7)与风机、照明设施、消防设施、报警设施、诱导标志、可变标志、控制计算机的联动功能：

①检测方法：掌握环境检测器与哪些设施可以联动，按照可联动项目进行每项测试(通过操作 PLC 来进行模拟检测)。

②技术要求：符合设计要求或产品指标。

8.10　闭路监视设施检测项目、技术要求及检测方法

(1)安全接地电阻：

①检测方法:使用接地电阻测试仪检测隧道口接地电阻值及电缆沟内接地扁钢情况(锈蚀、断裂、无扁钢)。

②技术要求:隧道为联合接地模式,接地电阻按设计要求的绝缘电阻值不大于 1 Ω。

(2)绝缘电阻：

①检测方法:使用 500 V 绝缘电阻(兆欧)表,检测强电端子对机壳的绝缘电阻值。

②技术要求:强电端子对机壳的绝缘电阻值不小于 50 MΩ。

(3)传感通道指标：

①检测方法:使用视音频测量仪进行检测。

②技术要求：

a.视频电平(700±30)mV。

b.同步脉冲幅度(300±20)mV。

c.回波 $E<7\%$KF。

d.亮度/色度时延差不小于 100 ns。

e.幅频特性标准值是 5.8 MHz 带宽内±2 dB。

f.视频信杂比不小于 56 dB(加权)。

(4)画面指标：

①检测方法:主观测试。

②技术要求：

a.图像上没有损伤或干扰存在,5 分。

b.图像上稍有可察觉的损伤或干扰存在,4 分。

c.图像上有明显的损伤或干扰存在,3 分。

d.图像上损伤或干扰较严重,2 分。

e.图像上损伤或干扰极严重,1 分。

记录数据填写在记录表中。

(5)云台水平转动角、云台垂直转动角、监视范围：

①检测方法:使用视频监控测试仪进行检测。

②技术要求:水平转动角不小于 350°,上仰角不小于 15°,下俯角不小于 90°,符合设计要求。

(6)外场摄像机安装稳定性：

①检测方法:实际操作。

②技术要求:受大风影响或进行变焦、转动等操作时,动作平滑,无明显抖动。

(7)调焦功能、变倍功能：

①检测方法:使用视频监控测试仪进行检测。

②技术要求:自动调节、可变倍。

(8)自动光圈调节、雨刷功能：

①检测方法:实际操作。

②技术要求:自动调节,工作正常。

第9章　其他工程设施养护管理

9.1　一般规定

其他工程设施养护应包括日常巡查、清洁维护、检查评定、保养维修等内容。

(1)日常巡查应包括日常巡查中发现、记录、报告或处理明显异常。

(2)清洁维护应包括电缆沟与设备洞室的清理、洞口联络通道内垃圾清扫、洞口限高门架与洞口环保景观设施脏污清除、附属房屋设施的清洁维护。

(3)检查评定应包括发现其他工程设施的异常、掌握并判定其技术状况、确定相应的养护对策或措施。

(4)保养维修应包括其他工程设施的结构破损维修、环保景观设施的恢复及附属房屋的保养。

其他工程设施主要包括电缆沟、设备洞室、洞外联络通道、洞口绿化、消音设施、减光设施、污水处理设施、洞口雕塑、隧道铭牌、房屋设施等，养护工作与隧道土建结构类似，参照土建结构划分养护工作。

日常巡查的目的是发现其他工程设施是否存在有碍交通的状况和设施本身是否存在明显异常。为缓解视觉疲劳，在特长及超特长隧道内设置的人造绿化景观因样本数较少，本书中未包括这部分内容，景观主体结构参照洞口环保设施养护，灯饰景观参照洞内照明养护。

其他工程设施的日常巡查、检查评定宜与隧道土建结构同步进行，这样可提高效率，减少对交通运营的干扰，便于对隧道总体技术状况等级进行评定。有特殊要求的其他工程设施应按相关规定进行保养，主要是指按国家制定的环保设施养护规定和民用房屋修缮工程施工规程所规定的养护内容进行养护维修；风机房、变电所、监控房的设备设施及附属房屋的水暖电的专业养护可按相关规定执行。

9.2 日常巡查

日常巡查是对其他工程设施使用情况进行的日常巡视检查，应符合下列规定：

(1)巡查其他工程设施有无明显结构变形破坏，电缆沟、设备洞室是否存在明显涌水，洞外联络通道路面有无落物，洞口绿化区有无树木倾倒在行车限界范围内，污水处理设施有无明显淤积。

(2)应对洞外联络通道隔离设施进行日常巡查，保证通道隔离设施完好，通道在正常状态下应处于封闭状态。

(3)日常巡查中发生异常应进行记录、报告或处理。

9.3 清洁维护

其他工程设施的清洁维护工作整体频率较低，且隧道区位不同，设施配置也大不相同，但洞外联络通道作为路面养护的一部分，清洁维护频率自然增加。对于其他工程设施的清洁维护，本书建议随时清理杂物，以保持干净整洁为原则。

其他工程设施的清洁维护频率不应低于表 9.1 的规定值。

表 9.1 其他工程设施的清洁维护频率

分项设施	清洁维护频率
电缆沟、设备洞室	1 次/季度
洞外联络通道	1 次/月
洞口限高门架	1 次/1 年
洞口绿化	1 次/1 年
消音设施	1 次/季度
减光设施	1 次/1 年
污水处理设施	1 次/1 年
洞口雕塑、隧道铭牌	1 次/3 年
房屋设施	楼地面、墙台面清洁维护 1 次/周； 吊顶、门窗清洁维护 1 次/月； 地基基础、屋面清洁维护 1 次/年； 风机房、变电所、监控房按机电设施的相关规定确定清洁维护频率

(1)应定期清除电缆沟、设备洞室内的杂物积尘,清理排水设施,保持电缆沟内整洁、设备洞室内无积水。

电缆沟盖板的清洁维护纳入隧道土建结构“检修道”,这里所说的电缆沟是指盖板以下的电缆行走通道部分。

(2)应定期清扫洞外联络通道内路面、清除隔离设施脏污、清理排水设施,确保紧急情况下车辆、人员的正常通行。

长及特长上下行分离双洞隧道应设置洞外联络通道以利于特殊情况下车辆渡线掉头,方便隧道维修、养护和应急救援,并进行清洁维护以保证紧急情况下能正常使用。洞外联络通道有时也叫“洞外广场”。

(3)应定期清扫洞口限高门架脏污,保持限高标志清晰醒目,清除、修复门架撞击痕迹,矫正门架变形,保证满足限高要求。

洞口限高门架属隧道限高设施之一,定期进行清洁维护以保持标志清晰,矫正门架变形以保证限高功能。当前青兰高速各隧道均未设置限高门架,只在洞口标志处标明限高、限宽规定。

(4)洞口绿化与植被应与周围环境协调,清洁维护工作应满足下列要求:

①应定期修剪隧道进口两侧 30～50 m 范围内的乔木,避免侵入行车界限或影响行车视距。

②适时修剪抚育树木,保持树木透光适度、通风良好,减少病虫害的发生。

③适时修剪草皮,保持美观。

隧道进出口两侧 30～50 m 范围内栽植高大乔木,尽可能形成洞内外光线的过渡段,以利于车辆的安全行驶。隧道洞口边仰坡绿化充分利用野生花草进行覆盖,并适当辅以人工栽植的树木,使洞口与周围自然景色融为一体。当隧道的边仰坡为土质时,一般采取网格绿化;当隧道的边仰坡为石质时,采用挂网种植绿化。树木与植被要加强抚育管理,做到及时检查、补植、浇水、除草、松土、施肥、修剪和防治病虫害。

(4)洞口雕塑、隧道铭牌应定期清洗,保持美观。

雕塑、铭牌可美化洞口,是隧道的形象特征之一,宜定期进行清洁维护。

(5)应定期清洗消声设施污秽,修复或更换损坏部位、部件。

隧道内的噪声随交通量的增大而增大,在隧道内表面贴上吸音材料可减少噪声。

①吸音材料:玻璃棉、矿棉、无机纤维材料及其制成的板材。

②吸音结构:有膜共振吸音、板共振吸音、腔共振吸音。

③养护维修内容:主要是污秽的擦拭、损坏部位(件)的修补,修补宜用原材料。

当前青兰高速各隧道均未设置消声设施。

(6)应定期扫除遮光棚顶垃圾、清除脏污,保持减光设施正常减光效果及外观的干净、整洁。

减光设施是指为改善洞口环境亮度、景观而设置的遮光棚,主要有拱式和棚架式两种形式,其材料有钢筋混凝土、钢构件、其他轻型材料等。当前青兰高速各隧道均未设置减光设施。

(7)应定期清除污水处理池和净化池沉积的泥砂、杂物,污水处理池和净化池容积不应受挤占。

污水处理设施的清洁维护工作主要是保证污水处理池与净化池不因泥砂、杂物沉积而容量不足。

(8)应定期进行附属房屋设施清洁维护,保持房屋及周围环境的整洁、美观,周围场地应排水畅通,并应符合下列规定:

①应清除地基基础周围堆物、杂草,疏通排水系统,保证勒脚完好无损。勒脚是建筑物外墙的墙脚,即建筑物的外墙与室外地面(散水)接触墙体部位的加厚部分。勒脚的作用是防止地面水的侵蚀,保护墙面。保证勒脚完好无损,可有效防止地基、墙面受损,保证室内干燥,提高建筑物的耐久性。

②应清除楼地面脏污、积尘,保持楼地面清洁。风机房、变电所、监控房等主要房屋地面应无积尘和油污;应疏通用水房间排水管,楼地面应有效防水,避免室内受潮与虫害。

③应清除墙台面及吊顶脏污、积尘,清洁墙台面及吊顶。

④应清除门窗脏污、积尘,修复或更换破损部位(件),门窗应处于正常使用状态。

⑤应清除屋面积雪、积尘,屋面应不渗漏。

根据《住宅建筑规范》(GB 50368—2005)使用与养护的规定确定房屋设施的清洁维护内容,包括地基基础、楼地面工程、墙台面及吊顶工程、门窗工程、屋面工程。

9.4 检查评定

其他工程设施的检查可分为经常检查和定期检查,设备洞室渗漏水、房屋地基变形、基础沉降等异常情况可根据需要进行应急检查或专项检查。附属房屋的防雷接地装置应在每年雷雨季节前后进行检查。

其他工程设施一般不进行应急或专项检查,设备洞室渗漏水可在土建结构专项检查时检查,原因复杂的房屋地基基础沉降、变形等异常,根据需要进行应急或专项检查。

其他工程设施检查的主要内容应按表9.2执行。

表9.2 其他工程设施检查的主要内容

分项设施	经常检查内容	定期检查内容
电缆沟	是否完好,有无涌水	是否完好,有无杂物、积尘、积水
设备洞室	是否完好,有无渗漏水,标志是否齐全	是否完好,有无渗漏水、杂物、积尘,标志是否齐全、清晰
洞外联络通道	隔离设施是否完好,标志是否齐全,路面有无落物	隔离设施是否完好,标志是否齐全、清晰,路面是否清洁、有无隆起和积水

续表

分项设施	经常检查内容	定期检查内容
洞口限高门架	门架有无变形，结构是否完好，标志是否齐全	门架有无变形，结构是否完好，标志是否齐全、清晰，净空误差能否满足限高要求
洞口绿化	树木是否妨碍行车，有无树木枯死	树木是否妨碍行车，有无树木枯死、草皮失养，整体绿化效果是否美观
消音设施	是否完好	是否完好，是否具备消音功能
减光设施	结构是否完好	结构是否完好，标志是否齐全、清晰，能否正常减光
污水处理设施	是否渗漏，有无淤积	是否渗漏，有无杂物、泥砂沉积
洞口雕塑、隧道铭牌	是否存在毁坏	表面是否脏污，是否存在损毁
房屋设施	承重结构有无变形，非承重结构有无渗漏，屋面有无渗漏，楼地面、门窗是否完好	承重结构有无变形、裂缝、松动；非承重墙体有无渗漏、破损；屋面排水是否通畅、有无渗漏；楼地面、门窗是否完好；顶棚有无变形；水卫、电照、暖气等设备是否完好，能否正常使用

洞外联络通道路面技术状况评定标准参照洞内路面制定，房屋设施技术状况评定标准参照《住宅性能评定标准》(GB/T 50362—2022)制定。例如对附属房屋设施技术状况评定时，对地面风机房、变电所房、监控房、水泵房及辅助生产生活用房等逐处评定，以状况值最高的一处作为附属房屋分项设施状况值纳入其他工程设施技术状况综合评分计算公式。

应根据各分项设施完好程度、破损发展趋势、设施使用正常程度等检查结果，确定各分项设施状况值。

应根据各分项设施状况值，按照表 9.3 的分项权重和式 9.1 计算技术状况分值，确定其他工程设施技术状况。多处同类分项设施应逐处评定，以分项状况值 $QTCI_i$ 最高的一处纳入技术状况评分公式。

表 9.3　其他工程设施各分项权重

分项设施	权重 w_1	分项设施	权重 w_1
电缆沟	10	消音设施	3
设备洞室	10	减光设施	10
洞外联络通道	9	污水处理设施	4
洞口限高门架	14	洞口雕塑、隧道铭牌	2
洞口绿化	3	房屋设施	35

表 9.3 列其他工程设施出现增项时，可根据设施的重要性，参照表 9.3 列分项设施权重和《公路隧道养护技术规范》(JTG H12—2015)附录 D 分项技术状况评定标准，确定增

项设施的权重和状况值，纳入公式进行计算。

$$QTCI = 100 \cdot \left[1 - \frac{1}{2}\sum_{i=1}^{n}\left(QTCI_i \times \frac{w_i}{\sum_{i=1}^{n} w_i}\right)\right]$$

式中，$QTCI$——其他工程设施技术状况评分；

$QTCI_i$——各分项设施状况值，值域为 0～2，见《公路隧道养护技术规范》（JTG H12—2015）表 D.0.1～表 D.0.10；

w_i——各分项设施权重。

其他工程设施技术状况可分为 3 类评定，分类判断标准及限界值宜按表 9.4 执行。

表 9.4 其他工程设施分类判定标准及限界值

设施技术状况分类	技术状况	$QTCI$ 限界值
1 类	设施完好无异常，或有异常、破损情况但较轻微，能正常使用	＞70
2 类	设施存在破损，部分功能受损，维护后能使用，应准备采取对策	40～70
3 类	设施存在严重破损，使用功能大部分或完全丧失，必须停用并采取紧急对策	＜40

对评定划分的各类设施，应分别采取不同的养护对策：

(1)设施技术状态为 1 类及状况值评定为 0 的分项设施，正常使用，正常养护。

(2)设施技术状态为 2 类及状况值评定为 1 的分项设施，观察使用，保养维修。

(3)设施技术状态为 3 类及状况值评定为 2 的分项设施，停止使用，尽快进行维修加固。

9.4.1 电缆沟技术状况评定

电缆沟检查采取目测方法，主要检查电缆沟侧壁破损情况、电缆沟内积水情况。

应进行现场检查，照相存储，记录病害位置、范围及程度，并确定洞口病害相应的评定状况值，具体评定标准见表 9.5。

表 9.5 电缆沟技术状况评定标准

状况值	技术状况描述
0	电缆沟结构完好或基本完好，沟内无杂物、积尘积水或少量积尘积水，能保障电缆正常或基本正常使用
1	电缆沟结构破损，沟内积尘积水，影响电缆正常使用但不影响交通和行人安全
2	电缆沟结构破损严重，沟内积尘积水严重，严重影响电缆正常使用，可能会不影响交通和行人安全

9.4.2　设备洞室技术状况评定

设备洞室检查采取目测方法，主要检查设备洞室结构、衬砌是否有漏水痕迹，标志是否齐全有效，洞内是否有影响使用或安全的杂物等内容。

应进行现场检查，照相存储，记录病害位置、范围及程度，并确定洞口病害相应的评定状况值，具体评定标准见表 9.6。

表 9.6　设备洞室技术状况评定标准

状况值	技术状况描述
0	设备洞室结构完好或基本完好，无渗漏水或少量渗漏水，标志齐全清晰或部分丧失，能保障设备正常使用
1	设备洞室结构破损，洞室内有渗漏水，标志缺失，影响设备正常使用，不影响交通和行人安全
2	设备洞室结构破损严重，洞室内渗漏水严重，标志缺失，严重影响设备正常使用，可能影响交通和行人安全

9.4.3　洞口联络通道技术状况评定

洞口联络通道检查采取目测方法，主要检查隔离设施是否齐全有效、联络通道是否有病害、杂物等内容。

应进行现场检查，照相存储，记录病害位置、范围及程度，并确定洞口病害相应的评定状况值，具体评定标准见表 9.7。

表 9.7　洞口联络通道技术状况评定标准

状况值	技术状况描述
0	隔离设施整洁完好或基本完好、少量脏污，标志齐全或部分缺失，通道路面完好或轻微裂缝，排水基本通畅，能保障正常情况下通道处于封闭状态，紧急状况下可正常或基本正常使用
1	隔离设施部分缺失、脏污严重，标志缺失，通道路面有微小沉陷、隆起、积水，能保障正常情况下车辆不误入，紧急状况下车辆能通过
2	隔离设施缺失，通道路面有明显的隆起、积水严重，标志缺失，不能保障正常情况下通道处于封闭状态及紧急状况下车辆能通过

9.4.4　洞口绿化技术状况评定

洞口绿化通道检查采取目测方法，主要检查绿化苗木生长状况、是否达到保持生态环保要求、是否体现绿化抚育效果等内容。

应进行现场检查，照相存储，记录病害位置、范围及程度，并确定洞口病害相应的评定状况值，具体评定标准见表 9.8。

表 9.8 洞口绿化技术状况评定标准

状况值	技术状况描述
0	树木透光适度、通风良好，无枯死，草皮适时修剪，整体绿化效果美观
1	无杂草、无枯死，发现死树及时清除补种，整体绿化效果较美观
2	树木枯死、倾倒，草皮失养，严重影响洞口美观

9.4.5 洞口减光设施技术状况评定

洞口减光设施检查采取目测方法，主要检查是否存在结构变形、破损、标志缺失而使减光效果受影响，是否影响交通和行人安全。

应进行现场检查，照相存储，记录病害位置、范围及程度，并确定洞口病害相应的评定状况值，具体评定标准见表 9.9。

表 9.9 洞口减光设施技术状况评定标准

状况值	技术状况描述
0	结构完好、整洁或有轻微破损、脏污，标志基本齐全清晰，减光效果基本正常
1	结构局部变形、破损，标志缺失，减光效果部分丧失，不影响交通和行人安全
2	结构变形、破损严重，标志缺失，减光效果基本丧失，可能影响交通和行人安全

9.4.6 洞口雕塑技术状况评定

洞口雕塑检查采取目测方法，主要检查是否破损、是否整洁美观。

应进行现场检查，照相存储，记录病害位置、范围及程度，并确定洞口病害相应的评定状况值，具体评定标准见表 9.10。

表 9.10 洞口雕塑技术状况评定标准

状况值	技术状况描述
0	完好，整洁美观
1	破损较严重，表面脏污非常严重，影响洞口景观
2	严重破损，需更换

9.4.7 附属房屋技术状况评定

附属房屋检查采取目测方法，主要检查房屋结构是否正常、是否存在漏水漏雨情况，地面、门窗是否正常，水卫、电照、暖气等设备是否正常。

应进行现场检查，照相存储，记录病害位置、范围及程度，并确定洞口病害相应的评定状况值，具体评定标准见表 9.11。

表 9.11　附属房屋技术状况评定标准

状况值	技术状况描述
0	承重构件完好或基本完好，非承重墙体完好或少量破坏，屋面、墙体无渗漏或局部渗漏，楼地面平整完好或稍有裂缝，门窗基本完好，顶棚无明显变形，水卫、电照、暖气等设备基本完好，能使用正常或基本正常使用
1	承重构件少量损坏，非承重墙体较严重损坏，屋面、墙体局部渗漏较严重，楼地面严重起砂，门窗变形较严重或部分缺失，顶棚明显变形，水卫、电照、暖气等设备损坏较严重，基本无法正常使用
2	承重构件明显损坏，非承重墙体严重损坏，屋面严重漏雨，楼地面严重起砂开裂，门窗严重变形或大部分缺失，顶棚严重变形，水卫、电照、暖气等设备严重损坏，无法正常使用

9.5　养护维修

9.5.1　基本要求

(1)电缆沟、设备洞室应进行保养，对破损的沟壁、洞室壁应维修恢复，设备洞室的渗漏水应查明原因并进行处治，保持电缆沟、设备洞室的完好和正常使用。电缆沟、设备洞室的结构破损及渗漏水的保养维修可与土建结构的保养维修或病害整治同时进行。

(2)洞口限高门架与减光设施的结构应进行保养，门架结构破损或变形应进行维修恢复，保证门架满足限高功能要求；应对减光设施的结构破损、遮光顶棚缺失进行维修恢复，保持减光效果正常。

(3)对损坏的洞口雕塑、隧道铭牌应进行维修或拆换；应查明污水处理池和净化池的渗漏原因并处治，保证池壁、池底无渗漏。

(4)洞外联络通道路面保养维修应按相关规范要求办理。

(5)附属房屋设施的保养维修应符合下列规定：

①房屋屋面及墙体渗漏应进行保养维修。

a.屋面渗漏维修工程应根据房屋防水等级、使用要求、渗漏现象及部位，查明渗漏原因，找准渗漏点，制定相应的维修方案。

b.选用材料应与原防水层相容，与基层应结合牢靠。

c.屋面防水层维修完成后应平整，不得积水、渗漏。

d.墙体渗漏维修前，应对渗漏墙体的墙面、外部粉刷分格缝、门窗框周围、窗台、穿墙管根部、阳台和雨棚与墙体的连接处、变形缝等渗漏部位进行现场查勘，确定渗漏部位，查明渗漏原因，制定相应的维修方案。

e.墙体维修后不得出现渗漏水现象，应在完工 3 d 后进行检验，即墙面冲水或雨淋 2 h 后无渗漏水。

②房屋墙体粉刷后，起壳、剥落、疏松等损坏部位应凿除并清理干净后重新粉刷。

③房屋的木门窗可 2 年油漆一次，损坏的门窗应进行修理或更换。

④房屋的钢构件应定期进行保养维修，清除锈蚀，并按规定涂刷防锈漆和油漆。

⑤防雷接地装置的损坏、锈蚀应予以保养维修。

a.修换防雷接地装置前，应对接地体进行接地电阻测试，接地线和接地体焊接开焊、断裂的应修理或更换，完好的应除锈并刷防锈漆。

b.接地体锈蚀严重无法修复时，按设计要求换装新接地体。

c.修换防雷装置前，对避雷网、避雷带、引下线等发生开焊、变形的应修复，对防锈漆脱落的应除锈刷漆。

d.修换接地装置及固件均宜采用镀锌制品，各部连接点应牢固可靠。

⑥防冻保温设施应进行周期性的保养维修，宜不少于 1 次/年。

9.5.2 技术方案

9.5.2.1 隧道消防水池渗漏水处置工程施工方案

(1)工程概况：G22 青兰高速公路沂源隧道消防水池采用钢筋混凝土结构，储水量 400 m^3，设有补水深井一处，多年来采用自动上水系统。某次检查中发现消防水池有漏水情况，为避免正常使用受到影响，故对水池做防漏水处理。

(2)编制依据：

①隧道消防设施设计图纸。

②《地下工程防水技术规范》(GB 50108—2008)。

③《高分子防水材料　第 1 部分：片材》(GB/T 18173.1—2012)。

(3)材料选用：

①聚乙烯丙纶 400 g 防水卷材[《高分子防水材料　第 1 部分：片材》(GB/T 18173.1—2012)中规定的标准防水卷材]。

②辅助材料：107 专用胶，水泥。

(4)对基层的要求：防水施工基面要坚实平整，光洁，不能有酥松、起砂、裂缝、翘起和尖凸、坑洼、空鼓等现象。

(5)防水主、辅料的施工要求：

①胶浆的配比：水泥与专用胶粉质量比为 80(水泥)：1(胶粉)：50(水)。

②配比方法：先将胶粉放入容器内，再加水泥搅拌，待拌和均匀后，加水搅拌成糊状流体后方可使用。

③在地下水位较高的条件下，应降低地下水位和做好排水处理，地下水位应保持在防水层下 50 cm 以下。

④基面不得有明水，如果非常干燥，需在基面表层喷水保养。

⑤地面和卷材涂胶要均匀一致，不得漏涂。

(6)防水层的施工与操作：施工顺序应按照先底板后墙面、先附加层后大面、先基坑后大底板面施工，大面施工时可由中间向两端施工。

①聚乙烯丙纶防水卷材的粘贴与铺设应按以下规定操作：

a.地下防水层施工前，应先做好节点、附加层部位的处理，然后由最低标高处向上施工。

b.粘贴聚乙烯丙纶防水卷材前，在铺设部位将卷材预放 3～12 m，找正方向后，中间固定。将卷材一端卷至固定处，涂水泥胶浆粘铺，这端贴完后，再将预放的卷材另一端卷回至已粘好的位置，连续粘贴直至整幅粘贴完成。

c.涂胶铺设的方法：首先将已配制好的水泥胶浆用容器倒在预粘处的找平层上，水泥胶浆要连续、适量、均匀，不露底不堆积，厚度应保持在 1 mm，然后铺设卷材，用刮板排气压实，排出多余的水泥胶剂。

d.卷材采用搭接法铺贴，卷材搭接缝宽度宜长边与短边 100 mm，上下层、相邻两幅卷材的搭接缝及主防水层与附加层搭接缝应错开 1/3 幅宽以上。

e.卷材搭接缝满粘，接缝压实后在接缝边缘再涂刷一层水泥胶浆，将接缝密封严实，接缝不允许有露底、打皱、翘曲、起空现象。

f.立面卷材粘贴必须纵向粘贴，自上而下对正，自下而上排气压实。

g.立面卷材粘贴时每道施工高度为 2 m，每道防水施工完成后应进行回填，回填完成后再进行下一道防水施工。

②特殊部位的处理：

a.卷材收头处理：卷材收头是卷材防水层的关键部位，处理不好极易张口、翘边、脱落。

b.阴阳角处理：在阴阳角处，先铺贴增强附加层，附加层宽度为 500 mm，在附加层验收合格后方可进行大面积第一遍施工，第一遍验收合格后方可进行第二遍施工，长短向搭接宽度不得小于 100 mm。

对于穿墙管洞处应先铺贴附加层 2 遍，而后再大面积施工，待管道安装完成后再用密封膏对管周缝隙进行填充封闭。

底板立面挡土墙施工时，先刷水泥胶浆，紧跟着铺贴卷材，再用刮板从下向上刮贴，使水泥胶浆均匀密实。挡土墙上部第一遍预留 300 mm 宽，第二遍预留 500 mm 宽，以便于墙面施工时搭接。

③涂胶与铺设卷材注意事项：

a.水泥胶浆涂刮后应随即铺贴卷材，防止间隔时间过长而使胶中的水分散失，从而影响粘贴质量。

b.用刮板排气刮实卷材的同时，应注意检查卷材下面有无硬性颗粒及其他物质将卷材垫起，如有应将其取出重新粘贴。已铺设完的防水层在水泥胶浆具备一定强度前应避免人员在上部来回踩踏，以免卷材起鼓。防水层验收合格后，应尽快进行下道工序的施工。

c.卷材必须平整粘贴于找平层上，不得起皱、翘边，粘贴面积应达卷材面积的 85％以上。

d.卷材施工温度高于 25 ℃时，应立即向施工后的卷材表面喷水降温和遮盖养护，防止卷材变形起鼓。

(7)防水层检测试验:防水层施工完毕后,由于是地下无法进行蓄水和淋水试验,只能注意检查,发现疑点及时处理。

(8)资料的整理:提供合格证、检测报告、施工记录等资料。

(9)施工现场管理:

①施工现场必须达到工完场净。

②施工不能在雨季进行,因此在施工前必须注意天气情况。

③施工作业和检查人员不得穿皮鞋、带钉子的鞋,防止破坏防水卷材。

④防水卷材在施工现场应集中存放、统一管理,并防止雨淋等措施。

⑤施工人员必须戴安全帽。

⑥材料堆放处、库房、防水作业区必须配备消防器材,施工现场严禁吸烟。

⑦施工人员搭配需合理。

⑧防水作业人员在培训考试合格后方可上岗;施工作业人员上岗必须穿戴防护用品(口罩、工作服、工作鞋、手套、安全帽等),按规程操作,不得违章作业。

⑨施工人员在基坑中休息时需远离防水保护墙,不得在防水保护墙上行走。

⑩施工人员出入基坑必须走规定的坡道爬梯。高处作业人员必须有安全可靠的脚手架,并必须系好安全带。

⑪严禁使用敞开式灯具。

(10)质量标准:

①保证项目:

a.卷材和水泥胶浆材料的品种、牌号及配合比必须符合设计要求和有关技术规范、标准的规定。

b.卷材防水层及其变形缝、预埋件等处的细部做法必须符合设计要求和规范的规定。

c.防水层严禁有渗漏现象。

②基本项目:

a.铺贴卷材防水层的基层应符合要求,平整洁净,无起砂、空鼓和松动现象。

b.胶浆涂刷应均匀,不得有漏刷和麻点等缺陷。

c.卷材防水层铺贴和搭接、收头,应符合设计要求和《地下工程防水技术规范》(GB 50108—2008)的规定,且应粘贴牢固,无空裂、损伤、滑移、翘边、起泡、皱折(皱褶)等缺陷。

(11)成品保护:

a.已铺好的卷材防水层应及时采取保护措施,防止机具和施工作业对其造成损伤。

b.变形缝、管等处防水层施工前,应进行临时堵塞,防水层完工后,应进行清除,保证管、缝内通畅,满足其使用功能。

c.防水层施工完毕,应及时做好保护层。

d.施工中不得污染已做完的成品。

9.5.2.2 客土喷播植草护坡技术

(1)工艺及特点:客土喷播绿化是20世纪90年代交通部科学研究院(现更名为交通

运输部科学研究院）从日本引进的一种新型绿化技术。客土喷播技术是将客土、纤维、侵蚀防止剂、长效缓释性肥料和种子等按一定比例配合，加入专用设备中充分混合搅拌后，通过空气压缩机喷射到坡面上，形成边坡植物的生长基质。对于硬岩坡面、软岩坡面、沙地、贫瘠地、酸性及碱性土壤等恶劣坡面，这种耐侵蚀性基质条件使边坡快速复绿成为可能，从而达到防护及绿化边坡的目的。该项技术已先后在我国公路植被恢复中得到推广应用，既保护了边坡的稳定，又实现了石质边坡的绿化，还改善了高速公路景观，取得了良好的生态效益。土壤是植物生长的基础，不同的植物对生长基础厚度、生长条件的要求不同，对于一般土壤而言，植物所需土层最小厚度为 5～15 cm。决定喷播厚度的主要有三个因素：边坡岩质情况、年降雨量及挖方边坡坡度。除厚度外，植物对土壤的化学性质和物理结构也有相应的要求。一般来说，土壤过酸或过碱都不利于植物生长，土壤过疏、过密或团粒结构差都会影响植物生长。因此，在客土材料的选择与配比时，要充分考虑这些因素。稳定的植物群落应具备以下基本特征：遵循自然演替规律，能够适应当地的气候、土壤条件。植物选择应做到乔、灌、草有机结合，布局合理，抗逆性强。客土喷播绿化选择植物时，主要从生态学的角度出发，尽可能采用乡土植物种类，并且模拟自然群落，进行乔、灌、草合理配置。

（2）适用条件。根据客土喷播植草护坡在国内不同地区、不同类型边坡的应用经验，初步确定其适用条件包括以下几个方面：

①应用地区。各地区均可应用，但在干旱、半干旱地区应保证养护用水的持续供给。

②边坡状况。适用于开挖后的岩石坡面的植被恢复，尤其适用于不宜进行植被恢复的恶劣地质条件，如砾石层、软岩、破碎岩等。常用坡率为 1∶1.5～1∶2.0，当坡率超过 1∶1.25时，应结合其他方法使用。

③施工季节。一般施工应在春季和秋季进行，应尽量避免在暴雨季节施工。

（3）施工方法。客土喷播植草护坡施工工序为：边坡清理→测量放线→锚杆施工→挂网施工→材料搅拌→客土喷播→养护管理。

①边坡清理尽可能将坡面平整，以利于客土喷播施工，同时增加坡面绿化效果。通过清理岩面碎石、松散层等措施，保证施工前坡面的平均凹凸度为±15 cm，最大不超过±30 cm；同时对于光滑岩面，需要通过挖掘横沟等措施进行加糙处理，以免客土下滑。

②测量放线使用水平仪及卷尺，首先按纵横间距 2 m 放点，确定主锚杆钻孔位置，再在相邻的主锚杆之间中点上插补次要锚杆。主锚杆间距 2 m，次锚杆间距 1 m。

③锚杆施工的目的是对岩石表层进行加固，防止边坡表层发生局部崩塌，同时也可有效地固定用作客土喷播基础的钢丝网。锚杆施工流程如下：钻孔→插入锚杆→注浆固定→外涂防锈剂→施工完成。

④挂网施工基本材料一般为镀锌低碳钢丝，菱形结构。挂网施工采用自上而下的方法，相邻两卷钢丝网或塑料网分别用铁丝或尼龙绳连接，至少每隔 1 m 间距须用锚杆或锚钉与岩面固定。

⑤客土材料包括泥炭土、保水剂、长效复合绿化专用肥、混合草灌种子和当地肥土或熟土等。

从理论上讲，客土厚度除了与岩石硬度及岩缝密度相关外，还与坡比有关，而与岩石种类关系不大。

⑥将客土材料和植物种子加入客土喷播机，加水搅拌均匀即可进行喷播施工。选用专用客土喷播机，设备原理是发动机连接传动部位，将料仓内的材料搅拌均匀，然后采用挤压和空压方式将材料输送到施工面，并均匀地喷播至边坡表层。设备就位后，调节输送泵压力、出风量，使混合料均匀输送至喷枪口，持枪的工作人员注意根据输送压力、出料量、喷射坡面至枪口距离，适当调节出料孔口大小，使混合料均匀喷射至坡面，自上而下喷播2次。第一次喷播厚3 cm，待客土稳定后(10～20 min)，再喷播第二次，直至设计厚度。在岩性破碎、岩质坚硬的坡段，喷射客土厚度可适当增加。

⑦喷播之后及时加盖遮阳网或非织造布，30～45 d后炼苗揭布。由于选择了适合当地气候、土壤条件及高速公路粗放型管理的灌木种及草种，成坪后一般不需要人工养护管理，前期若天气长期持续干旱则应适当予以浇水管理。

客土喷播将土木工程、环境工程、生态工程及植物学等学科交叉综合运用，以柔性防护的形式实现建设“生态公路”的理念。我国是一个多山的国家，公路建设中土方工程量大，深挖高填现象普遍。以往对于石质的挖方边坡，由于缺乏植物生长的基础，无法进行绿化。客土喷播则很好地解决了这些难题，为建设生态绿色通道创造了条件。因此，客土喷播技术的研究和推广应用，必将促进我国公路绿化水平的提高，为国土绿化、生态保护和水土保持等做出一定的贡献。

9.5.2.3 三维植被网护坡技术

(1)工艺及特点。三维植被网亦称固土网垫，是以热塑性树脂为原料，经挤出、拉伸等工序形成相互缠绕、在接点上相互熔合、底部为高模量基础层的三维立体结构网垫。

三维植被网的基础层由1～3层经双向拉伸处理后得到的均匀的方形网格组成，拉伸后的方形网格质轻、丝细且均匀，具有很好地适应坡面变化的贴附性能；三维植被网的上部为1～3层网包层。三维植被网质地疏松、柔韧，具有合适的高度和空间，可以充填储存泥土和砂砾，因而具有抗水冲刷、固土蓄水、阻风滞水等特殊功能。

三维植被网护坡是在铺草皮护坡存在易遭受强降雨或常年坡面径流影响，形成冲沟、引起边坡浅层失稳和滑塌等缺陷的基础上发展起来的。三维植被网护坡具有以下特点：

①固土性能优良。三维植被网表面有波浪起伏的网包，对覆盖于网上的客土、草种有良好的固定作用，可减少雨水的冲蚀。

②消能作用明显。由于网包层的存在，缓冲了雨滴的冲击能量，减弱了雨滴的溅蚀。网包层的起伏不平使风、水流等在网表面产生无数小涡流，减缓了强风及降雨引起的侵蚀。

③网络加筋突出。三维植被网的基础层和网包层网格间的经纬线交错排布，对回填客土起着加筋作用，且随着植草根系的生长发达，三维植被网、客土及植草根系相互缠绕，形成网络覆盖层，增加了边坡表层的抗侵蚀能力。

④保温功能良好。无论冷季型草种还是暖季型草种，其发芽生长都存在一个适宜的

温度区间，在适宜的温度区间之外施工，草种发芽率低，生长缓慢。三维植被网垫具有良好的保温作用，在夏季可使植物根部的微观环境温度比外部环境温度低 3～5 ℃，在冬季则高 3～5 ℃，因此，三维植被网在一定程度上解决了逆季施工的难题，促进幼苗均匀生长。

(2)适用条件。根据三维植被网护坡在国内不同地区、不同类型边坡的应用经验，初步确定其适用条件包括以下几个方面：

①应用地区。各地区均可应用，但在干旱、半干旱地区应保证养护用水的持续供给。

②边坡状况。各类土质边坡均可应用，包括路堤和路堑边坡，强风化岩石边坡、土石混合路堤边坡经处理后也可应用。常用坡率为 1∶1.5，一般不超过 1∶1.25，坡率大于 1∶1时慎用。每级高度不宜超过 10 m。

③施工季节。一般施工应在春季和秋季进行，应尽量避免在暴雨季节施工。

(3)施工方法。三维植被网护坡施工工序为：准备工作→铺网→覆土→播种→前期养护。

①准备工作：

a.平整坡面。为保证三维植被网与坡面的紧密结合，交验后的坡面采用人工细致整平，清除所有的岩石、碎泥块、植物、垃圾和其他可能引起网在地面被顶起的阻碍物。

b.客土改良。对路堤填土土质条件差、不利于草种生长的坡面需回填改良客土，回填客土厚度为 50～75 mm，并用水润湿，让坡面自然沉降至稳定。若 pH 值不适宜，尚需改良其酸碱度，一般改良土壤酸碱度应于播种前一个月进行，以保证改良效果。

c.开挖沟槽。在坡顶及坡底沿边坡走向开挖一个矩形沟槽，沟宽 30 cm，沟深不少于 20 cm。坡面顶沟离坡面 30 cm，用以固定三维植被网。

d.排水设施。三维植被网护坡作为一种浅层护坡的措施来讲，能否最终发挥出效果受很多因素的制约，而边坡排水系统的设置是否合理和完善直接影响到植物的生长环境。对于长大边坡，坡顶、坡脚及平台均需设置排水沟，并应根据坡面水流量的大小考虑是否设置坡面排水沟，一般坡面排水沟横向间距为 40～50 m。

②铺网：

a.铺网。三维植被网的剪裁长度比坡面长 130 cm，顺坡铺设。铺网时，应让网尽量与坡面贴附紧实，防止悬空。铺设时，应使网保持平整，不产生褶皱，网之间要重叠搭接，搭接宽度为 10 cm。

b.固定。建议采用 U 形钉或聚乙烯塑料钉，也可用钢钉，但需配以垫圈，钉长为 20～45 cm，松土用长钉。钉的间距一般为 90～150 cm(包括搭接处)，在沟槽内也应按约 75 cm 的间距设钉，然后再填土压实。

③覆土：

a.覆土组成。覆土以肥沃表土为宜，对于瘠薄土应添加有机肥、泥炭、草木灰、化肥等提高其肥力。

b.覆土过程。为保证覆土充满网包且不压包，应分层多次填土，且洒水浸润，至网包层不外露为止。

④播种：

a.草种选择。根据气候区划进行草种选择，草种应具有优良的抗逆性，并采用2种以上的草种进行混播。

b.播种方法。可采用人工撒播，也可采用液压喷播。人工撒播后，应撒5～10 cm细粒土。

c.盖非织造布。雨季施工时，为使草种免受雨水冲刷，并实现保温保湿，应加盖非织造布，促进草种的发芽生长，也可采用稻草、秸秆编织席覆盖。

⑤前期养护：前期养护洒水时用高压喷雾器使养护用水呈雾状均匀地湿润坡面，注意控制好喷头与坡面的距离和移动速度，避免高压射流水冲击坡面而形成径流。养护期限视坡面植被生长状况而定，一般不少于45 d。应定期喷撒广谱杀虫剂，及时预防各种病虫害的发生。草种发芽后，应及时对稀疏无草区进行补播。

第四篇 安全管理

隧道安全管理既是隧道养护管理的重点也是核心，在隧道养护管理体系中，关于安全的部分主要包括结构安全（防范自然灾害）、施工作业安全和通车运行安全三个方面。荀子曰：“一曰防，二曰救，三曰戒。先其未然谓之防，发而止之谓之救，行而责之谓之戒。”（《申鉴·杂言》）落实到隧道养护管理上，“防”就是防止发生事故，开展风险分析；“救”就是做好应急预案、应急演练等；“戒”就是工作落实的各项考核标准。在隧道日常养护管理过程中，“防”与“救”是各级管理部门最重视的部分，也是与养护管理工作关系最密切的部分，而“戒”这个体系建立在综合管理过程中。本着“治未病”的工作思路，本篇着重介绍隧道风险分析和应急救援体系。

第10章　隧道风险分析体系

伴随着我国经济的飞速发展，建成的高速公路隧道数量越来越多，隧道在缩短通行时间的同时，也面临着隧道运营期的安全风险。近年来，国内外高速公路隧道在运营过程中时而有重大事故发生，由于隧道自身具有封闭性、净空小等特点，隧道事故的严重程度高、不易逃生、不易救援。隧道结构老化，运营设备落后、不足，使得隧道运营存在极大的安全隐患；交通量日益增加，导致隧道运营安全风险不断提高。

相对施工期而言，运营期才是隧道安全事故主要发生期。我国隧道运营期安全事故每年造成的人力和财力损失很大，给整个交通运输行业甚至其他行业带来了严重影响。针对这一问题，国内外已对高速公路隧道运营期安全风险防控工作开展了研究，但仍有很长的路要走。目前，高速主管部门及管养单位按照法律法规的要求，虽然制定了相应的制度措施，但普遍缺少对重大危险源的预测和风险评估。现场安全管理较多地用"经验"管理，随意性较大，缺少用科学的理论作指导、以数据说话的现场监督管理方式。

因此，在我国高速公路隧道建设飞速发展的同时，如何评估高速公路隧道运营风险并提高运营期间抵御风险事故的能力是亟须解决的问题。

10.1　风险源辨识概述

10.1.1　风险源定义及分类

风险源与风险密不可分。一切能够带来风险的载体（人或物又或事件及其他）都可被视为风险源。在高速公路隧道运营中，一切能够带来隧道运营安全风险的载体都是风险源。

风险源的分类有多种，以其中一种风险源分类方法为例进行介绍。

（1）物质环境是最基本的风险源，它是指由于自然环境和实物条件的变化导致的可能出现损失的情况，在高速公路隧道中体现在隧道结构、机电设施等变化造成的隧道运营风险。

（2）社会环境作为风险源，是指组成社会的个体的道德信仰、价值观、行为方式以及社会结构和制度变化带来风险因素的可能。在高速公路隧道运营中，社会环境的影响导致的风险事件归属于其他风险事件，发生概率很低，基本可以不考虑。

(3)政治环境的变化和社会环境的变化有很大关联，高速公路隧道运营中基本不考虑。

(4)法律环境不属于隧道运营安全的范畴，不予考虑。

(5)操作环境作为风险源时，在隧道运营安全中表现为交通环境的安全风险，在风险事故中占有很大的比例。

(6)经济环境可能会带来以上类别的风险，但从隧道运营安全的角度不予考虑。

(7)认识环境作为风险源时，在隧道运营安全中表现为隧道运营管理制度、管理人员以及交通参与者的安全风险上，也是高速公路隧道运营风险事件中不可忽视的风险源类别。

相同的风险因素可能是由不同的风险源产生的。例如，火灾风险可能来源于物质环境(物质自燃等)，也可能来源于社会环境(纵火)。有些风险源很好判断，但是有些则不易判断。

10.1.2 风险源辨识定义

风险源辨识，即人们运用各种方法找到系统潜在的风险源，并进行归类整理、筛选。高速公路隧道运营风险辨识是指调查高速公路隧道工程在运营过程中潜在的风险源，或者对已经发生的事故进行分析，找到事故发生的原因或涉及的因素，并对风险源进行系统筛选、分类。在筛选和分类的过程中需注意：

(1)引起风险的因素非常多，其后果的严重程度也不同，要尽可能抓住主要因素，主要因素不能有遗漏。

(2)每个因素都考虑会使问题变得非常复杂，应在尽量多地考虑影响因素的情况下合理地缩小不确定性。

风险源辨识需要考虑的内容有：

(1)主要风险是什么?

(2)风险的诱因是什么?

(3)风险事故发生的后果及程度?

10.1.3 风险源辨识一般步骤

根据风险源辨识需考虑的三方面问题，围绕风险源辨识准确性、完整性和系统性的三大原则，高速公路隧道运营风险源辨识阶段的工作具体可以分为以下几个步骤。

(1)明确分析系统：由于风险源辨识是风险评估的基础，因此明确分析系统就是明确风险评估的范围，确定风险评估的目标。

(2)收集资料：在对高速公路隧道运营风险源辨识的时候，需要收集很多资料进行参考，即对隧道的运用状况、工作环境、建设条件、设计标准和指标、结构形式、管理制度、已发事故等进行全面的调查。

(3)风险源普查:根据收集的资料,选用合适的方法对要进行风险源辨识的对象进行深入的风险分析,全面分析可能存在的风险源,并结合收集的事故资料分析事故诱因及事故后果,在普查中尽可能抓住主要风险源然后再进行扩展,尽量减少风险源的遗漏。

(4)风险源筛选:在风险源普查中,涉及面非常广和复杂,因此为了保证风险源分析合理,必须在风险源普查的基础上进行风险源筛选。有些风险事件的诱因可能是多种风险源作用的结果,且不同的风险源引起的后果严重程度也不相同,考虑太多的风险源会使问题复杂化,如果考虑太少又容易遗漏。因此,风险源筛选是根据风险事件发生的概率和风险事件后果严重程度,提取较为重要的风险源。

(5)建立风险源清单:将综合考量、筛选后的风险源进行汇总,列出风险源清单。风险源清单中应该包含相关的事故资料、影响后果等。风险源辨识是风险评估的基础,编制内容详尽、重点分明的风险源清单可为风险评估工作打下坚实的基础。

10.1.4　风险源辨识方法

目前风险源识别的方法大致可以分为定性、定量、定性和定量相结合的辨识方法。由于隧道运营风险源非常广泛、复杂,因此综合使用多种分析方法,将定性辨识方法与定量辨识方法相结合,既能够节约时间和资源,又具有说服力,辨识结果相对于定性分析来说是科学可靠的。

本书中所述风险源辨识的重点在于通过分析研究,从"运营管理、设备设施、土建结构、交通环境"四方面梳理出运营安全风险源,并剖析风险源可能存在的各种状态。本书中高速公路隧道运营风险源辨识分为下面四个部分:

(1)高速公路隧道运营管理风险源分析。

(2)高速公路隧道机电设施运营安全风险源分析。

(3)高速公路隧道土建结构运营安全风险源分析。

(4)高速公路隧道交通环境运营安全风险源分析。

具体操作步骤:通过搜集整理相关运营情况资料,重点分析近年来导致隧道运营事故的风险因素,并结合其他类型的风险因素,编制在役高速公路隧道运营安全风险源辨识检查表。

10.2　高速公路隧道运营风险事故统计与分析

10.2.1　交通事故

隧道交通事故是隧道运营事故中发生频率最高的事故,小到两车刮擦,大到连环追尾的交通事故,在全世界范围内每年都有发生,并且发生的频率很高。虽然大型交通事故发生的频率相对较少,但是其每年造成的人力、物力损失难以估计。由于隧道自身结构的特殊性,导致隧道交通事故发生的概率要大于其他交通设施。随着世界范围内一些大型交通事故的发生，人们从设计到建设、运营管理方面越来越多地考虑到要尽量减少交通事故的发生。

10.2.1.1 隧道交通事故类型

隧道内的交通事故主要表现为正面相撞、撞壁、车辆追尾、翻车、刮擦、其他六种事故类型。我国部分隧道交通事故类型统计分布如表 10.1 所示。

表 10.1 我国部分隧道交通事故类型统计分布

序号	类型	概率/%
1	正面相撞	14.90
2	撞壁	19.70
3	车辆追尾	52.50
4	翻车	10.10
5	刮擦	1.40
6	其他	1.40

从表 10.1 中可以看出，我国交通事故类型中发生最多的追尾事故占 52.50%，这与车辆通过隧道的速度有很大关系，并且与隧道内部光线环境相对室外较差以及驾驶员的心态也密不可分，同时还与车辆故障、隧道坡度等有关系。正面相撞事故、撞壁事故和翻车事故发生的概率相差不大，分别为 14.90%、19.70%、10.10%。在高速公路隧道中，追尾和撞壁是最常发生的事故，虽然一般的高速公路隧道限速 90 km/h，但由于隧道内光线差等因素，隧道内依然容易发生交通事故。

10.2.1.2 隧道交通事故原因

隧道交通事故发生的原因很复杂，人、车、隧道相互影响，每一个环节发生变化都有可能带来风险，甚至导致交通事故的发生。其中人包括驾驶员(心态、年龄、驾龄)、管理人员及制定的管理制度、其他交通参与者，车包括不同车型比例、车辆故障等，环境包括隧道环境、交通环境及隧道进出口周边环境等。高速公路隧道交通事故原因概率分析表如表 10.2 所示。

表 10.2 高速公路隧道交通事故原因概率分析表

序号	类型	概率/%
1	违章与超速	36.10
2	隧道故障	4.80
3	车辆故障	6.30

续表

序号	类型	概率/%
4	前方车辆停靠	8.70
5	路面散落物	2.90
6	结冰、雨雪	16.80
7	其他	24.40

从表 10.2 可以看出，违章与超速是发生高速公路隧道交通事故的第一大诱因，结冰、雨雪容易导致道路湿滑是高速公路隧道交通事故第二大诱因。前方车辆停靠引起交通事故的主要原因是隧道内部光线较暗，驾驶者不容易看见前方停靠的车辆；隧道故障（照明故障、停电、结构裂损等）也可能引起交通事故。其他原因主要包括驾驶员技术不熟练、驾驶员注意力不集中、驾驶员操作失误等。从事故原因分析来看，主要原因是人为因素，但是由于原因错综复杂，涉及多方面因素，而人只是一个载体并且很容易受周边环境影响，要想减少交通事故率，其他因素也必须关注。

将我国高速公路隧道交通事故原因根据人、车、隧道进行分类，可以看出很多事故发生的因素并不单一，其大致分类如表 10.3 所示。

表 10.3　隧道交通事故原因"人-车-隧道"分类表

序号	直接原因	类型
1	违章与超速	人
2	隧道故障	人、隧道
3	车辆故障	人、车
4	前方车辆停靠	人、车、隧道
5	路面散落物	人、隧道
6	结冰、雨雪	隧道
7	其他	人、车、隧道

10.2.1.3　隧道交通事故统计

高速公路隧道交通事故可以从多个角度来统计，一般分为事故类型、事故损失、事故发生位置等。交通事故中人们最关心的问题还是事故的损失，因此从事故损失角度统计的交通事故最为常见，事故的损失包括财产损失、人员受伤、人员死亡等，其中人员伤亡最为重要。事故统计样表如表 10.4 所示。

表 10.4　事故统计样表

序号	年份	隧道名	隧道概况	事故原因	事故损失	事故发生位置
1						
2						
3						

10.2.2　土建结构事故

在高速公路隧道运营事故中，土建结构直接引起的事故较少，人们最为关注的是火灾、危险品、交通事故，往往会忽略掉土建结构直接引起的事故。土建结构直接引起的事故同样会导致交通事故、火灾甚至爆炸等，因此在风险事故统计分析中，必须重视土建结构引起的事故，为风险源全面辨识提供基础。

10.2.2.1　土建结构事故分类

土建结构事故发生的原因可以分为土建结构沉陷、移动，土建结构裂缝，土建结构掉块，其他原因四类。土建结构事故类型很多，本书重点关注的是洞外边仰坡失稳、泥石流，洞内衬砌掉落坍塌、大规模突泥涌水、路面严重损坏、吊顶预埋件掉落等。

土建结构事故直接原因和直接事故后果以及发生频率如表 10.5 所示。

表 10.5　土建结构事故分类表

事故类型	事故直接原因	直接事故后果	发生频率
洞外边仰坡失稳、泥石流，洞内衬砌变形、区段或整体塌陷	土建结构沉陷、移动	塌陷物掩埋车辆，路面湿滑，水淹隧道，泥石流掩埋隧道	很少
隧道渗漏水、大规模突泥涌水	土建结构裂缝	路面湿滑导致的追尾或正面相撞、撞壁，水淹隧道	较少
洞内衬砌掉落坍塌、吊顶预埋件掉落	土建结构掉块、露筋	露筋戳中汽车，掉块砸中汽车，轮胎碾压导致掉块飞溅、爆胎	较多
路面严重破坏	其他事故	路面破坏导致的追尾或正面相撞、撞壁	较多

10.2.2.2　土建结构典型事故分析

1.洞内衬砌掉落坍塌、吊顶预埋件掉落

洞内衬砌掉落坍塌、吊顶预埋件掉落导致的运营事故是土建结构事故中最为常见的。掉块导致的事故直接后果很多，其中主要事故后果包括衬砌或吊顶预埋件掉落砸中汽车或行人，过往的汽车碾压掉块导致掉块飞溅、爆胎、自身车辆损坏、追尾、撞墙，掉块后露筋戳中汽车等。

洞内衬砌掉落坍塌、吊顶预埋件掉落引发的事故主要是由于隧道的运营养护不当。在《公路隧道养护技术规范》(JTG H12—2015)中关于衬砌起层、剥落和吊顶及内装饰养护有明确的规定。高速公路隧道衬砌起层、剥落的定性评判标准如表10.6所示。

表10.6　高速公路隧道衬砌起层、剥落的定性评判标准

判定	外荷载作用所致	衬砌劣化所致	影响情况
3A	由于拱顶裂缝密集,衬砌开裂,导致混凝土起层、剥落,混凝土块可能掉落	由于拱顶部位的材料劣化,导致混凝土起层、剥落,混凝土可能掉落或已经掉落	可能严重影响行车安全
2A	侧墙处裂缝密集,衬砌压裂,导致混凝土起层、剥落,混凝土块可能掉落	由于侧墙部位的材料劣化,导致混凝土起层、剥落,混凝土可能掉落或已经掉落	可能影响行车安全
1A	—	—	—
B	—	难以确定混凝土起层、剥落	—

吊顶和内装饰的健康程度主要从吊杆尺寸、吊杆倾斜度、顶板厚度、顶板平整度、镶贴、涂饰等方面衡量,基本要求为不应有破损或缺失、材料质量及规格满足相关要求、型材表面无损伤等。

2.洞外边仰坡失稳、泥石流

洞外边仰坡失稳、泥石流在隧道土建结构事故中只是偶尔发生,但是事故产生的后果非常严重,给隧道结构造成的破坏非常严重甚至是毁灭性的。如果事故发生时隧道正常运营,则可能会导致人员伤亡、车辆损毁,隧道也会因此封闭较长的时间,最终造成严重的人力、物力的损失,甚至给社会都会带来一定的影响。因此,洞外边仰坡失稳、泥石流属于典型的小概率大风险事件。

事故发生的原因涉及隧道的设计(隧道洞门的选址、边仰坡支护类型、防排水)、建设(工程质量、是否按设计施工)、运营管理等方面。在《公路隧道养护技术规范》(JTG H12—2015)中关于洞外边仰坡的养护没有专门的规定,根据洞外边仰坡特征,其养护应包含支挡、防护及其他砌筑养护工程,防排水,洞口养护,锚杆加固养护等多个方面。洞外边仰坡失稳、泥石流与地质条件、气象条件也有非常大的关系,因此在隧道的运营管理中,对不良地质地段和不良气象时段应该加强检测,发现风险应及时处理。

3.大规模突泥涌水

突泥涌水在隧道建设期间发生得较多,大规模突泥涌水也时有发生,其主要影响因素包括地质原因(断层破碎层、可溶性岩石的向斜核部和背斜部、可溶岩与非可溶岩接触面、其他含水构造及含水体突涌水)、气象条件(雨季雨量充沛,地表水径流和下渗,暴雨季节地层水位迅速上升,水压力增大)、施工因素(隧道开挖直接诱发突泥涌水、隧道开挖间接诱发突泥涌水、隧道开挖面后方的涌水突泥)。

由于运营隧道初期支护、二次衬砌都已经做好,大规模突泥涌水发生的可能性较小,与洞外边仰坡失稳、泥石流一样,都属于小概率大风险事件。事故导致隧道衬砌背后产生空洞、衬砌结构严重破坏,同时快速往隧道内突涌出大量的泥和水,导致隧道运营中断,甚至可能淹没过往车辆从而威胁人身安全。隧道运营期间大规模突泥涌水发生的原因和建设期间类似,与地质原因、气象条件都有很大关系,但是在运营隧道管理方面容易被忽视,事故的发生往往毫无预兆。因此,在隧道运营期间大规模突泥涌水的预防主要以隧道的裂缝检测、衬砌背后空洞检测、隧道渗漏水检测为主,在相关规范中,均有对应的检测判断标准。

以衬砌渗漏水为例,其评定主要从漏水状态(渗水、涌水、喷射水流)、渗漏水 pH 值、冻害等方面考量。高速公路隧道渗漏水状态的定性评判标准见表 10.7。

表 10.7　高速公路隧道渗漏水状态的定性评判标准

判定	渗漏状态	影响情况
3A	从衬砌裂缝等处喷射水	严重影响行车安全
2A	从衬砌裂缝等处涌水	影响行车安全
1A	从衬砌裂缝等处渗水	不久可能影响行车安全
B	从衬砌裂缝等处渗水	几乎不影响行车安全

对渗漏水 pH 值、冻害情况的规定参考《公路隧道养护技术规范》(JTG H12—2015)。

4.路面严重损坏

路面损坏在隧道运营中非常常见,路面损坏主要表现在路面裂缝、渗水,路面与边沟错台,路面凹陷、隆起,局部路段沉降严重等方面。路面损坏导致的事故比较常见,尤其是路面裂缝、渗水导致车辆打滑,路面凹陷、隆起造成追尾。

路面破坏往往不是引起交通事故的独立因素,很多时候与车速有很大关系。因此,路面破坏程度与事故发生的概率不一定成正比,当路面破坏非常严重时车速反而会下降,交通事故发生的概率随之下降。高速公路隧道中,隧道路面轻微的损伤可能会造成非常严重的事故,进行隧道运营风险源辨识时必须考虑路面的破坏程度。路面损坏非常直观,因此在检查中以外观检查为主(裂缝条数、裂缝方向、裂缝大小、渗水量),其他手段为辅(地质雷达或现场探坑检测路面厚度、异常区检测)。

10.2.2.3　土建结构事故统计

查阅相关事故资料发现,土建结构直接引起交通事故发生的概率较小,但是仍然出现过类似的案例。由土建结构直接引发的运营事故多为掉块砸中汽车或汽车高速碾压掉块、渗漏水导致路面打滑引起事故。土建结构破坏导致隧道的中断时间可能会很长,维修很耗时。

10.2.3　危险品运输事故

全世界危险品运输引起的事故很多,这类事故往往造成的损失也很大。根据美国相关统计数据,仅 2006 年,在货车、水路、航空、铁路、管道方面的危险品运输事故有 20338 起,造成经济损失 7047 万美元,其中公路运输事故造成的损失就有 5901 万美元。据不完全统计,在 2000 年我国发生公路危险品运输事故 514 起,造成 784 人死亡。在高速公路隧道里面发生的危险品运输事故虽然没有明确统计,但是发生的次数和造成的损失也非常多，结合高速公路隧道结构的复杂性，高速公路隧道的危险品运输事故造成的损失更加严重，救援和疏散也非常困难。

10.2.3.1　危险品分类

根据危险品的化学及物理性质，将常见的高速公路隧道危险品分为 9 类，并且根据美国交通统计局的道路危险品运输统计数据，将运输量、周转量、平均运距从大到小分为Ⅰ、Ⅱ、Ⅲ、Ⅳ、Ⅴ共 5 类，见表 10.8。

表 10.8　危险品分类及运输统计

危险品分类	运输量	周转量	平均运距
爆炸品	Ⅳ	Ⅳ	Ⅰ
气体	Ⅱ	Ⅱ	Ⅳ
易燃液体	Ⅰ	Ⅰ	Ⅳ
易燃固体、遇水易燃物质	Ⅲ	Ⅳ	Ⅳ
氧化物质及过氧化物质	Ⅲ	Ⅳ	Ⅱ
毒性物质及感染性物质	Ⅳ	Ⅳ	Ⅰ
放射性物质	Ⅴ	Ⅴ	Ⅴ
腐蚀性物质	Ⅲ	Ⅱ	Ⅲ
其他危险物质	Ⅲ	Ⅲ	Ⅱ

上述统计表明，气体和易燃液体的运输量和周转量比较大，平均运距较小；爆炸品运输量不大，平均运距较大。危险品运输的运输量、周转量、平均运距都从一定程度上反映了某种危险品运输的危险性。所以相对来说，气体、易燃液体、爆炸品的运输的危险性要高于其他危险品。从我国目前的运营事故来看，气体、易燃液体、爆炸品引发的事故也比较多。

10.2.3.2　危险品运输事故分类及原因统计

危险品泄漏及爆炸事故都属于危险品运输引发的事故，根据危险品有毒、腐蚀性、易燃、易爆炸的特性，危险品运输事故除了泄漏、爆炸之外，还有火灾等其他事故，主要包括以下四类，如表 10.9 所示。

表 10.9　危险品运输事故分类统计

事故类型	事故原因	事故危害
危险品泄漏	容易扩散的气体、压缩气体、液体状态的危险品，由于各种原因导致危险品泄漏，没有造成火灾、爆炸等事故	危险品导致人体伤害事故包括吸入中毒事故、接触中毒、接触腐蚀或灼伤等，还会造成环境污染及其他事故
危险品火灾	易燃液体火灾、易燃固体火灾、易于自燃的物质火灾、遇水放出易燃气体的物质火灾和其他危险货物火灾	造成人体烧伤、窒息等伤害，损坏隧道结构，引起其他事故

续表

事故类型	事故原因	事故危害
危险品爆炸	易于自燃的物质、遇水放出易燃气体的物质的爆炸，易燃气体爆炸，危险货物产生的粉尘、气体或挥发物的爆炸，液化气体和压缩气体的物理爆炸和其他化学反应爆炸	爆炸会对人体造成伤害，损坏隧道结构，引起其他事故
其他事故	危险货物罐体倾倒、车辆倾覆等，但没有发生火灾、爆炸、中毒和窒息、灼伤、泄漏等事故	损坏隧道结构，可能引发追尾等交通事故

此外，还可根据上述四类事故发生前是否出现危险货物泄漏，将隧道危险货物运输事故分为泄漏、非泄漏两大类，这两类事故都会造成人体伤害、火灾、爆炸、环境破坏等后果，其中以危险品的火灾和爆炸事故最为常见。

危险品事故直接原因可以分为车速过快、疲劳驾驶、天气不良、超高超载、操作失误、车况不良和道路条件不佳等。部分危险品运输事故原因统计如表 10.10 所示。

表 10.10　部分危险品运输事故原因统计

序号	事故原因	比例/%
1	超速	40
2	车况不良	18
3	驾驶员失误	16
4	疲劳驾驶	10
5	天气原因	8
6	超高超载	6
7	其他	2

危险品运输事故还可以分为非交通事故引起的危险品运输事故和交通事故引起的危险品运输事故。部分非交通事故引起的危险品运输事故原因统计如表 10.11 所示。

表 10.11　部分非交通事故引起的危险品运输事故原因统计

序号	原因	比例/%
1	槽罐及安全附件漏油	53
2	槽罐与车身脱离	14
3	包装或容器破裂泄漏	12
4	货物散落、起火、爆炸	21

10.2.4　火灾事故

火灾事故是高速公路隧道运营事故中最典型的事故之一。高速公路隧道结构复杂、空间非常狭小，且高速公路隧道是一个相对密闭的空间，除了进、出口以及通风孔等设施，基本上没有可以与外界相通的其他通道。这就使得火灾发生后，容易形成火笼，烟雾难以排出；并且由于处于相对密闭的空间，使得火灾的扑救和人员的疏散变得十分困难，车辆堵塞后难以疏散，从而导致烧毁的车辆较多。又由于隧道里面空间有限，使得火灾离隧道的建筑结构非常近，对于隧道的建筑结构破坏较大。总之，在隧道里面发生火灾的后果是非常严重的，损失也极大。

10.2.4.1　火灾事故特点

纵观世界上高速公路隧道的运营史，人们对于隧道火灾都比较重视。由于隧道结构的特殊性，使得隧道火灾呈现出独有的特点，具体表现如下：

(1)烟雾浓、温度高。由于隧道结构的特殊性，高速公路隧道一旦发生火灾，会造成大量的烟雾不能及时排出去，聚集在狭小的空间里。越是烟雾聚集，就越会导致燃烧的温度不能及时传递出去，致使热量聚集。

(2)易爆炸、蔓延快。导致隧道火灾产生的物质很大一部分来自危险品运输过程，这类火灾最容易引起爆炸；同时由于温度高、热辐射强，使得周围的物质迅速起火并蔓延。

(3)扑救困难。一般隧道的救援通道只有车辆行驶进出口，很少有隧道设置专门的救援通道或专门的救援设施。隧道发生火灾最容易导致交通堵塞，使得消防员难以接近火源进行扑救。在救援路径有限和救援面狭窄的情况下，隧道火灾扑灭难度很大。

(4)成灾时间短、持续时间长、随机性强。一般隧道火灾成灾时间在十分钟以内，但是平均持续时间达到三十分钟至几十个小时。高速公路隧道发生火灾的时间和地点具有很大的随机性，并且规模和形态不固定。高速公路隧道火灾荷载主要取决于车载货物、燃油的类型和数量等。隧道长度越长、交通量越大，隧道火灾发生的概率越大。

10.2.4.2　火灾事故危害

高速公路隧道火灾的危害主要表现在高温及产生以 CO 为代表的有毒气体、次生灾害、对隧道结构的破坏等。

(1)高温对人体的危害。火灾高温对人体影响评价值与隧道内纵向气流速度和人体承受热荷载能力、人体与火源距离有关。高温下人能忍受的时间如表 10.12 所示。

表 10.12　高温下人能忍受的时间

温度/℃	忍受时间/min
140	5
115	20
70	60
50	180～300

由表 10.13 可见，人体能忍受高温的时间非常有限，140 ℃时只能忍受 5 min，在离火源很近的地方，温度高达几百甚至上千摄氏度的时候，人体难以承受。

(2)以 CO 为代表的有毒气体危害。燃烧产生的有毒气体与车辆的类型、车辆运输的物质有很大关系，产生的各类有毒气体比例也不一样，但是 CO 中毒最常见、危害最大。CO 对人体的危害见表 10.13。

表 10.13　CO 对人体的危害

CO 体积分数/%	人体的生理特征或症状
0.02	2～3 h 后轻度头痛和恶心
0.04	1 h 后头痛和恶心
0.08	45 min 后头晕、头痛、恶心
0.13	有强烈的头痛，皮肤呈桃红色
0.16	30 min 后头痛、头昏、恶心，超过 2 h 死亡
0.20	15 min 后发生危险
0.32	5～10 min 即产生头痛、头昏，30 min 后死亡
0.64	10 min 内死亡
1.00	超过 3 min 死亡

又由于隧道发生火灾后，烟雾浓度非常高，人在这样的环境内死亡是非常快速的。

任何火灾都会产生 CO_2，发生火灾时隧道中 CO_2 浓度很高，会造成呼吸困难甚至死亡。由于隧道狭小空间内，火势凶猛，很快就会造成缺氧的状态。CO_2 对人体的危害如表 10.14 所示，贫氧对人体的危害如表 10.15 所示。

表 10.14　CO_2 对人体的危害

CO_2 浓度/%	反应症状
3～6	呼吸困难
＞6～7	头晕眼花，处于失去知觉的边缘
＞7～10	失去知觉

表 10.15　贫氧对人体的危害

O_2 浓度/%	反应症状
＞14.4～20.9	运动能力受到轻微影响
＞11.8～14.4	头脑反应迟钝，运动能力减低
＞9.6～11.8	严重失能，失去知觉
7.8～9.6	失去意识，死亡

10.2.5　自然灾害及其他事故

自然灾害及其他事故在隧道运营事故中发生的频率较低，但是偶尔也有发生。特别是地震、泥石流等自然灾害事故对高速公路隧道的运营是毁灭性的，因此在风险源辨识的时候，处于地震区的隧道是否有抗震设计以及泥石流易发区域是否有相应的加固设施都是应考虑的因素。

自然灾害及其他事故包含的因素很多，自然灾害包括地震、火山喷发、海啸、龙卷风、泥石流、沙漠化、干旱、洪涝、环境污染和破坏、大气污染、酸雨、臭氧层破坏、水污染、固体废物、地面沉降、生物多样性变化、赤潮、水土流失等，其中主要影响因素有地震、洪涝、龙卷风、泥石流等。部分自然灾害及其他事故的原因和后果如表 10.16 所示。

表 10.16　部分自然灾害及其他事故的原因和后果

事故分类	引发事故因素	事故后果
自然灾害	洪涝	路面湿滑、洪水淹没隧道、人员伤亡
	龙卷风	人员伤亡、隧道出入口落石及其他
	泥石流	人员伤亡、隧道结构破坏
	海啸	人员伤亡、海水淹没隧道及其他
	地震	人员伤亡、隧道结构破坏
	火山	人员伤亡、隧道结构破坏
	雪崩	人员伤亡、隧道结构破坏
其他事故	个别人员蓄意破坏	人员伤亡
	恐怖袭击(爆炸、纵火、生化)	人员伤亡、隧道结构破坏
	战争	人员伤亡、隧道结构破坏

自然灾害及其他事故导致的隧道运营事故不多，主要表现在暴雨导致的洪涝灾害。

10.2.6　运营风险事故分析

通过对高速公路隧道灾害事故(主要包括交通事故、土建结构事故、危险品运输事故、火灾事故、自然灾害及其他事故)的统计和分析，并结合国内外运营事故的实际案例，对运营风险事故进行分类，可分为隧道结构病害、自然灾害、交通事故、人为恐怖袭击、运营设备事故、运营环境恶化事故、运营管理事故，共七大类，对每一类的主要影响因素进行罗列，可为风险源的辨识提供辨识基础，并可在此基础上进行扩展。公路隧道运营风险事故分类如图 10.1 所示。

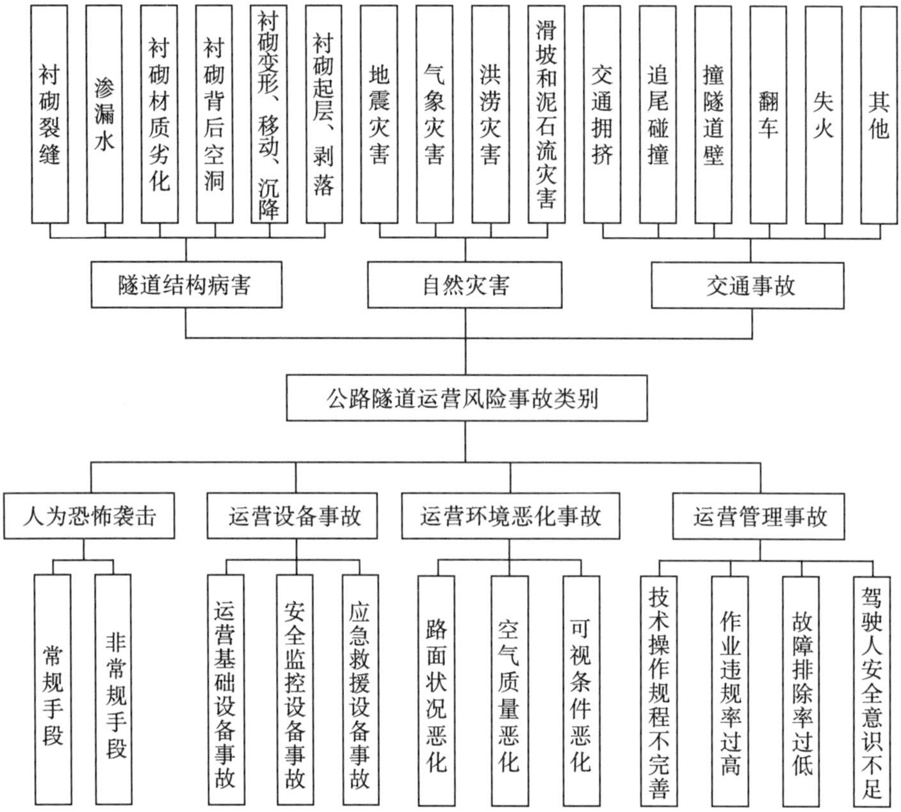

图 10.1 公路隧道运营风险事故分类

本书介绍的风险源辨识主要从运营管理、机电设施、土建结构、交通环境四个方面进行。因此本书在高速公路隧道灾害事故的统计和分析基础上，将高速公路隧道灾害事故的分析结果按照上述四类进行归类，为后面风险源的逐类辨识提供了辨识依据。

10.3 高速公路隧道运营风险源辨识

本书介绍的高速公路隧道运营风险源辨识过程如下：通过对高速公路隧道运营事故统计分析，总结出基于事故统计分析的疑似风险源集合；然后通过分析事故的发生机理，进行风险源分析，对风险源进行筛选、确认、分类，列出风险源清单；最后进行总结和完善，归纳出风险源辨识手册。风险源辨识程序如图 10.2 所示。

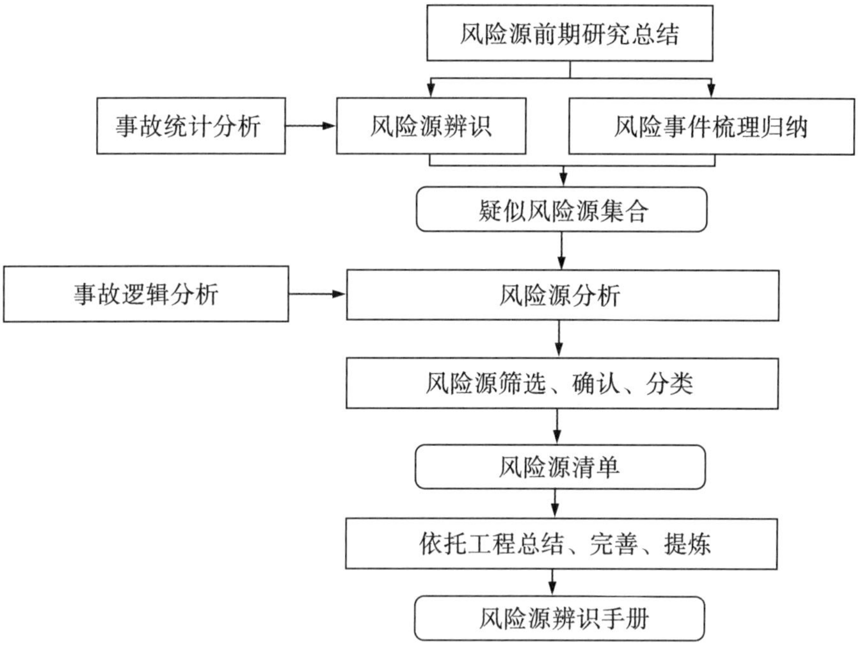

图 10.2　风险源辨识程序

10.3.1　高速公路隧道运营管理风险源辨识

高速公路隧道运营管理是指通过交通法规和管理手段，降低在隧道内发生灾害的概率或减轻灾害程度。在有些分类中，将隧道的运营养护与隧道运营管理分开。由于隧道运营养护是对隧道结构物、机电设施等进行检查和维修，是保证隧道安全运营的基础，因此本书将隧道的运营养护归属于隧道运营管理。

影响高速公路隧道运营安全的因素有很多，管理方面的因素包括安全组织、安全法制、安全信息、安全教育等。在安全法制的基础上，高效的安全组织显得非常重要，安全组织包括安全计划、方针目标、行政管理、管理方法、技术装备等。同时，有效的安全信息可为隧道运营提供反馈并指导隧道运营。安全教育也十分重要。影响高速公路隧道运营安全的管理因素如图 10.3 所示。

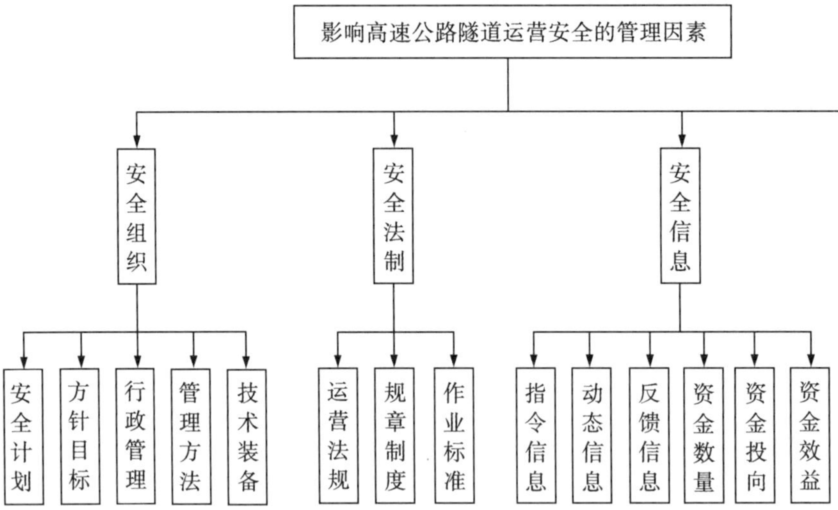

图 10.3　影响高速公路隧道运营安全的管理因素

隧道安全管理是在依法管理、生命和安全第一、方便群众的原则上，保障隧道有序、安全的运营，包括交通管制（车辆故障、车辆事故、火灾时的封道、封闭检修等）、超限运输管理（超大、超高、超重）、危险品运输管理、紧急事故处理（交通事故处理、火灾事故处理、危险品事故处理、其他灾害处理等）等。需要管理机构建立相关制度、明确岗位职责以确保隧道的高效、安全运行。

隧道养护是为了保持隧道土建结构、机电设施及其他工程设施的正常使用而进行的日常巡查、清洁养护、检查评定、保养维修等工作。土建结构养护包括：

(1)日常巡查：隧道洞口边仰坡、洞门结构、隧道衬砌、隧道路面、隧道洞顶预埋件和悬吊件等的检查。

(2)清洁养护：路面、内装饰、检修道、排水设施、顶板、斜井、侧墙、洞门等的清洁。

(3)检查评定：经常检查、定期检查、应急检查和专项检查。

(4)保养维修：根据检查结果而进行相应的保养维修。

机电设施的养护包括日常巡查、清洁维护、机电设施检修与评定、专项工程等，养护设施有供配电设施、照明设施、通风设施、消防设施、监控与通信设施等。

综上所述，高速公路隧道运营管理主要包括安全防范措施制定、应急预案制定、危险品运输车辆管理、信息发布、救援设施与队伍建设、隧道管理人员培训、宣传教育、隧道土建结构及设施养护管理等。在运营管理风险源辨识时，根据上述内容可归纳并分类为人员、机构管理，交通管理，安全与应急管理，隧道设施管理，共四个方面，再结合对事故的统计分析并进行拓展可得到高速公路隧道运营管理风险源辨识表，如表 10.17 所示。

表 10.17　高速公路隧道运营管理风险源辨识表

项次	运营管理	风险源	风险源描述
1	人员、机构管理	管理机构设置不合理	机构运转效率低
		管理职责不明确	责任不明确造成管理漏洞
		管理人员业务含糊不清	—
		专业人员缺乏	管理人员较多,专业人员不够
		工作人员技术水平缺乏	—
		工作人员经验不足	—
		工作人员紧急应变能力不足	紧急情况下管理不当造成伤害扩大或二次伤害
		工作人员培训不足	—
		工作人员安全意识不足	隧道养护时未做好安全标识等
		工作人员宣传教育不足	—
		工作人员培训资料、记录没有存档备案	—
		工作人员组织协调性差	—
		未能熟练并正确使用交通控制系统	造成伤害扩大或二次伤害
		未能熟练并正确处理事故	造成伤害扩大或二次伤害
		应急队伍未能熟悉应急预案,并按预案进行演练和准备	演练不足导致紧急情况下处理不及时
		应急队伍未能正确处理事故	—
		驾驶者隧道内吸烟	分散司机注意力
		驾驶者隧道内随意丢弃垃圾	碾压垃圾、被垃圾砸中或开“斗气车”
		驾驶者酒驾/毒驾	违反法律
		驾驶者超速	—
		驾驶者超车	—
		驾驶者掉头	—
		驾驶者占道	—
		驾驶者随意变道	刮擦、紧急刹车追尾
		驾驶者随意停车	紧急刹车追尾
		驾驶者打电话	分散司机注意力
		驾驶者不按交通标志标线行驶	违反规定
		驾驶者未保持合理车距	易发生追尾

续表

项次	运营管理	风险源	风险源描述
1	人员、机构管理	驾驶者进洞不开车灯	看不见前方物体或后方车辆,看不见自身车辆
		驾驶者进洞不减速	人员、机构管理
		驾驶者戴墨镜进洞	洞内光线较暗,影响视线
		驾驶者堵车后随意插道	易造成交通拥堵
		危险情况下驾驶者不开应急灯	—
		危险情况下驾驶者不按规定停车	—
		危险情况下驾驶者围观、不撤离	—
2	交通管理	无隧道中央控制室	—
		隧道中央控制室人员不常驻	—
		允许全部危险品运输	无危险品运输管理
		允许部分危险品运输	—
		危险品运输前不向中央控制室通报	危险品运输管理不到位
		无车辆自动检测	—
		无拥塞自动检测	—
		隧道全线监视不完整	有监视盲区
		事件发生时资料不自动存档锁定	事故资料锁定保护,防止数据丢失
		隧道入口前无交通控制设施	入口为事故多发段,应进行交通控制
		隧道入口前无封闭隧道交通信号灯	—
		隧道内无封闭隧道交通信号灯	—
		隧道入口前未设置防护栅栏	—
		封闭隧道时不提供封闭相关信息	—
		无限速标志	—
		无禁止超车标志	—
		无禁止变道标志	—
		无车距确认标线	—
		无改/绕道指示标志	—
		无隧道信息标志	—
		无隧道开车灯标志	—
		无紧急电话指示标志	—
		无限高标志	—
		无紧急停车带标志	—

续表

项次	运营管理	风险源	风险源描述
2	交通管理	无紧急停车带位置提示标志	—
		无消防设备指示标志	—
		无人行横通道指示标志	—
		无车行横通道指示标志	—
		无疏散指示标志	—
		无隧道出口距离预告标志	—
		无指路标志	—
		无公告信息标志	—
		无线型诱导标志	—
		无车行道边缘线	—
		无车行道分界线	—
		无突起路标	—
		无立面标记	—
		无隧道双向轮廓标	—
		无重车特别管理措施	重车通行时间限制,重车轴重限制
		无重车货物超载检查	—
		无人员超载检查	—
		较开放路段无更多速率限制	—
		危险物品不能自动识别	—
		无跟车距离监视	—
		无车辆速度监视	—
		无车辆高度管制	进洞处车辆限高
		隧道内未设可变交通标志	—
		交通标志不完善	交通标志不齐全,交通标志不完好
		路面标线不完好	—
		交通标志、标线设置不符合相关规范要求	—

续表

项次	运营管理	风险源	风险源描述
3	安全与应急管理	无安全管理手册	—
		安全管理手册不科学	内容简单,技术含量低;行政管理多,业务管理少;交通控制多,防灾救灾少
		无防火救灾预案	—
		无应急预案	无应急预案和相应的救援队伍以及没有配备应急救援所需的各种物资、装备
		应急预案不可靠,针对性和可操作性差	—
		演习不到位	—
		无报警示意图	—
		无改/绕道路径	—
		无隧道监控人员操作准则	—
		无事件评估计划	—
		无残障者安全应急管理措施	无残障者逃生通道等措施
		警报与救援计划不更新	—
		无自动启动火灾通风模式	—
		事故时隧道不自动关闭	关闭不及时造成拥堵、救援不及时
		无自动通知消防队报警系统	—
		不举行紧急事件演习	—
		紧急事件演习频率不够	—
		无紧急事件演习的记录存档备案	—
4	隧道设施管理	无隧道检查计划	—
		隧道检查频率不足	按照公路等级日常巡查不低于 1～3 次/d,结构检查频率根据养护等级确定
		无隧道检查的记录存档备案	文字记录为主,照相与摄像手段辅助
		隧道检查频率不根据实际情况适当调整	雨季、冰冻季节和极端天气,检查频率应增大
		特别部位没有加强检查	应加强检查洞口、衬砌、路面、照明设施、通风设施、消防设施、供配电设施、监控与通信设施
		无限界检查	—
		隧道检查项目不完全	检查包括土建结构、机电设施、其他工程设施
		隧道周边环境不检查	—

续表

项次	运营管理	风险源	风险源描述
4	隧道设施管理	隧道检查设备不完善	激光限界检测仪、裂缝观测仪、探地雷达/超声波测试仪、回弹仪等
		无隧道清洁方案	—
		隧道清洁频率不足	根据公路等级和养护等级共同确定
		无隧道清洁的记录存档备案	—
		隧道清洁项目不完全	路面、顶板、内装饰、侧墙及洞门、排水设施、标志标线、横通道、检修道、机电设施、其他设施等
		隧道清洁不满足要求	清洁应达到相关规范要求
		隧道土建结构未及时保养维修	—
		隧道机电设施未及时保养	—
		特殊地区无特殊保养维修	寒冷地区隧道等隧道
		隧道损坏设施未及时维修或更换	—
		隧道设施未分类管理	可以根据重要度分级
		无隧道设施养护维修情况记录表	—
		缺乏对设施状况的掌握	—
		无隧道养护与维修计划	—
		维修次序不合理	根据重要度和损坏情况进行维修

10.3.2　高速公路隧道机电设施运营安全风险源辨识

高速公路隧道机电设施是影响高速公路隧道运营安全的最主要因素之一，机电设施在隧道里面普遍应用，因此机电设施的安全运营是高速公路隧道安全运营的重要保障。隧道机电设施的运营和布设，直接影响到隧道安全运营，因此其运营状态及布设情况是隧道运营的重要风险来源。又由于高速公路隧道的机电设施数量较多，种类繁多，需要不间断运营，其损耗也比较大，因此隧道机电设施运营安全风险源辨识对隧道安全十分重要。

高速公路隧道机电设施从安全角度出发可以分为两大类：应急救援系统与辅助系统。应急救援系统包括通风及通风控制系统、照明及照明控制系统、供配电系统、消防系统、火灾检测与报警系统、通信系统。辅助系统包括闭路电视监视系统、交通与环境检测系统、交通控制与诱导系统、紧急电话系统、广播系统、防雷接地系统。

公路隧道机电设施也可以分为运营基础设备、应急救援设备、安全监控设备，共三大类，其具体分类如图 10.4 和图 10.5 所示。

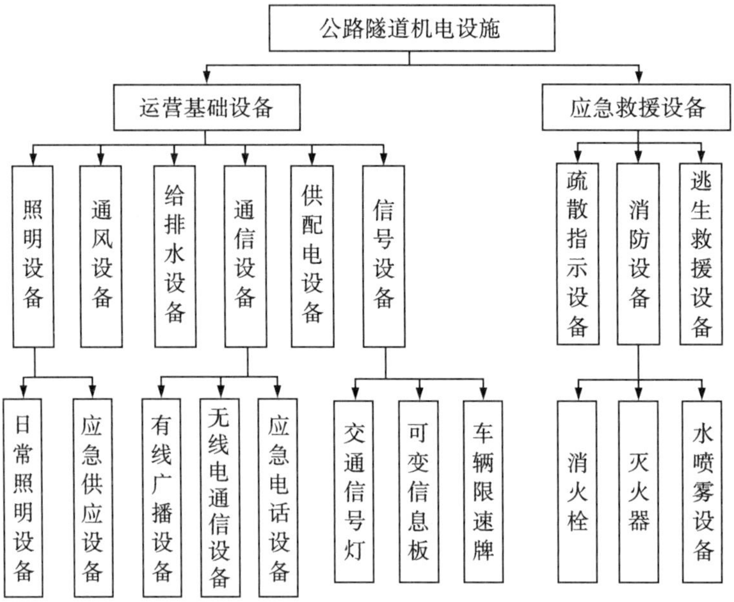

图 10.4　运营基础设备与应急救援设备分类图

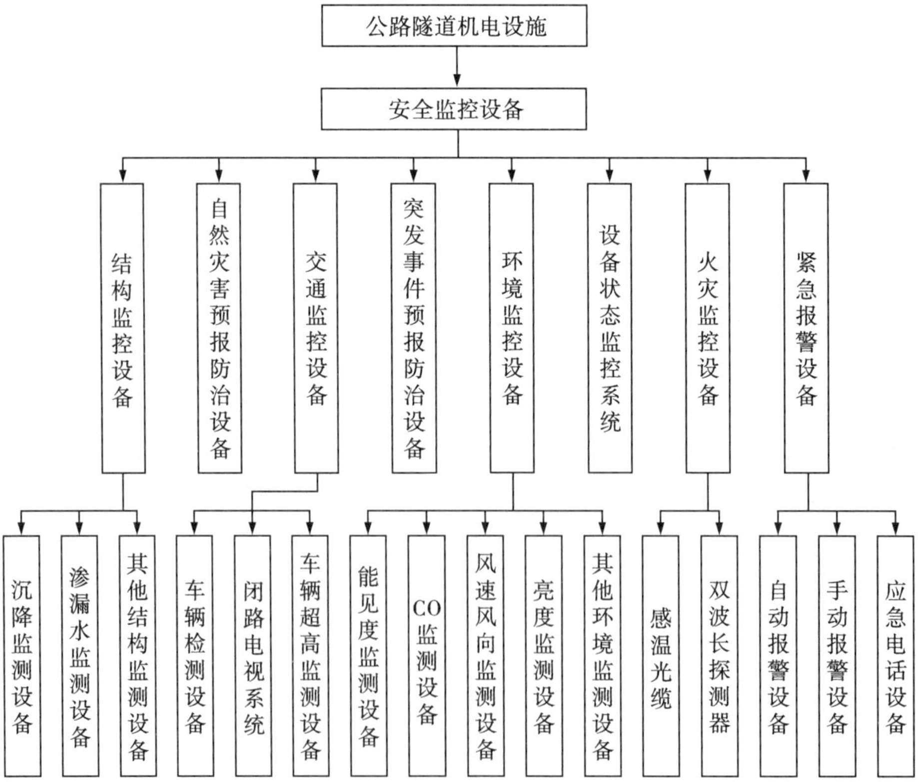

图 10.5　安全监控设备分类图

根据相关统计数据分析，并结合隧道机电设施运营特点，建立如表 10.18 所示的高速公路隧道机电设施运营安全风险源辨识表。

表 10.18　高速公路隧道机电设施运营安全风险源辨识表

项次	机电设施	风险源	风险源描述
1	照明设施	隧道不是全线照明	有照明盲区，光线变化明显
		隧道照度不够	影响驾驶员视觉、心理
		隧道照明均匀度不够	产生“斑马效应”使得人眼视觉舒适度较差
		入口无调光式照明	入口照明受洞外光线影响
		出口无调光式照明	—
		隧道照明有眩光	降低人眼视力，影响照明质量
		照明灯具表面污染较重	—
		照明灯具正常作用率较低	影响隧道照明质量
		无应急照明	—
		无应急照明供电	—
		应急照明供电时间较短	一、二类隧道不小于 3 h，三类隧道不小于 1.5 h
		应急照明供电不独立	—
		切换至不断电系统时电力中断	—
2	通风设施	无机械通风设备	—
		机械式通风不具备手动控制功能	—
		通风的自动监测与控制系统不可自动控制	不能根据隧道内能见度、有害气体浓度、风速风向等的检测结果自动控制风机运转
		通风控制系统不能联动控制	不能与照明控制系统、火灾报警与消防系统、交通监控系统、中央控制系统联动控制
		纵向气流方向不可控制	—
		通风系统不可控制气流大小	—
		通风设备不能抗高温	火灾时通风设备容易失效
		系统没有做过火灾实测	—
		系统没有做过气流量与烟雾测试	—
		最大风速较小	紧急情况时排风量不够
		风机不可逆向运转	有时候火灾时需要风机逆向运转
		风机反向运转时间较长	可逆风机需在 90 s 内完成反向运转
		横向通风排风量不够	横向通风方式适用于双向交通长隧道，对排风量需求较大
		排烟时不可改变纵向气流	—
		风口、风道有破损	影响排风量及通风控制
		风道有杂物	—
		风道板及吊杆有锈蚀	存在通风隐患

续表

项次	机电设施	风险源	风险源描述
3	通信设施	隧道出入口处无扬声器	不能通过扬声器指挥交通、进行紧急情况播报等
		人、车行横通道处无扬声器	—
		逃生出口处无扬声器	不能进行逃生指挥
		紧急停车带处无扬声器	—
		隧道全线无无线电交通广播	存在无线电交通广播盲区
		进入隧道时无无线电交通广播	—
		无路况报道插播	驾驶者不能实时知道路况信息
		不是全时段进行路况报道插播	路况播报频率不够
		隧道内无无线电广播频率标志	—
		无紧急电话设施	—
		隧道关键部位无紧急电话分机设施	隧道出入口、紧急停车带、人行横通道处
		紧急电话分机设置间距过大	—
		紧急电话分机无指示标志	—
		不允许两处及两处以上的紧急电话分机同时排队报警	—
		紧急电话无不断电电源供应	不能保证隧道断电时也能使用紧急电话
		紧急电话分机不易被发现	—
		紧急电话分机故障率较高	—
		紧急电话分机无隔音间	隧道内噪声影响紧急通话
4	交通控制及诱导设施	无交通信号灯	交通信号灯安装在隧道入口附近，有禁行、行驶过渡、运行正常等
		交通信号灯未使用	—
		无车道指示器	隧道入口进深 3～10 m，提示驾驶员前方车道情况，及时避开交通障碍
		车道指示器未使用	—
		车道指示器有效显示尺寸不符合相关规范	方形指示器不应小于 350 mm×350 mm，圆形指示器直径不应小于 300 mm
		无可变限速标志	不能根据隧道实际交通运行和周围状况，改变车辆行驶速度限制

续表

项次	机电设施	风险源	风险源描述
4	交通控制及诱导设施	可变限速标志未使用	—
		无可变信息标志	实时交通流状态、突发事件、事故/交通信息、施工占道、交通宣传、交通违法信息
		可变信息标志未使用	—
		可变信息标志污染严重	—
		可变信息标志信息不易看清	—
		可变信息标志信息无双语提示	—
5	交通监测设施	隧道全线无沉降监测设备	—
		隧道重要结构无沉降监测设备	—
		沉降观测段沉降观测点不够、布局不合理	测点必须能反映变形特征和变形明显的部位，避开障碍物以便于观测
		沉降观测仪器精度不满足	符合相关规范的要求
		沉降观测仪器无不断电电源供应	—
		未设置其他隧道结构监测设备	—
		无车辆检测器	检测交通量、速度等基本交通参数
		无车辆超高检测设备	—
		无自然灾害预防与防治设备	—
		无突发事件预报防治设备	—
		无能见度检测设备	—
		无亮度检测设备	—
		无风速风向检测设备	—
		无防雷接地系统	共用接地网、综合防雷
6	消防设施	隧道结构无防火保护	隧道结构没有防火涂料
		电缆沟无防火保护	—
		灭火器布设间距较大	—
		灭火器种类不足	针对不同的火灾配置不同的灭火器
		灭火器数量与隧道火灾危险等级不符	—
		消火栓布设间距过大	—
		消火栓规格型号不统一	—
		消火栓不能正常使用	损坏、埋压、不出水、阀门损坏、取水口被圈占、水压不够

续表

项次	机电设施	风险源	风险源描述
6	消防设施	未设置消防水池	—
		消防水池水量不够	容纳一次消防用水和隧道内冲洗所需的水
		消防水池补水时间过长	超过 48 h
		消防水池无水位遥测功能	—
		消防水池阀门失效	—
		水位计、压力表工作不正常	—
		消防水泵运转不正常	—
		消防水泵无不断电设施	断电时无备用电源运行消防水泵
		无备用消防水泵	1 主 2 备或是 2 主 1 备，主、备水泵没有明显区分
		主、备水泵不能自动切换	—
		无其他消防用水供应	—
		无自动淋水系统	能够及时扑灭小型火灾
		自动淋水系统淋水管布设间距较大	—
		自动淋水系统 50 m 区间放水量不满足要求	—
		无隧道内驾驶员或乘客使用的其他灭火系统	—
		未设置隧道防火分区	应按照功能分区进行防火分区划分
		无消防联动系统	不能与通风控制系统、照明控制系统、火灾报警系统、交通监控系统、中央控制系统联动控制
7	逃生救援设施	无安全出口标志	—
		无横洞指示标志	—
		无疏散指示标志	—
		紧急出口布设间距过大	—
		紧急出口标识不充分	无标识、标识模糊
		紧急出口无不断电系统	—
		未设置逃生通道	—
		无其他逃生通道	服务通道、联络通道、车道板下疏散通道、隧道竖井都可以作为逃生通道
		逃生通道不畅通	被障碍物阻碍、其他

续表

项次	机电设施	风险源	风险源描述
7	逃生救援设施	逃生通道无防烟措施	应设置机械排烟系统与通风、空气调节系统
		逃生通道通风系统不分离	—
		逃生门不能防火或防火时间不够	防火时间应该大于火灾探测、反应、行动时间之和
		逃生通道疏散标识不充分	每隔 200 m 应设置图像、文字标记，指示到下一个紧急出口的整百米数，并配备灯光显示方向
		救援人员不能由外部进入	紧急出口外应设置紧急车辆停车和容纳逃出人员的安全区，并与外界道路连接
		车行横通道设置间距过大	长度小于 1000 m 的隧道可不设置
		车行横通道出入口不加宽	—
		人行横通道设置间距过大	短隧道可不设置(长度小于 500 m)
		隧道内无救援与维生物资充放点	—
		隧道内救援与维生物资充放点太少	—
		隧道内救援与维生物资不齐备	—

10.3.3　高速公路隧道土建结构运营安全风险源辨识

高速公路隧道土建结构运营安全风险来源于隧道本身基础因素，隧道本身基础因素包括隧道基本构型、隧道标志和标线、隧道社会价值二大类。隧道基本构型包括隧道线形、隧道长度、隧道内车道数、隧道内交通形式等。在隧道运营中，土建结构的主体结构是一切安全运营的基础，而线形、长度在交通事故中影响非常大。隧道土建结构质量取决于隧道设计与隧道工程建设质量，不容易更改，但是隧道的标志和标线却是比较容易更改的安全设施，并且能够非常直观地将隧道管理者的信息传达给驾驶者，驾驶者可通过隧道标志和标线来调整自己的驾驶行为。因此，隧道的标志和标线需要具有非常完善并且容易看清楚的特点。隧道的标志和标线属于附属设施中的安全设施，但是在隧道的运营安全管理中起到非常大的作用，因此本书将其列入隧道运营管理的范畴，而隧道的社会价值属于交通环境运营安全范畴。

高速公路隧道土建结构包括主体建筑物和附属建筑物。主体建筑物是为了保持隧道的稳定和行车安全而修建的人工永久建筑物，包括洞身结构和洞门、明洞；附属建筑物是主体建筑物以外的其他建筑物，包括为运营管理、维修养护、通风设施、照明设施、通信设施、安全设施、横通道、紧急停车设施、排水系统等而修建的建筑物。高速公路隧道土建结构风险源分类如图 10.6 所示，高速公路隧道土建结构基础因素如图 10.7 所示。

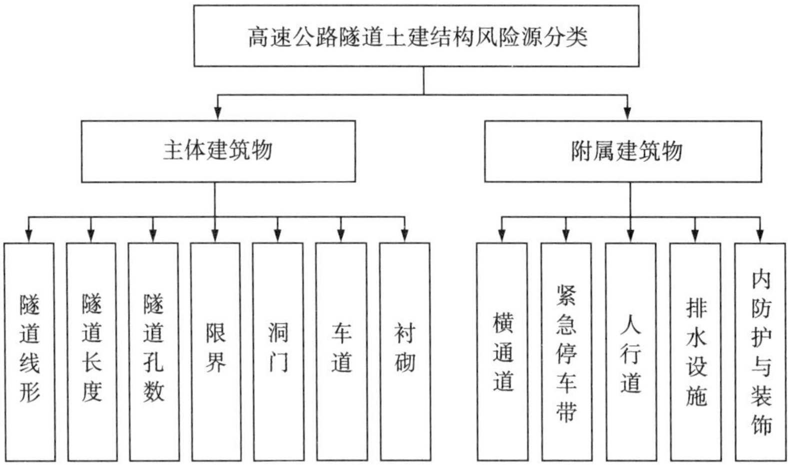

图 10.6　高速公路隧道土建结构风险源分类

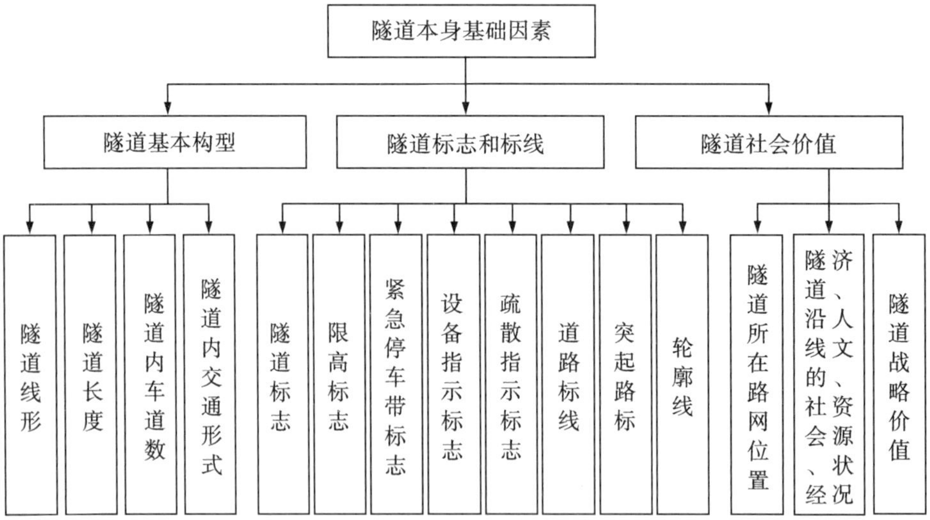

图 10.7　高速公路隧道土建结构基础因素

高速公路隧道土建结构运营安全风险源辨识表如表 10.19 所示。

表10.19　高速公路隧道土建结构运营安全风险源辨识表

项次	土建结构	风险源	风险源描述
1	隧道线形	最大纵坡过大	下坡刹车频繁易造成制动器发热失灵
		平曲线最小半径过小	弯道过急易造成侧翻且弯道视距不足
		停车、会车视距与设计时速不相符	影响驾驶员视觉判断
		出洞纵坡较大且小半径出洞	洞内外连接线形过渡不均衡
		进洞前设置较长、坡度较大下坡，且洞外引道设置小曲线半径	洞内外连接线形过渡不均衡
2	隧道孔数	进口孔数大于出口孔数	洞内线形变化
		进口孔数小于出口孔数	洞内线形变化
3	隧道长度及限界	隧道长度	隧道越长风险因素越多
		建筑限界内有障碍物	车辆可能与障碍物发生刮擦
4	洞门	入口无减速设施	进洞速度较快导致车祸
		入口无防撞设施	增加事故严重度
		出口无减光措施	白洞效应
		洞口无防坠措施	洞口落石砸中过往车辆
5	车道	路面宽度不足	大型车辆占道
		入口车道数缩减	入口车流拥堵、变道
		出口车道数缩减	出口车流拥堵、变道
		路面隆起	—
		路基下沉	—
		路面湿滑	车辆打滑
		路面不明亮	影响驾驶员视觉
		路面材料起层	—
		路面材料剥落	影响路面平整度、路面摩擦系数、路面排水性能
		路面横向摩擦力过小或过大	制动抗力、侧滑抗力不足或过大
		路面纵向摩擦力过小或过大	行车方向制动时路面抗力不足或过大

续表

项次	土建结构	风险源	风险源描述
6	衬砌	衬砌渗漏水	影响结构安全、行车安全
		衬砌开裂形成封闭型网格裂缝	—
		衬砌背后空洞	容易引起衬砌坍塌、漏水
		衬砌变形、移动	侵入建筑限界、结构坍塌
		衬砌沉降	—
		衬砌涂料起层、剥落	防火层、颜色层受损
		衬砌材质劣化	—
		衬砌结构起层、剥落	掉块砸到汽车、汽车碾压掉块
7	横通道	横洞洞门不完好	—
		横洞内不平整畅通	—
		洞身衬砌剥离、起层	—
		横洞内杂物堆放	作为救援通道时影响救援和逃生，影响隧道维修时通行
		横洞未设置洞门	洞门可防火、防烟、防止人员随意进入
		横洞洞门开闭不畅	—
		横洞洞门无防火性能	—
		横通道设置间距过大	人行横通道设置间距不大于 500 m、车行横通道设置间距不大于 1000 m
		横通道与主洞未垂直连接	有利于救护车辆双向出入
8	紧急停车带	无紧急停车带	长、特长隧道应在行车方向右侧设置紧急停车带
		紧急停车带建筑限界不足	—
		紧急停车带宽度不够	包含右侧向，宜取 3.5 m
		紧急停车带长度不够	宜取 40 m，有效长度不小于 30 m
		紧急停车带设置间距过大	不宜大于 750 m
		紧急停车带设在转弯处	—
9	人行道	无人行步道	—
		人行步道宽度不够	高速公路不设人行道
		人行步道仅一侧布设	—
		人行步道与车道不分离且没有护栏	护栏可保护行人安全、隧道结构安全
		人行步道湿滑	—
		人行步道平整度不好	—

续表

项次	土建结构	风险源	风险源描述
10	排水设施	排水设施失效	—
		排水设施严重堵塞	洞内积水
		排水设施能力不足	—
		寒冷地区无排水防寒措施或失效	排水沟冻结无法排水
		洞内外排水设施连接不好	—
11	内防护与装饰	型材安装不牢固	型材容易掉落，砸中车辆、行人
		型材表面有破损	—
		片材镶贴不紧密	强度低、耐久性低
		片材有空鼓	—
		涂饰表面不平整，有脱皮	不耐火、反光率降低
		内装饰侵入建筑限界	—

10.3.4　高速公路隧道交通环境运营安全风险源辨识

影响高速公路隧道运营安全的环境因素很多，大体可以分为内部小环境和外部大环境，其中内部小环境影响较大。内部小环境分为作业环境和非作业环境两类，作业环境（如隧道内部温度、湿度、采光、照明、风速等）为影响隧道运营安全的主要因素。外部大环境分为自然环境和社会环境两类，对隧道运营安全影响也很大，因此在运营安全风险源分析中不容忽视。影响隧道运营安全的环境因素如图 10.8 所示。

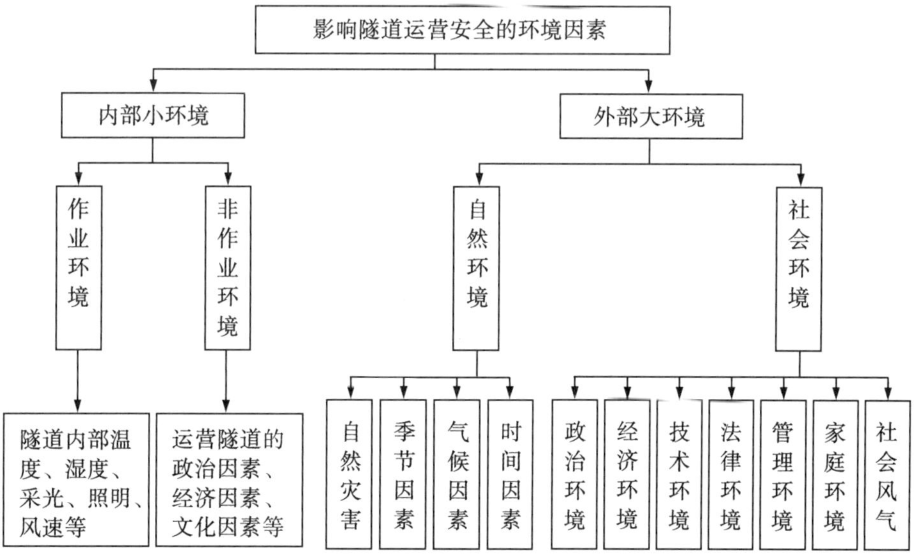

图 10.8　影响隧道运营安全的环境因素

交通环境评价指标体系如图 10.9 所示，其中 PM 值是指大气中的颗粒物浓度。

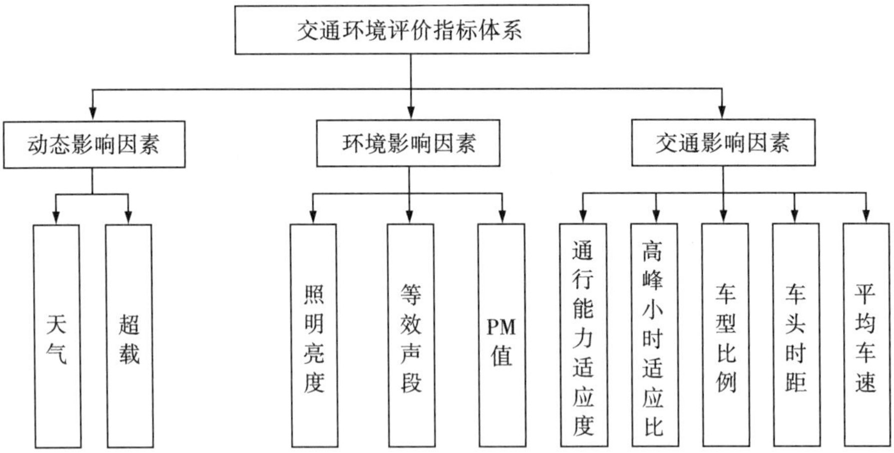

图 10.9　交通环境评价指标体系

高速公路隧道交通环境运营安全风险源辨识表如表 10.20 所示。

表 10.20　高速公路隧道交通环境运营安全风险源辨识表

项次	交通环境	风险源	风险源描述
1	交通流环境	交通形式	单向、双向交通
		交通绩效	根据每年的百万车公里数确定，数值越高风险越高
		重车交通绩效	—
		大型车比例	大型客车、大型货车
		客车比例	—
		交通类型	小型客车、小型货车、大型客车、大型货车
		交通量	平均交通量、高峰小时交通量、设计小时交通量
		高峰小时流量比	高峰小时交通量与日交通量之比
		通行能力适应度	—

续表

项次	交通环境	风险源	风险源描述
1	交通流环境	交通密度	某一瞬间单位长度一条车道上的车辆数，单位为辆/km
		车头时距	同一车道的车辆中，两连续车辆车头端部通过某断面的时间间隔，单位为 s/veh
		货车超载	破坏隧道基础设施、增加行车危险性（爆胎、制动失灵）、增加驾驶员心理负担、影响隧道畅通
		客车超员	车辆惯性加大、制动距离加长、爆胎、制动失灵、转向失控
		车辆运行最大瞬时速度	—
		车辆平均运行速度	—
		车辆最大允许速度	—
		车辆运行速度方差	各个车速分别与平均车速之差的平方和的平均数，反映车速的偏离程度
2	自然环境	处于高地震烈度区，穿越活动断层	—
		处于火山带	—
		处于易滑坡地区	滑坡、泥石流
		年降雨量较大	泥石流、洪涝
		处于易发大雾区	影响行车视线、隧道内空气质量
		冬季温度较低，易结冰、积雪	洞口路面结冰湿滑，排水沟冻结
		处于易刮风地带	沙尘、落石进入隧道影响行车、影响机电设备使用
		周围环境容易发生火灾	—
3	社会环境	处于路网中的节点处	车流量较大、拥堵
		隧道群	多个连续隧道对驾驶员生理及心理造成影响
		社会动乱	—
		交通运输功能	—
		隧道重要度	用途、功能、地理

续表

项次	交通环境	风险源	风险源描述
4	隧道内环境	隧道运营噪声较大	驾驶员反应能力下降、心理紧张、烦躁，诱发交通事故
		CO 容许浓度超标	对人体产生危害
		SO_2、NO_2、TSP 等悬浮颗粒物浓度超标	能见度降低，对人体产生危害
		可吸入颗粒物浓度超标	能见度降低，对人体产生危害
		隧道照明亮度	照明效果不好
		隧道内温度	温差对隧道结构产生影响，行车舒适度降低
		隧道内风速	影响通风、排烟
5	其他	道路与隧道洞口接线处运行速度差	行驶速度变化较大，诱发交通事故
		道路与隧道洞口一定行程内的线形一致性	隧道洞口内 3～5 s 设计速度行程长度范围内平面、纵断面线形是否一致
		道路与隧道洞口接线横断面的过渡	隧道建筑限界大于公路建筑限界宽度，隧道建筑限界小于公路建筑限界宽度
		相邻隧道间距	驾驶员需适应数次明暗相间变化

10.3.5　高速公路隧道运营重点风险源

根据本章的高速公路隧道运营风险事故统计及分析，并对高速公路隧道运营管理、机电设施、土建结构、交通环境四方面的风险源辨识的结果进行筛选，总结出如下高速公路隧道运营重点风险源。

(1)交通安全设施：标志标线、监控预警、安全设施、逃生设施、消防设施等。

(2)进出口线形：一致性问题。

(3)照明：照明亮度、均匀度等指标。

(4)路面抗滑性能：进出口区域。

(5)洞口：视觉环境、黑白洞效应、边仰坡、护栏过渡等。

(6)结构病害：裂缝、渗漏水、背后空洞等。

(7)横向净空：检修道高度、侧向宽度等。

(8)交通流环境：交通绩效、交通类型、交通流量等指标。

第 11 章　隧道突发事件专项应急处治预案(示范)

11.1　总则

11.1.1　编制目的

为有效应对山东高速集团有限公司淄博分公司(以下简称"分公司")所辖高速公路隧道发生交通事故、火灾爆炸事故、危险化学品泄漏事故、自然灾害事件、隧道附属设施故障事件引起的隧道堵塞或中断,规范应急处治程序,增强预警预判和处治能力,及时恢复公路畅通,最大限度降低和减少事故造成的损失,保障社会公众生命财产安全和高速公路安全畅通,编制隧道突发事件专项应急处治预案。

11.1.2　编制依据

本预案的编制依据有《中华人民共和国突发事件应对法》《中华人民共和国道路交通安全法》《山东省高速公路交通安全条例》等法律法规,《道路交通事故处理程序规定》《公路交通突发事件应急预案》《国家突发公共事件总体应急预案》《生产安全事故应急预案管理办法》《山东省生产安全事故应急预案管理办法实施细则》《山东省突发事件总体应急预案》等规范性文件,以及《山东高速集团有限公司淄博分公司综合应急预案》和相关规章制度等。

11.1.3　适用范围

本预案适用于发生交通事故、火灾爆炸事故、危险化学品泄漏事故、自然灾害事件、隧道附属设施故障事件的隧道的应急处治工作,可用于应对由交通事故等引起的交通毁坏、阻塞、中断,具体措施有实施事故监测、预警、清障和配合交警实施交通分流、管控等。危化品运输交通事故和重大节假日交通事故专项预案另行制定。

高速公路隧道突发事件处治按照其性质、严重程度、可控性和影响范围等因素,一般分为四级：Ⅰ级(特别严重)、Ⅱ级(严重)、Ⅲ级(较重)和Ⅳ级(一般)。

11.1.4 工作原则

应急处治遵循以下工作原则：以人为本，科学应对，预防为主；统一领导，分级负责，部门联动；职责明确，规范有序，资源共享。

11.2 风险分析

11.2.1 事故类型

本预案所称突发事件是指突然发生、造成或者可能造成隧道交通中断或较长时间阻塞及隧道附属设施丧失正常使用功能，出现重大人员伤亡、财产损失，危及隧道正常运营安全的紧急事件。

11.2.1.1 交通事故

依据《危险化学品重大危险源辨识》(GB 18218—2018)和高速公路历年交通事故分析，高速公路通行车辆受恶劣天气、地质灾害、道路状况不佳、车流密度高、驾驶人员状态不好等因素影响，发生的交通事故主要有撞车、撞人、碾压、翻车、坠车、刮擦、燃烧、爆炸等。交通事故发生后，往往会造成交通堵塞，甚至导致交通毁坏、中断等，出现长时间、长距离压车和大规模拥堵等情况。同时，交通事故可能引发次生事故，造成更多人员伤亡、设施损坏、财产损失等负面影响。

11.2.1.2 火灾爆炸事故

火灾爆炸事故包括车辆自身故障引发车辆自燃、车载货物自燃(爆炸)引发车辆火灾、隧道机电设备故障引发燃烧(爆炸)、交通安全事故等引发的火灾(爆炸)等。

11.2.1.3 危险化学品泄漏事故

危险化学品泄漏事故指隧道内发生的或可能发生的危险化学品运输车辆泄漏、起火、爆炸等单项或综合性交通事故。

11.2.1.4 自然灾害事件

自然灾害事件指发生地震、山体滑坡、泥石流、隧道坍塌、涌水等地质灾害或自然灾害，可能造成高速公路中断、损毁、障碍等严重影响通行条件的情况。

11.2.1.5 隧道附属设施故障事件

隧道附属设施故障事件指隧道内附属设施(如照明、通风、供配电等机电设施)损坏时，可能造成高速公路中断、损毁、障碍等严重影响通行条件的情况。

11.2.2 危害分析

一旦隧道内发生突发事件，将导致道路长时间中断、大面积拥堵等事件和车辆追尾、车辆与建筑物碰撞等交通事故的发生，严重威胁公众行车安全，引发不同程度的人员伤亡或资产损毁,甚至形成范围较广、后果恶劣的社会影响,从而对国家财产造成重大损失。由于隧道空间封闭、狭窄,极易引发次生灾害或二次事故,危及人民群众的生命安全。若有危险品泄漏,短时间内在隧道中易形成高浓度聚集,现场人员有中毒的危险,更易引起火灾、爆炸事故。

11.3　应急组织体系介绍

11.3.1　应急组织体系组成

(1)高速公路隧道突发事件应急组织体系由集团公司和各单位二级应急管理机构组成。

(2)高速公路隧道突发事件应急指挥机构为应急管理工作领导小组(以下简称"应急领导小组"),下设应急领导小组办公室,视情况成立综合协调组、应急工作组、现场工作组、通信保障组。

(3)各单位可参照本预案,根据实际情况成立应急管理机构,明确职责。应急组织体系如图 11.1 所示。

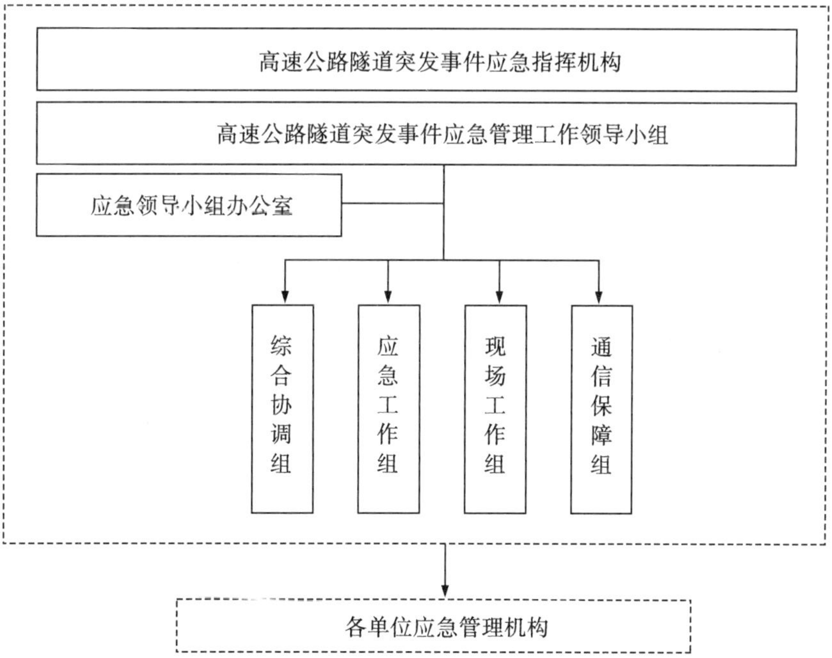

图 11.1　应急组织体系

11.3.2 应急组织体系中各机构职责

11.3.2.1 应急领导小组

集团公司成立以总经理任组长、有关分管副总经理任副组长、集团公司相关部室和各分公司主要负责人为成员的应急领导小组，是Ⅰ级交通事故应急处治的指挥机构。

日常状态下的职责：

(1)审核集团公司高速公路隧道突发事件应急预案。

(2)督导组建隧道应急工作队伍，督促组织实施演练。

(3)检查督促做好重大事故的预警措施和应急处治的各项准备工作。

应急状态下的职责：

(1)接受上级部门应急管理机构的领导，请示并落实指令。

(2)决定启动和终止集团公司Ⅰ级预警状态和应急响应行动。

(3)发布应急处治指挥调令，督促检查执行情况。

(4)根据应急处治需要，成立应急处治工作小组并赶赴现场开展应急处治工作。

(5)根据相关规定，及时向上级报告事故情况，提出应急措施、建议。

(6)根据事故严重程度，配合政府相关部门组织开展事故调查并适当提出处理意见。

11.3.2.2 应急领导小组办公室

应急领导小组办公室设在安全运营部，分管领导兼任办公室主任，应急领导小组成员任副主任，有关部室人员为成员。

日常状态下的职责：

(1)落实应急领导小组决定，提出相关意见、建议和措施。

(2)组织修订高速公路隧道突发事件处治专项应急预案和有关规章制度。

(3)指导各单位进行相应预案编制、文件起草及预案演练。

(4)组织检查应急处治的抢险人员、设备、物资准备情况。

(5)完成应急领导小组交办的其他工作。

应急状态下的职责：

(1)综合内外部信息，提出处治方案、措施，及时传达、落实领导指示。

(2)提出预警、响应启动和终止建议，根据应急领导小组指示，通知成立相应应急处治工作小组。

(3)承办应急领导小组交办的其他工作。

11.3.2.3 应急处治工作小组

(1)综合协调组。由综合办公室负责组建，相关部室派员参加。负责起草重要报告、综合类文件，负责应急状态期间 24 h 后勤服务保障工作，负责承办应急领导小组交办的其他工作。

(2)应急工作组。由安委会负责组建，相关部室派员参加。负责隧道突发事件应急处治的组织、协调和调度督导，负责跨区域的应急队伍、物资与设备的调度，负责协调有关单位配合交警、路政、消防、卫生等部门做好道路封闭、交通疏导、应急分流、清障和抢险救援等工作,负责承办应急领导小组交办的其他工作。

(3)现场工作组。由养护管理部负责组建,相关部室派员参加。负责组织高速公路抢修和保障畅通工作,负责跨区域养护队伍、物资与设备的调度,负责协调拟定绕行方案并组织实施,负责相关技术资料的起草、审核工作,负责承办应急领导小组交办的其他工作。

(4)通信保障组。由运营应急管理中心负责组建,相关部室派员参加。负责信息系统和视频会议通信保障工作,负责收集、汇总和分析高速公路路况信息数据,负责及时向各单位传达应急领导小组路况调度指令并落实,负责承办应急领导小组交办的其他工作。

各应急处治工作小组在应急领导小组决定终止集团公司高速公路交通事故应急预警状态或应急响应行动,且完成相关工作后自动解散。

11.4　预防与预警

11.4.1　预防

(1)各单位加强隧道养护巡查、视频巡检,及时消除安全隐患。

(2)隧道发生突发事件后,综合车流量、天气等因素进行科学预警预判,提前采取发布情报板信息、车道指示信息、广播报警信息等措施。

(3)加强与气象部门联系,做好气象信息采集工作,认真分析天气变化对道路通行造成的影响。

(4)严格落实领导干部带班和重要岗位 24 h 值班值守制度,发现重要险情立即启动应急响应,及时处治,准确上报。

11.4.2　预警

(1)预警信息。预警信息包括高速公路视频监控所得的车流密度信息,交警及路政巡查、处治交通事故联动信息,桥梁隧道管理所、养护应急救援中心巡查路域状况信息,气象、地震等部门预告等。

(2)预警等级。根据交通事故影响范围、严重程度等情况分为四级预警,分别为Ⅰ级预警(特别严重预警)、Ⅱ级预警(严重预警)、Ⅲ级预警(较重预警)、Ⅳ级预警(一般预警),分别用红色、橙色、黄色和蓝色来表示。集团公司负责Ⅰ级突发事件预警的启动和发布,各单位负责Ⅱ级、Ⅲ级、Ⅳ级突发事件预警的启动和发布。各单位Ⅱ级应急预警启动和终止文件签发后应当在 2 h 内报集团公司应急领导小组办公室备案。交通事故预警等级分类如表 11.2 所示。

表 11.2　交通事故预警等级分类

处治级别	级别描述	颜色标示	事件情形
Ⅰ级	特别严重	红色	集团公司所辖高速公路发生一次死亡 10 人以上的重大或特大事故的；省级权威机构发布地质灾害红色预警，影响或可能影响所辖高速公路隧道安全畅通的；因地质灾害突发事件造成或可能造成集团公司所辖高速公路隧道连续封闭，且抢修处治和道路恢复时间预计在 24 h 以上的；发生危化品运输车辆交通事故，以致危化品严重泄漏、大面积扩散，按照当地有关部门要求，需要高速公路沿线群众大面积紧急疏散 12 h 以上的；隧道突发事件应急救援超出各单位应急资源保障范围，难以独立进行处治，需集团公司启动Ⅰ级预警或响应的
Ⅱ级	严重	橙色	市级政府应急或气象部门发布冰雹、大雾、团雾、雾霾、台风、沙尘暴等恶劣天气红色预警、橙色预警，影响或可能影响各单位所辖高速公路路段安全畅通的；因地质灾害突发事件造成或可能造成各单位所辖高速公路主线连续封闭，通行能力影响本地市，且抢修处治和道路恢复时间预计在 24 h 以上的；各单位所辖高速公路发生一次死亡 3 人以上、10 人以下的较大事故的；发生危化品运输车辆交通事故，以致危化品较重泄漏、扩散，按照有关部门要求，需要高速公路沿线群众临时疏散 6 h 以上、12 h 以下的；发生危化品运输车辆交通事故，造成高速公路主线连续封闭，影响或可能影响各单位所辖周边两个市以上通行能力，且恢复道路畅通时间预计在 12 h 以上的
Ⅲ级	较重	黄色	各单位所辖高速公路发生一次死亡 3 人以下的一般道路交通事故的；各单位所辖高速公路发生交通事故，造成主线连续封闭，影响或可能影响本单位所辖周边一个市通行能力，且恢复道路畅通时间预计在 9 h 以上的
Ⅳ级	一般	蓝色	发生交通事故，造成主线连续封闭，影响或可能影响各单位所辖范围内高速公路通行能力，且恢复道路畅通时间预计在 6 h 以上的

注：①表中“以上”包括本数，“以下”不包括本数。

②各单位需根据实际情况对Ⅱ级、Ⅲ级、Ⅳ级预警事件情形进行细化。

(3)预警启动程序。集团公司Ⅰ级突发事件预警时，按照以下程序启动预警：

①应急领导小组办公室提出突发事件Ⅰ级预警状态启动建议。

②应急领导小组决定是否启动Ⅰ级预警，如同意启动，则正式签发相应级别的预警启动文件。1 h 内，由应急领导小组办公室向相关单位应急管理机构下发，并通知集团公司各应急处治工作小组。

③运营应急管理中心通过信息发布平台、网站、沿线电子情报板等方式发布预警信息。

④应急领导小组办公室开展应急监测和预警信息专项报送工作，掌握事态进展情况，增加预警报告频率，提出降低或撤销预警级别的建议。

⑤各应急处治工作小组进入应急筹备工作待命状态。

Ⅱ级、Ⅲ级、Ⅳ级预警启动程序由各单位自行编制；在预警过程中，如发现事态扩大，超过本级预警条件或本单位处治能力，应及时上报，建议提高预警等级。

(4)预警终止程序。在Ⅰ级预警降级或撤销的情况下，集团公司可采取以下预警终止程序：

①应急领导小组办公室根据预警监测信息，对不满足Ⅰ级预警启动标准的预警，提出降级或撤销预警建议。

②应急领导小组在同意终止后，正式签发Ⅰ级预警终止文件，明确提出预警后续处理意见，各应急处治工作小组自行撤销。

③预警降级为Ⅱ级及以下时，应急领导小组办公室负责在 1 h 内通知相应预警涉及单位，相关单位接到通知后及时做好预警工作。

④如预警直接撤销，应急领导小组办公室负责在 24 h 内向预警启动文件中所涉及单位发送预警终止文件。

Ⅱ级、Ⅲ级、Ⅳ级预警终止程序由各单位自行编制；Ⅰ级预警在所对应的应急响应启动后，预警终止时间与应急响应终止时间一致，不再单独启动预警终止程序。

11.5　信息报告

11.5.1　应急值班

运营调度中心为分公司应急值班机构，实行 24 h 值班制度，确保信息联络畅通，主要负责应急预警信息的接收、汇总、研判和发布等，可通过值班电话、值班传真、网络报送平台等方式向运营应急管理中心报送信息，涉密信息的报送应遵守相关规定。

11.5.2　报告程序及内容

(1)接到突发事件报警信息后，各部门迅速核实情况，报告运营调度中心，运营调度中心通过“路况信息平台”按照报送程序及时向运营应急管理中心报送信息，并做好事件跟踪调度报告工作。

(2)发生Ⅱ级及以上突发事件时，分公司在第一时间分别通过电话、短信、书面等方式向集团公司报告。同时，及时掌握事件全面情况，随时报告事件进展情况。报告方式及内容如下：

①运营调度中心负责人于 5 min 内以电话形式分别向分公司主要领导和分管领导报告，分公司主要领导和分管领导第一时间赶赴现场调度处治，积极配合有关部门做好救援工作。

②各单位有关负责人接到报告后，应立即电话向分公司应急办公室报告，应急办公室负责向集团公司安全运营部报告，并于电话报告后每 10 min 进行一次短信报告，直至突发事件处治结束。短信报告要素包括发生的时间、地点、简要经过、已经造成或者可能造成的伤亡人数。

③短信报告后 30 min 内，各单位应当报送事故简报，要素包括发生的时间及地点、简要经过、已经造成或者可能造成的伤亡人数(包括下落不明的人数)和初步估计的直接经济损失、事发现场高速公路安全设施等情况、已经采取的措施、其他应当报告的情况等，同时根据处治情况随时报送相关后续简报，直至突发事件处治结束。

④突发事件处治结束后，各单位应当上报总结报告。

⑤应急领导小组办公室应当按照综合应急预案有关规定逐级上报。

(3)相关单位联络与支援。突发事件发生后，各单位应当及时向公安、交警、路政、消防、卫生等有关部门报告。

11.6 应急响应

11.6.1 响应分级

隧道突发事件应急响应分三个等级，集团公司负责Ⅰ级响应的启动，Ⅱ级、Ⅲ级响应由各分公司负责启动，见表 11.3。

表 11.3 隧道突发事件应急响应分级

响应分级	启动标准	启动单位
特别重大响应(Ⅰ级)	符合Ⅰ级预警条件的突发事件	集团公司
重大响应(Ⅱ级)	符合Ⅱ级预警条件的突发事件	分公司
较大响应(Ⅲ级)	符合Ⅲ级预警条件的突发事件	分公司
一般响应(Ⅳ级)	符合Ⅳ级预警条件的突发事件	分公司各单位

11.6.2 响应程序

响应程序流程如图 11.2 所示。

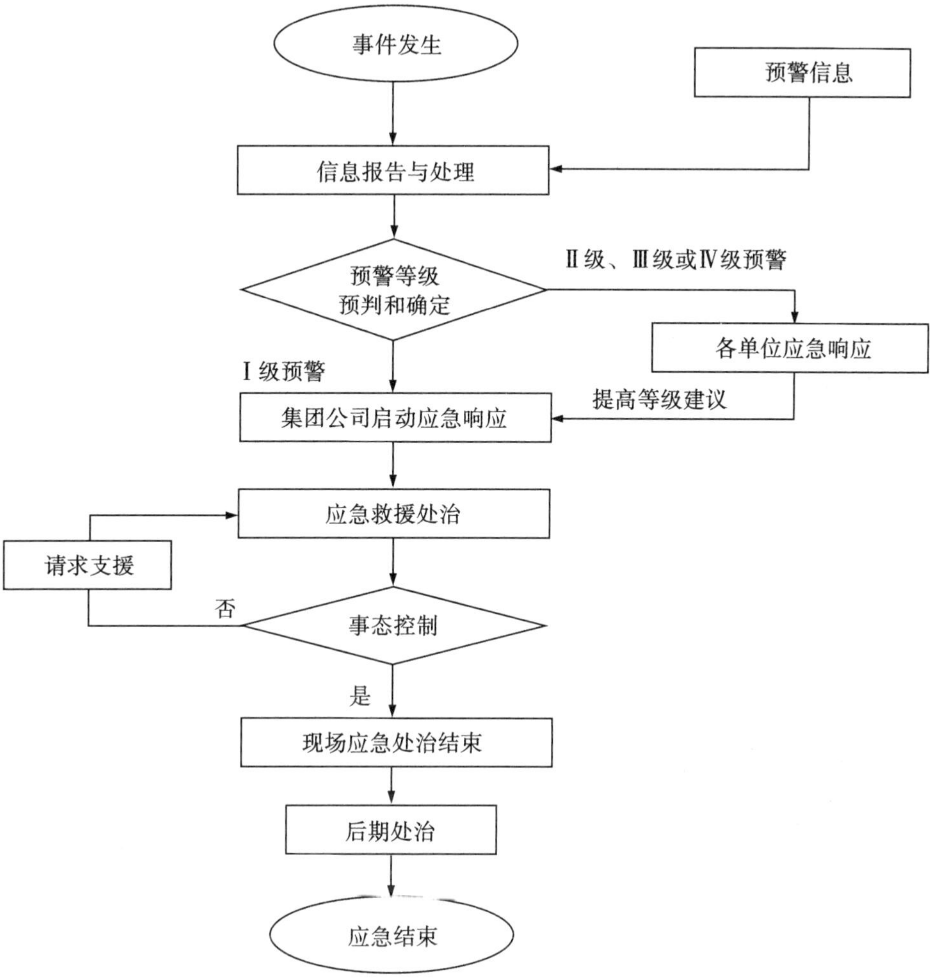

图 11.2　响应程序流程

11.6.3　预案响应

(1)集团公司启动突发事件Ⅰ级应急响应时,分公司按照集团公司要求执行。

(2)Ⅱ级突发事件按下列程序和内容启动响应:

①应急办公室提出突发事件Ⅱ级应急响应启动建议。

②应急领导小组在 1 h 内决定是否启动Ⅱ级应急响应。如同意启动,由主要领导正式签发响应启动文件,由应急办公室负责向集团公司有关部门报告;在 1 h 内向相关单位下发文件,并电话确认接收。同时,及时通知各应急处治工作小组。

③通过信息监控中心信息发布平台、网站、沿线电子情报板等方式发布信息。

④各应急处治工作小组启动 24 h 值班制,根据应急职责分工开展应急工作。抢险救

援组(现场工作组)应当立即赶赴现场进行应急处治工作,并及时指挥、协调事发地单位开展先期应急处治。

⑤应急办公室开展应急监测和响应信息专项报送工作,掌握事态进展情况,提出降低响应级别或撤销响应的建议。

(3)Ⅲ级突发事件按下列程序和内容启动响应:

①本部相关部室提出突发事件Ⅲ级应急响应启动建议。

②应急领导小组在1 h内决定是否启动Ⅲ级应急响应。如同意启动,由分管领导正式签发响应启动文件。运营调度中心负责在1 h内向相关单位下发文件,并电话确认接收。同时,及时通知各应急处治工作小组。

③各应急处治工作小组启动24 h值班制,根据应急职责分工开展应急工作。抢险救援组(现场工作组)应当立即赶赴现场进行应急处治工作,并及时指挥、协调事发地单位开展先期应急处治。

(4)在响应过程中,如发现事态扩大,超过本级响应条件或本单位处治能力,应及时上报,建议提高响应等级。

11.7 处治措施

11.7.1 交通事故处治措施

Ⅰ级响应处治按照《山东高速集团有限公司淄博分公司交通事故专项应急预案》响应。对Ⅱ级、Ⅲ级、Ⅳ级响应处治做如下规定:

(1)隧道监控室通过监控系统确认现场情况,并对事故现场进行录像。

(2)事故隧道前方的可变情报板由正常通行状态变为“前方事故,减速缓行”,相关收费站提醒驶来车辆注意缓行。

(3)根据现场的抢险救援方案,由隧道监控室控制调整隧道内的机电设施。

(4)高速交警到达现场后,抢险救援组(现场工作组)配合协助高速交警做好道路封闭、交通疏导、应急分流等工作。

(5)若有人员伤亡,急救人员立即将伤者送往医院。

(6)待事故现场处理完毕后,保洁单位负责清理现场。

(7)当现场救援、现场清理结束后,及时通知交警部门,接到恢复交通的指示后,警戒隔离协助组撤除警戒标志,信息监控中心按照高速交警指令将可变情报板切换成正常通行状态。

(8)各部门做好相应的记录。

11.7.2　火灾事故现场处治措施

Ⅰ级响应处治按照《山东高速集团有限公司淄博分公司交通事故专项应急预案》响应。对Ⅱ级、Ⅲ级、Ⅳ级响应处治做如下规定：

(1)隧道监控室通过监控系统确认现场情况,并对事故现场进行录像。

(2)立即通知运营调度中心,由运营调度中心报火警。

(3)事故隧道入口前及隧道入口处信号灯变红,可变情报板由正常通行状态变为"隧道事故,禁止通行",确保除救援车辆外任何车辆不能进入事故隧道。

(4)根据现场情况,现场人员在保护自身安全的条件下,可利用现场既有的消防设施进行灭火处理。

(5)若现场火灾导致现场人员无法进入隧道,则可利用对应事故路段的扬声器进行呼叫,引导司乘人员迅速打开最近的车行横通道及人行横通道,经由对向隧道撤离。

(6)根据火情发展情况,如隧道相关用电设施已开始燃烧,则在保证隧道内事故现场被困人员已经全部安全疏散的情况下,按应急领导小组的命令切断相关电源,开启应急照明系统。

(7)根据火情发展情况,如火未烧到顶部照明桥架,则按照应急领导小组的指令加开事故路段的全部基本灯。

(8)高速交警到达现场后,抢险救援组(现场工作组)协助配合高速交警立即进行道路封闭。

(9)按照高速交警的指令,通知前往事故隧道的上游收费站关闭。

(10)高速交警下达指令开启隧道内车行横通道及人行横通道,限制车速,严禁超车,迅速疏散滞留车辆及人员。

(11)待消防人员赶到后,由其进行救火抢险工作,各应急小组做好协助配合工作,急救车将伤员送往医院。

(12)待事故现场处理完毕后,保洁单位负责清理现场。

(13)当现场救援、现场清理结束后,及时通知交警部门,接到恢复交通的指示后,警戒隔离组撤除警戒标志,运营调度中心按照高速交警指令将交通信号灯、可变情报板切换成正常通行状态,确认现场情况正常后恢复照明为正常模式,通知关闭收费站通行。

(14)各部门做好相关的事故处理记录,并通报有关部门。

11.7.3　危险化学品泄漏事故现场处治措施

Ⅰ级响应处治按照《山东高速集团有限公司淄博分公司交通事故专项应急预案》响应。对Ⅱ级、Ⅲ级、Ⅳ级响应处治做如下规定：

(1)隧道监控室通过监控系统确认现场情况,并对事故现场进行录像。

(2)事故隧道入口前及隧道入口处信号灯变红,可变情报板由正常通行状态变为"隧道事故,禁止通行",确保除救援车辆外任何车辆不能进入事故隧道。

(3)各应急小组配合高速交警确定人员、车辆分流疏散方案,实施交通管制,必要时可封闭发生事故的半幅路段，并开启就近中央分隔带活动护栏，进行交通分流改道，或封闭全幅道路，并设置交通警示等标志，控制险情。

(4)事故现场进行交通管制后，由交警在来车方向负责指挥、疏导交通，防止二次事故。

(5)环保部门人员负责对隧道内泄漏的危险化学品进行检测，确定其成分和危险性，为下一步的救援方案提供建议及技术支持。

(6)消防人员根据危险化学品的性质及现场情况，制定并实施隧道内的抢险救援方案。

(7)若危险化学品泄漏导致火灾，消防人员要对起火车辆实施灭火处理，同时各救援人员协助医务工作者疏散受困人员、救助受伤人员。

(8)伤员救护完毕以及事故险情得到控制后，交警迅速查明事故原因。

(9)消防部门制定泄漏、残余危险品清理办法以及事故车清障方案，应急工作组人员按消防部门指示进行危险品的清理工作和事故车辆的拖吊工作。

(10)现场清理后，路政或理赔人员对损坏的路产进行核查统计。

(11)养护人员对被危险品污染的路面进行检测，并及时对损坏道路设施进行维修。

(12)当现场救援、现场清理结束后，及时通知交警部门，接到恢复交通的指示后，各应急小组及时协助交警撤除交通警示标志，并通知运营调度中心，撤销可变情报板上的相关事故警示信息。

(13)各部门做好相关的事故处理记录，并通报有关部门。

11.7.4 自然灾害事件现场处治措施

高速公路隧道路段的安全畅通直接影响到整个高速公路网的正常运行，一旦发生洞口塌方、特大洪水，出现雨、雪、雾等特殊天气时，隧道内发生交通事故的概率远大于普通路段，同时也容易导致重大恶性交通事故的发生。

11.7.4.1 特大洪水现场处治措施

(1)当发生特大洪水导致隧道内水量过大或危及隧道安全时，应急小组人员应在第一时间赶赴现场，查看现场情况，并立即上报运营调度中心及分公司领导。

(2)应急小组人员协助交警大队在现场摆放交通标志，设置警戒区，引导隧道内被困人员及车辆利用活动护栏、车/人行横通道撤离出封闭路段，确保车辆及人员安全。

(3)组织养护公司对损毁的隧道及附属设施进行抢修、加固。

11.7.4.2 隧道洞口塌方现场处治措施

(1)一旦确认泥石流、滑坡等灾害即将发生或已发生时，必须立即上报运营调度中心及分公司领导，应急小组成员应在第一时间赶赴现场，同时立即通知高速交警，及时进行封道。

(2)必要时，向集团公司申请调用应急材料，抢险救援组人员采取清除滑塌土石方、清理不稳定山体坡面、加固山体坡面等措施，保证隧道通行安全。

(3)在没有人员受伤的情况下，应及时引导隧道内被困人员及车辆通过隧道内车/人行横通道、隧道进出口两端的活动护栏撤离到安全区域。

(4)若有人员伤亡,应在第一时间联系急救中心并立即抢救伤员。

11.7.4.3　雨、雪、雾等灾害天气现场处治措施

(1)在接到气象台及上级机关发布的雨、雪、雾等灾害性天气警报后,应急小组应立即准备好发电机柴油,保证所有车辆车况良好并加满油,并准备好工业盐、防滑麻袋、扫把、铁锹等工具。

(2)应急小组配合公安机关、交通管理部门对隧道实施交通管制,及时修改可变情报板内容和限速标志,提醒过往司机注意防滑,并及时向运营调度中心汇报灾情。

(3)根据大雾天气实际情况,可以开启隧道内所有基本灯以及隧道内的风机以及时消除大雾天气的影响。

(4)根据情况,按照《山东高速集团有限公司淄博分公司恶劣天气应急预案》《山东高速集团有限公司淄博分公司除雪防滑应急预案》迅速进行处治,确保隧道及时恢复通行。

11.7.5　隧道附属设施故障事故处治措施

11.7.5.1　隧道停电现场处治措施

(1)一旦发现意外停电或接到供电部门的停电通知,应急小组应立即与供电部门联系,确定停电原因和时间,若停电时间超过半小时则应迅速将情况告知指挥长,并通知高速交警和信息监控中心。

(2)若是低于半小时的停电,则以UPS供电为主。在UPS供电时,系统自动切换为固定的照明模式,此时不要增开各类用电设备。

(3)隧道电工应立即检查是否因机电原因导致停电,如确定是机电原因导致停电,则立即检修。

(4)如因供电主线停电,则立即切断现用电源,更换另一路电源。

(5)若出现双路电源都不能供电时,当班巡检人员应立即到各隧道进口放置“隧道停电,开灯减速”反光标志牌,并立即通知信息监控中心,启用相应预案,确保通行安全。

(6)在隧道恢复供电后,应立即通知运营调度中心,应急小组可以撤离。

11.7.5.2　传输通信系统故障处治措施

(1)当隧道监控室或隧道变电柜传输通信系统发生故障时,日常维护人员应立即将故障情况详细记录。

(2)日常维护人员先做紧急处理,若处理完毕,则填写故障报告并上报省指挥调度中心。

(3)若日常维护人员无法处理,则立即通知机电部门并上报应急领导小组,请求技术人员或协调厂家给予支援。

(4)系统修复完善后,填写重大故障报告,存档并上报省指挥调度中心。

11.7.6 隧道一般事件现场处治措施

Ⅰ级响应处治按照《山东高速集团有限公司淄博分公司交通事故专项应急预案》响应。对Ⅱ级、Ⅲ级、Ⅳ级响应处治做如下规定：

(1)隧道监控室通过监控系统确认现场情况，并对事故现场进行录像。

(2)事故隧道前方的可变情报板由正常通行状态变为“前方事故，减速缓行”，同时控制调整隧道内的机电设施。

(3)养护清障中心人员、高速交警到达现场后，各应急小组配合协助养护清障中心、高速交警做好道路封闭、交通疏导、应急分流等工作。

(4)当现场救援、现场清理结束后，将可变情报板切换成正常通行状态。

(5)各部门做好相应的记录。

11.8 应急保障

11.8.1 应急队伍

分公司领导和相关部门人员是隧道应急工作的指挥力量，养护清障中心、桥梁隧道管理所等基层单位工作人员是隧道应急队伍的基础力量，年度日常养护和养护工程施工单位是隧道应急队伍的必要力量，社会其他协议单位是隧道应急队伍的有效补充。应进一步加强对隧道应急人员的培训，提高桥隧应急效率。

11.8.2 物资保障

应准备客货车 2 台，指挥车 2 台，反光锥 500 个。遇有突发事件时，在交警指挥下，安排专人在隧道入口处放置反光锥，禁止车辆驶入。

11.8.3 通信保障

隧道突发事件领导小组的有关人员和有关单位应保证能够随时联系，应急指挥电话 24 h 开通，保证通信畅通。应急救援单位应通过有线电话、移动电话等通信手段，保证各有关方面的通信联系畅通。

11.9 预案解除

预案响应完成后，当险情消除、隧道通行恢复正常时，由分管领导下达预案解除指令，运营调度中心发布信息，并向上级汇报。

11.10　评估总结

预案响应完成后，养护部应进行预案评估，写出评估报告，报告内容包括应急启动、响应、解除、时间等信息以及人员、物资、机械等处治措施到位情况，同时应包括在应急预案实施过程中存在的问题及建议等。

11.11　附则

本预案自发布之日起开始实施。

应急队伍及人员联系方式根据岗位情况自行查阅。

参考文献

[1]中华人民共和国交通运输部.公路隧道养护技术规范:JTG H12—2015[S].北京:人民交通出版社,2015.

[2]中华人民共和国交通运输部. 公路隧道设计细则:JTG/T D70—2010[S].北京:人民交通出版社,2010.

[3]中华人民共和国交通运输部. 公路隧道照明设计细则:JTG/T D70/2-01—2014[S].北京:人民交通出版社,2014.

[4]中华人民共和国交通运输部. 公路隧道通风设计细则:JTG/T D70/2-02—2014[S].北京:人民交通出版社,2014.

[5]中华人民共和国交通运输部. 公路隧道施工技术规范:JTG/T 3660—2020[S].北京:人民交通出版社,2020.

[6]中华人民共和国交通运输部. 公路养护技术标准:JTG 5110—2023[S].北京:人民交通出版社,2023.

[7]中华人民共和国交通运输部. 公路技术状况评定标准:JTG 5210—2018[S].北京:人民交通出版社,2018.

[8]赵忠杰. 公路隧道机电工程[M].北京:人民交通出版社,2007.

[9]杨阳. 山区高速公路边坡植被恢复技术及质量评价[M].北京:中国纺织出版社,2019.

[10]朱永全,宋玉香.隧道工程[M].2 版.北京:中国铁道出版社,2015.

[11]丁浩,张琦,刘永华,等.我国公路隧道养护工程技术与管理技术之思考[J].公路隧道,2015(1):1-5.

[12]林志.养护分级专业精细[J].工程建设标准化,2015(5):19.

[13]丁浩.公路隧道养护标准化探讨[J].中国公路,2016,33(5):106-109.

[14]胡眠,张明正,施永泉.基于大数据的公路隧道养护决策[J].土木建筑工程信息技术,2016,18(1):48-52.

[15]崔志宾.运营公路隧道机电设备故障响应机制研究[J].交通世界,2017,28(12):126-128.

[16]王勇.运营公路隧道结构安全动态评估体系及评价方法研究[D].成都:西南交通大学,2009.

[17]刘洋.厦门海底隧道健康监测与安全评估系统的研究[D].福州:华侨大学,2009.

[18]杜焕.铁路隧道衬砌状态检测数据管理系统的研究与实现[D].北京:北京交通大学,2010.

[19]李国荣,洪世勋,高宪章,等.国道隧道维护管理系统的开发与应用[J].隧道建设,2014,34(增刊):20-26.